Les Éditions du Boréal
4447, rue Saint-Denis
Montréal (Québec) H2J 2L2
www.editionsboreal.qc.ca

La Traversée
du *Colbert*

DU MÊME AUTEUR

Le 11 Septembre et nous, Boréal, 2006.

Le Canadien. Un siècle de hockey à La Presse, La Presse, 2008.

André Duchesne

La Traversée du *Colbert*

De Gaulle au Québec en juillet 1967

Boréal

© Les Éditions du Boréal 2017
Dépôt légal : 2ᵉ trimestre 2017
Bibliothèque et Archives nationales du Québec

Diffusion au Canada : Dimedia
Diffusion et distribution en Europe : Interforum

*Catalogage avant publication de Bibliothèque et Archives nationales du Québec
et de Bibliothèque et Archives Canada*

Duchesne, André, 1961-

La traversée du Colbert : De Gaulle au Québec en juillet 1967

Comprend des références bibliographiques et un index.

ISBN 978-2-7646-2480-7

1. Gaulle, Charles de, 1890-1970. 2. Québec (Province) – Relations – France. 3. France – Relations
– Québec (Province). 4. Canada – Relations extérieures – France. 5. France – Relations extérieures –
Canada. 6. Québec (Province) – Histoire – 1960-1976. I. Titre.

FC248.G38D82   2017   971.4'04   C2017-940439-3

ISBN PAPIER 978-2-7646-2480-7

ISBN PDF 978-2-7646-3480-6

ISBN EPUB 978-2-7646-4480-5

*À mon père, Hubert Duchesne, pour m'avoir donné
le goût de connaître l'histoire.*

*À Nathalie et à Sarah, pour le passé, le présent
et l'avenir.*

*M. de Gaulle a quitté le pays hier et, dans une semaine,
j'espère que tout le monde aura oublié cet incident.*

JEAN CHRÉTIEN, le 27 juillet 1967

Introduction

L e temps pluvieux de la matinée a fait place au soleil. Pourtant, il y a toujours de l'orage dans l'air.

En fait, plus les heures passent, plus l'atmosphère devient surchargée autour de l'hôtel de ville de Montréal. Sur la façade de l'édifice de la rue Notre-Dame, autour des hautes portes, aux fenêtres comme sur le balcon surmonté d'une horloge, des travailleurs apportent les dernières touches aux décorations. L'immeuble est noyé dans une mer de bleu, de blanc et de rouge.

À l'arrière, sur la terrasse surplombant le Champ-de-Mars, d'autres employés s'affairent à installer une estrade et des rangées de chaises pour quelques centaines d'invités. Autour d'eux s'agitent des techniciens des réseaux de radio et de télévision, des journalistes, des policiers et des agents de sécurité.

L'air soucieux, Jean Drapeau va et vient entre les étages. Depuis la veille, le maire voit à tous les détails. Il s'assure que tout est impeccable. Il fait retirer la marquise au-dessus de l'escalier central. Après tout, il ne pleut plus ; aussi bien enlever cet obstacle du champ de vision des spectateurs, qu'on attend nombreux.

En arpentant le deuxième étage, Drapeau aperçoit, à deux pas du balcon, un fil relié à un micro installé à l'extérieur. Sa surprise fait vite place à une certaine inquiétude.

« Peut-on enlever ce micro ? demande-t-il. Le général ne parlera pas au balcon. »

Le général, c'est Charles de Gaulle. Le président de la République française est arrivé la veille à Québec pour une visite officielle dans le cadre du centenaire de la Confédération canadienne et de l'Exposition universelle de Montréal.

Dans le programme négocié avec les représentants de la France au Canada, il est prévu qu'en ce lundi 24 juillet 1967, le général de Gaulle apparaîtra au balcon de l'hôtel de ville de la métropole, saluera brièvement la foule et retournera à l'intérieur pour se rendre sur la terrasse à l'arrière. Là, et seulement là, il fera un discours aux élites montréalaise et québécoise rassemblées pour l'occasion.

Au fil des heures, de simples citoyens, caméra en bandoulière, transistor collé à l'oreille ou pancarte à la main, se rassemblent autour de l'hôtel de ville. Ils forment bientôt une foule de plus en plus bruyante, fébrile, agitée.

C'est qu'elle sait, cette foule, ce qui se passe le long du chemin du Roy, route ancestrale entre Québec et Montréal sur la rive nord du Saint-Laurent. Elle sait que de Gaulle, accompagné du premier ministre Daniel Johnson, remonte actuellement ce chemin, en limousine, depuis la capitale québécoise.

Elle sait que de Gaulle, débarqué la veille du croiseur *Colbert* qui l'a conduit de Brest à Québec, enchaîne au fil de ses haltes dans les vieilles bourgades de la route 2 les déclarations enflammées.

Elle sait déjà, cette foule, que de Gaulle harangue les Canadiens français. Il leur parle d'émancipation. Il leur dit qu'il est légitime qu'ils prennent leur place. Il les félicite de leurs progrès économiques, industriels, culturels. Il leur parle de la valeur de leur langue, de leur avenir prometteur. Il les convainc qu'ils sont capables de grandes choses. Et il leur dit aussi que la France les aime et qu'elle est prête à les accompagner dans cette longue marche.

Elle sait déjà, cette foule, que plus le cortège s'approche de Montréal, plus le général soulève l'enthousiasme et plus les gens se massent sur son passage, agitant le drapeau du Québec, le tricolore français et des pancartes marquées de slogans nationalistes.

Drapeau aussi sait ce qui se passe. Il sait combien la province est en liesse. Lui qui a fait installer des drapeaux du Canada avec ceux du Québec, de la France et de Montréal devant l'hôtel de ville sait qu'à Québec, les gens ont chanté *La Marseillaise* et hué le *God Save the Queen* lorsque de Gaulle a posé le pied sur le quai de l'anse au Foulon. Il sait que Charles de Gaulle est en mode séduction et que ses mots pénètrent le cœur des gens.

Et il n'aime pas ça.

Certes, le maire souhaite au président, qu'il connaît et qu'il admire, l'accueil le plus chaleureux possible. N'a-t-il pas lui-même invité les Montréalais à manifester leur joie, à pavoiser leur maison et à l'accueillir en nombre ?

Toutefois, sachant que le personnage est connu pour ne pas avoir la langue dans sa poche et pour savoir créer l'événement, Drapeau ne veut surtout pas qu'un débordement mène à un incident. Déjà que la veille, au Château Frontenac, de Gaulle a parlé des Canadiens français comme d'un peuple qui « veut disposer de lui-même et prendre en mains ses destinées ».

Raison de plus pour faire en sorte que ce président plus grand que nature reste coi au balcon de « son » hôtel de ville…

Le temps a filé. La clameur s'amplifie. Il est maintenant 19 h 30 et le cortège s'apprête à s'immobiliser devant le grand édifice de la rue Notre-Dame. Drapeau et son épouse, Marie-Claire Boucher, attendent sur les marches de l'escalier. La fanfare des pompiers prend position. Partout autour, des milliers de gens s'agitent. Les policiers, débordés, essaient de garder le sourire et de contenir les excès.

Les voitures arrivent enfin. De Gaulle descend. Il serre la main du maire et de quelques dignitaires. Le président et sa femme, Yvonne, saluent les gens sous des décibels de cris et de hourras. Ils montent quelques marches, se retournent, saluent à nouveau et entrent dans l'hôtel de ville.

Quelques minutes plus tard, le général se présente au balcon. Nouvelle ovation. On frôle le délire. De Gaulle s'avance, lève les bras. La foule, en liesse, répond à son salut.

Jean Drapeau tente de réfréner son impatience. Il a hâte de passer à l'étape suivante. Il a hâte que ses invités et lui rentrent et se rendent sur la terrasse.

Mais Charles de Gaulle n'en a cure. Il continue longuement à saluer les gens.

Dans le coin du balcon, à sa gauche, le micro est encore là…

*   *   *

Avant de devenir président de la République française, Charles de Gaulle s'est fait connaître par son appel du 18 juin 1940. Lancé depuis Londres, où le général s'était réfugié au lendemain de la capitulation de la France face aux armées de l'Allemagne nazie, cet appel à la résistance et au rassemblement des forces de la France libre est depuis lors inscrit dans l'histoire du pays et dans la légende de son chef d'État. Ne l'appelle-t-on pas d'ailleurs l'homme du 18 juin ?

Au Québec, c'est à un autre appel, celui du 24 juillet 1967, que le nom du général est associé. Ce jour-là, il a marqué à jamais l'histoire de la province en prononçant quatre mots, « Vive le Québec libre ! », qui ont traversé le temps.

Depuis un demi-siècle, cet événement, ses causes et ses conséquences ont été maintes fois scrutés, répertoriés, analysés, commentés et re-commentés dans des ouvrages, des colloques, des articles, des documentaires. À nous maintenant, au moment du cinquantième anniversaire de cet événement sensationnel, d'apporter notre vision de ce qui s'est passé avant, pendant et après cette célèbre exclamation.

Nous allons reconstituer et revivre ce chapitre de notre histoire à partir non seulement de textes déjà publiés mais aussi d'entrevues, de documents tirés des médias de l'époque et de nombreux fonds d'archives disponibles tant à Montréal qu'à Québec, à Ottawa, en Europe et – c'est aujourd'hui possible – sur Internet. Précieux, ces fonds contiennent des documents uniques et apportent bien souvent un éclairage neuf sur des aspects historiques trop simplifiés et devenus paroles d'évangile.

Le voyage du général de Gaulle au Québec en 1967 constitue un moment fascinant de la vie de ce personnage unique. Mais ce n'est pas que son histoire. C'est aussi celle de nombreux hommes et femmes, politiciens, journalistes, militants, Québécois, Canadiens, Américains et Européens, emportés dans un tourbillon dont, au départ, ils n'auraient jamais soupçonné la puissance. Le récit de ce voyage est riche de plusieurs strates. Il est complexe, plein de détours, de coups de théâtre et de rebondissements. Et pour en comprendre la signification, il faut, à l'image du *Colbert* sur les eaux du Saint-Laurent, remonter un peu dans le temps.

PREMIÈRE PARTIE

La grande bataille diplomatique

CHAPITRE 1

Une politique québécoise en mutation

Avant d'être un président, Charles de Gaulle est un général de brigade. Il sait que sur un terrain où on affronte un adversaire, il est important d'établir une tête de pont, de profiter des failles, des ouvertures. C'est la meilleure façon de conquérir et de conserver sa place.

C'est un peu la même chose avec le cours de l'histoire, domaine dans lequel le président excelle. Lorsque des occasions se sont offertes à lui, le grand homme les a à plusieurs reprises saisies. Pour lui comme pour la France.

La conjoncture lui est de nouveau favorable à l'été 1967, sur les rives du Saint-Laurent.

Depuis le début de la décennie, le Québec est en pleine transformation, en quête de renouveau. Il est sorti de la Grande Noirceur pour entrer dans la Révolution tranquille.

Tout à coup, au Québec, on se dit capable. L'État se donne des outils de développement économique comme la Caisse de dépôt et placement. Il modernise les grandes institutions, écoles et hôpitaux au premier chef, hier encore dirigées par le clergé. On veut vivre et travailler dans sa langue et sa culture. On veut revendiquer une identité... et la montrer au monde entier.

Le Québec et sa majorité francophone ne veulent plus se faire dire comment agir, comment penser, comment suivre. Ils veulent prendre les commandes de leur destinée. Ils revendiquent pour le gouvernement qu'ils contrôlent plus de pouvoirs, plus d'autonomie ; ils manifestent leurs aspirations et veulent élargir les champs de compétence assignés à leur province par la Constitution fédérale.

Et, tel un adolescent face à ses parents, c'est vers le gouvernement central que le Québec se tourne pour exprimer ses doléances. Au cœur de la fédération, le Québec va, plus que jamais depuis 1867, exprimer qu'il se sent le parent pauvre, l'oublié, le négligé. Ce qui va inévitablement créer des tensions, des affrontements, des batailles de compétences avec Ottawa.

Dans l'espoir d'y voir plus clair, de moderniser une confédération dans laquelle le Québec se sent de plus en plus à l'étroit, le gouvernement fédéral va, parmi d'autres mesures, créer une commission royale d'enquête sur le bilinguisme et le biculturalisme. Cette commission Laurendeau-Dunton, du nom de ses deux coprésidents, tente de diagnostiquer les problèmes les plus manifestes et d'apporter des solutions afin que les deux « peuples fondateurs » vivent dans l'harmonie et l'équilibre.

En parallèle, ce Québec de plus en plus fier de ses racines et désireux de vivre en français se tournera, réflexe naturel, vers des interlocuteurs avec qui il partage une communauté d'esprit. La France constitue le partenaire tout désigné.

Président de la République française depuis le 8 janvier 1959, Charles de Gaulle est sensible à ce qui se passe là-bas, dans cette petite enclave française en Amérique. Il la connaît, cette enclave où il est venu en 1944, en 1945 et en 1960. Il sait que ses prédécesseurs, rois comme présidents, lui ont tourné le dos depuis la signature du traité de Paris de 1763, par lequel la France a cédé à la Grande-Bretagne le Canada et ses autres colonies du continent.

Mais pas lui. Pas Charles de Gaulle.

Quelques semaines à peine après son appel du 18 juin 1940 pour l'unification des Français soucieux de continuer le combat contre l'Allemagne nazie, lui, de Gaulle, tendait déjà la main à ces Français d'Amérique pour leur demander de l'aider. Ce Canada français, il a aussi appris à mieux le connaître grâce à son amitié avec Georges Vanier, ministre plénipotentiaire du Canada en France au début de la Deuxième Guerre mondiale. Il est bien conscient que le Québec a eu des sympathies plus marquées pour le régime de Vichy pendant la guerre, mais il a tourné la page.

Le président n'est pas le seul à diriger son regard vers cette Amérique française. Autour de lui, à l'Élysée, des membres influents de sa garde rapprochée établissent et entretiennent des contacts chaque jour plus étroits avec les nouvelles élites francophones du Québec. Cela s'inscrit parfaitement dans une période où les balbutiements de la francophonie internationale se font entendre.

À l'Élysée donc, plusieurs proches du président sont sensibles à ce désir d'émancipation des « cousins » canadiens-français. Et voient dans ce désir de construire des ponts un catalyseur d'échanges économiques avantageux pour l'Hexagone.

Ce « lobby du Québec à Paris[1] », surnom parfois attribué au groupe, compte dans ses rangs Bernard Dorin, Philippe Rossillon, Pierre-Louis Mallen, Xavier Deniau, Jean-Daniel Jurgensen, Alain Peyrefitte et plusieurs autres.

La Maison du Québec

Un des premiers chapitres dans l'établissement de ces nouveaux liens France-Québec s'écrit en octobre 1961 avec l'ouverture de la Maison du Québec à Paris.

Ce n'est quand même pas une première. Le Québec est par exemple représenté à New York depuis 1940.

Il n'en demeure pas moins qu'au moment d'accueillir à l'Élysée, le 5 octobre 1961, le premier ministre Jean Lesage, venu inaugurer les bureaux québécois dans la Ville lumière, de Gaulle se réjouit de la création de cette entité faite sur mesure « pour servir à nos rapports directs ».

---

1.   Titre de l'ouvrage de Jean-Pierre Fournier et Paul-André Comeau : *Le Lobby du Québec à Paris. Les précurseurs du général de Gaulle.* Selon les auteurs, c'est le professeur de sciences politiques et de relations internationales Dale C. Thompson qui a le premier évoqué le rôle de ce groupe (p. 10).

« Nous, Français, comprenons mieux que personne votre souci de prendre à votre propre compte la conduite de vos affaires économiques », lance-t-il, ajoutant que le vœu de développer « votre personnalité » rendra service « au Canada tout entier[2] ».

À Ottawa, dans les officines de la haute fonction publique fédérale, on prend des notes. On est inquiet de voir le Québec ainsi sortir du rôle qui lui est assigné pour jouer du coude sur la scène internationale. Lorsque les libéraux de Lester B. Pearson sont portés au pouvoir en avril 1963, une de leurs premières mesures, sans qu'elle soit criée sur les toits, est de multiplier les contacts avec la France. Le but : rappeler qu'en matière de politique étrangère, c'est le Canada, et non ses constituantes provinciales, qui mène le bal. Et on veut aussi éviter de se faire tirer le tapis sous les pieds dans les domaines où les provinces ont plus de latitude.

De Gaulle reste poli. Mais il est déjà ailleurs. Ainsi, en septembre 1963, alors que son cabinet prépare la visite du premier ministre canadien Lester B. Pearson à Paris en janvier 1964, le président écrit dans une note à Étienne Burin des Roziers, secrétaire général de l'Élysée : « Nous devons avant tout établir une coopération particulière avec le Canada français. » Il ajoute plus loin : « Le Canada français deviendra nécessairement un État et c'est dans cette perspective que nous devons agir[3]. »

En 1964, la Maison du Québec à Paris devient Délégation générale, avec les privilèges et immunités diplomatiques afférents. De nouveaux accords France-Québec sont signés : entente permettant à de jeunes Québécois de suivre une formation à l'École nationale d'administration à Paris (janvier 1964), entente sur un programme d'échanges et de coopération en matière d'éducation (février 1965), entente de coopération en matière de culture (novembre 1965), etc.

Cette sympathie croissante de la France envers le Québec est

---

2. Toast adressé à M. Jean Lesage, premier ministre du Québec, palais de l'Élysée, 5 octobre 1961, dans Charles de Gaulle, *Mémoires d'espoir*, t. 1 : *Le Renouveau. 1958-1962*, p. 766.

3. Charles de Gaulle, *Lettres, notes et carnets*, t. 9 : *1961-1963*, p. 369-370.

inversement proportionnelle à celle que le général entretient avec le reste du Canada. Il faut dire qu'entre les deux pays existent des litiges politiques et économiques qui agacent le président.

Déjà, en 1963, les Français n'ont pas aimé que la compagnie aérienne Trans-Canada Air Lines (ancêtre d'Air Canada) choisisse d'acheter une flotte d'appareils DC-9 de l'américaine Douglas plutôt que des Caravelle *made in France*. S'ajoutent notamment des désaccords sur les droits de pêche des habitants des îles françaises Saint-Pierre et Miquelon, voisines de Terre-Neuve, et le refus du Canada de vendre de l'uranium à la France, qui cherche à entrer dans le club des puissances nucléaires.

Les tensions sont devenues si vives que lorsque l'ambassadeur de France à Ottawa suggère à l'Élysée, fin 1966, de faire parvenir un télégramme de félicitations au Canada pour le centenaire de la Confédération, de Gaulle se fâche.

« Nous n'avons à féliciter ni les Canadiens ni nous-mêmes de la création d'un "État" fondé sur notre défaite d'autrefois et sur l'intégration d'une partie du peuple français dans un ensemble britannique. Au demeurant, cet ensemble est devenu bien précaire[4]. »

Mince consolation pour les dirigeants canadiens : ils ne sont pas les seuls à subir la mauvaise humeur du président. Entre les deux blocs, soviétique et américain, l'ombrageux de Gaulle veut mener sa propre politique internationale. Ce qu'il fait, avec quelques coups d'éclat à la clé.

En mars 1966 par exemple, il retire la France du commandement unifié de l'OTAN et demande aux troupes étrangères installées sur le territoire français de plier bagage. En Europe, il s'oppose à ce que la Grande-Bretagne, trop proche des États-Unis, entre dans la Communauté économique européenne (CEE), ancêtre de l'Union européenne. Le 1er septembre 1966, dans son célèbre discours de Phnom Penh, il s'inquiète de voir « l'autorité politique et militaire des États-Unis » prendre de plus en plus racine au Vietnam du Sud, en conclut à une escalade du conflit Est-Ouest en Asie et exprime le souhait que

---

4. Dale C. Thompson, *De Gaulle et le Québec*, p. 227.

le peuple d'Indochine puisse disposer de lui-même. Et lorsque la guerre des Six Jours éclate en juin 1967, il fait suspendre la livraison d'armes françaises à Israël.

Malgré cela – et peut-être en raison de cela –, Charles de Gaulle demeure une figure très populaire dans le monde. Partout où il passe, il attire les foules. Les médias le suivent dans tous ses déplacements.

C'est dans ce contexte que les gouvernements canadien et québécois vont s'affronter sur un nouveau terrain. Dans les derniers jours de l'été 1966, ils vont l'un et l'autre se mettre à courtiser le président français afin qu'il visite le pays en 1967 dans le cadre du centenaire de la Confédération canadienne (invitation d'Ottawa) et d'Expo 67 (invitation de Québec).

D'abord réticent, de Gaulle se laisse finalement convaincre, notamment lorsqu'on lui fait comprendre que les Canadiens français l'attendent à bras ouverts. Mais attention, murmure-t-il à son entourage, s'il y va, ça risque de faire des vagues.

Justement, des fonctionnaires et des diplomates ont l'intention de le faire venir par bateau…

CHAPITRE 2

Premières démarches

À quelques mois du début des célébrations du centenaire de la Confédération et de l'inauguration de l'Exposition universelle, le gouvernement canadien est en pleine campagne de séduction pour faire venir au pays un maximum de chefs d'État du monde entier.

Rien de plus normal. D'abord parce qu'il s'agit ici de relations d'État à État, de pays à pays. Ensuite parce qu'Ottawa paie la plus grosse part de la facture. Enfin parce que les dignitaires étrangers sont avant tout invités dans le cadre du centenaire de la Confédération canadienne. Dans ce contexte, aller à Expo 67 est une bonne façon de joindre l'utile à l'agréable.

Le gouvernement du Québec respecte entièrement ces règles du jeu et ne s'interpose pas. Sauf dans un cas : la France.

Les liens développés au cours des dernières années avec la mère patrie, ajoutés à la sympathie que manifeste l'immense personnage qu'est Charles de Gaulle envers la province, alimentent la volonté de Québec d'envoyer sa propre proposition.

À la mi-septembre 1966, l'Élysée reçoit donc deux invitations : l'une d'Ottawa, signée par le gouverneur général Georges Vanier, ami personnel du président français, l'autre datée du 13 septembre à Québec et signée par le nouveau premier ministre, Daniel Johnson.

Commence alors une série de tractations de part et d'autre qui durera tout l'automne et une partie de l'hiver. Tout en demeurant diplomates, Ottawa et Québec se disputent l'honneur de se voir dire oui par de Gaulle. S'il répond par l'affirmative, bien entendu. Parce qu'au départ, rien n'est acquis.

Pour le Québec, la cour est faite par Jean Chapdelaine. Nommé délégué général du Québec à Paris en 1965, sous les libéraux de Jean Lesage, Chapdelaine est un homme digne de confiance. À la suite de l'élection du gouvernement unioniste de Daniel Johnson en juin 1966, il a conservé son poste. Pour Ottawa, la tâche revient à l'ambassadeur Jules Léger.

Durant cette période, le gouvernement du Québec propose l'idée de faire venir le président en bateau plutôt qu'en avion. Pourquoi ? Parce que s'il prend l'avion, il n'aura d'autre choix que de se rendre en premier à Ottawa, la capitale fédérale. Alors que par bateau, c'est impossible, à moins que le navire ne soit bien petit… Ce qui ne conviendrait pas à un chef d'État. Surtout celui-là !

En bateau, le président français pourrait donc débarquer dans la capitale québécoise. Quel beau pied de nez à faire à Ottawa ! On imagine un peu la tête des fédéraux…

Pierre-Louis Mallen, délégué de l'Office de radiodiffusion-télévision française (ORTF) au Québec, s'est attribué la paternité de cette idée[1]. C'est possible… Dans les rappels qu'il en a faits, M. Mallen raconte cette anecdote avec moult détails.

Mais la version la plus courante, du moins au Québec, veut que l'initiative soit de Jean Chapdelaine. Et c'est à celle-ci que nous adhérons. Pour la bonne raison que des documents retrouvés dans le fonds d'archives du délégué général l'attestent.

Le 6 décembre 1966, Chapdelaine écrit en effet à Claude Morin, alors sous-ministre québécois des Affaires fédérales-provinciales, pour le tenir au courant de ses démarches. Selon Chapdelaine, qui a récemment échangé avec Étienne Burin des Roziers, secrétaire général de l'Élysée, de Gaulle viendra au Québec en juillet 1967. Mais rien n'a encore été confirmé. Puis, il ajoute ces mots révélateurs : « Je lui rappelai mon petit projet d'une remontée du Saint-Laurent en croi-

---

1. Pierre-Louis Mallen, *Vivre le Québec libre*, p. 96 ; et « Souvenirs sur la visite du général ».

seur, ce qui amènerait d'abord le général à Québec, tout naturellement. M. Burin des Roziers m'assura que cette formule restait bien présente dans son esprit[2]. »

Chapdelaine devait quand même s'attendre à ce que son idée bute sur des obstacles. Que de vigoureuses protestations émanent d'Ottawa. Or, surprise, le premier de ces obstacles surgit à Québec, dans l'entourage de... Daniel Johnson.

Le gouvernement de ce dernier a en effet nommé, le 6 juillet 1966, André Patry au poste de chef du protocole et commissaire général du gouvernement du Québec pour les visites d'État à l'Exposition universelle de Montréal. Professeur de droit à l'Université Laval, brillant et cultivé, Patry est un homme d'honneur. Pour lui, le protocole, c'est le protocole. Et dans son esprit, la manœuvre consistant à faire venir de Gaulle par bateau est contraire aux conventions.

Ayant eu vent du projet de Chapdelaine, il lui écrit le 15 décembre 1966 pour le rappeler à l'ordre. Le ton est poli mais ferme :

> Je désire vous indiquer dès maintenant que je ne suis pas d'accord avec le projet d'une remontée du Saint-Laurent par le général de Gaulle, que vous avez soumis à Burin des Roziers. C'est d'abord à Ottawa que tous les chefs d'État doivent se rendre dès leur arrivée au Canada. C'est là également qu'ils doivent entrer officiellement en rapport avec les autorités du pays.
>
> Nous sommes évidemment très désireux à Québec de réserver au général de Gaulle un accueil particulier. Mais nous n'avons pas l'intention d'aller à l'encontre des règles dont nous sommes déjà convenus avec le gouvernement du Canada en ce qui concerne les visites des chefs d'État étrangers au cours de l'année 1967[3].

Chapdelaine doit reculer, ce qu'il fait dans sa réponse du 20 décembre. « Je profiterai de la première occasion pour faire

---

2. Fonds Jean Chapdelaine, Bibliothèque et Archives nationales du Québec, Québec.

3. *Ibid.* ; et André Patry, *Le Québec dans le monde. 1960-1980,* p. 67.

part de cette réglementation à qui de droit, à l'Élysée ou ailleurs »,
répond-il à Patry.

Un prêt de 67 millions de dollars

En parallèle avec les discussions Québec-Paris sur le projet de voyage,
l'entourage du premier ministre Johnson, toujours par l'entremise
de Chapdelaine, négocie un autre projet qui risque lui aussi d'encou-
rir les foudres d'Ottawa : l'octroi d'un prêt, de la France au Québec,
de 67 millions de dollars.

Comme n'importe quelle entité publique, le Québec finance ses
projets d'infrastructures à coups d'emprunts sur les grands marchés,
surtout new-yorkais. Dans le contexte de la Révolution tranquille,
où plusieurs chantiers d'envergure sont lancés, le Québec a beaucoup emprunté sur les marchés américains. Or, soudain, l'occasion
se présente d'obtenir de la France un prêt à taux avantageux grâce à
une formule alambiquée.

Au lendemain de la Deuxième Guerre mondiale, la France avait
en effet contracté un prêt de 242 millions de dollars au Canada à un
taux de 3 % remboursable sur trente ans à raison de versements
annuels de 8,4 millions de dollars.

À l'automne 1966, grâce à des remboursements prématurés, le
solde de ce prêt est de 67 millions de dollars, somme que l'Hexagone
doit rembourser de 1970 à 1976. Au lieu de cela, Paris jongle avec
l'idée de déposer ce montant dans quelques banques montréalaises
avec instructions de faire un prêt équivalent au gouvernement du
Québec. Ne resterait plus à Québec qu'à rembourser la France (par
l'intermédiaire des banques) au même rythme que les échéances du
prêt canadien à la France.

C'est le bon vieux principe des vases communicants.

Jean Chapdelaine fait part du projet à Claude Morin dans une
lettre datée du 4 novembre 1966. Il y évoque ses démarches auprès
de différents contacts, tant à l'Élysée qu'au Quai d'Orsay (siège du
ministère des Affaires étrangères) et au ministère des Finances.

« Pour l'instant, toutes les instances qu'il fallait ont été touchées », assure Chapdelaine. Il ajoute que le dossier sera présenté au président. « Le seul commentaire de détail, qui ne touche pas à l'essence puisqu'on soumettait la question au président, fut qu'il serait peut-être utile que le prêt, s'il devait s'effectuer, soit lié à une réalisation particulière, plutôt que d'être traité – ce qu'il est en fait – comme une aide générale de trésorerie[4]. »

Autrement dit, ça fait plus joli de dire qu'on emprunte pour un projet ciblé et identifiable que pour payer l'épicerie.

D'ailleurs, dans un post-scriptum à sa lettre, Chapdelaine ajoute avoir discuté avec René de Saint-Légier, conseiller diplomatique à l'Élysée, du motif à donner au prêt, soit « aux fins d'immobilisations au niveau universitaire et des instituts ».

Le 6 décembre 1966, Chapdelaine récrit à Morin. Les nouvelles sont mauvaises. Le projet prend l'eau.

Dans l'entourage du général de Gaulle, certains ministres et proches conseillers ont des réticences. C'est le cas de Maurice Couve de Murville, ministre des Affaires étrangères. On craint que l'initiative heurte Ottawa, confie le délégué général du Québec après avoir de nouveau discuté avec Burin des Roziers. « Ce dernier m'assure que l'obstacle était le souci de ne pas porter ombrage à Ottawa », écrit Chapdelaine.

« Burin des Roziers me rappela l'intérêt tout particulier que l'on porte au Québec à l'Élysée, poursuit-il. Les seules limites, et encore, sont le désir de maintenir des relations de bonne entente avec le gouvernement du Canada[5]. »

Ottawa gagne et perd

Or, justement, à Ottawa, le même jour (6 décembre), le cabinet Pearson est réuni et le secrétaire d'État aux Affaires extérieures, Paul

---

4. Fonds Jean Chapdelaine, Bibliothèque et Archives nationales du Québec, Québec.

5. *Ibid.*

Martin père, dévoile tous les détails de la combine financière à ses collègues. Grincements de dents. Plusieurs ministres voient dans un tel geste une ingérence directe et malsaine d'un pays étranger dans les affaires internes du Canada. Dans une réunion subséquente du cabinet, le 22 décembre 1966, certains ministres fédéraux affirment que les provinces anglophones rageraient de voir le Québec obtenir un tel privilège.

Les ministres fédéraux québécois sont particulièrement irrités. Jean Marchand (Main-d'œuvre et Immigration) et Maurice Sauvé (Forêts et Développement rural) souhaitent que le fédéral réagisse énergiquement. Marchand estime que Québec doit s'engager à obtenir l'aval d'Ottawa avant de faire de tels arrangements. Maurice Sauvé est encore plus tranchant : « Il serait peut-être temps que le gouvernement fédéral désapprouve publiquement la stratégie québécoise faite sous la bénédiction du gouvernement français », dit-il[6].

L'affaire se conclut début 1967… au détriment du Québec. Le 10 janvier, Michel Debré, ministre français de l'Économie et des Finances, est à la veille d'entreprendre un voyage au Canada. Il reçoit Jean Chapdelaine et lui communique sa décision.

« À la connaissance du ministre, nous n'aurions pas l'aval d'Ottawa, rapporte Chapdelaine à Claude Morin le 11 janvier. L'affaire était malvenue. Le gouvernement français ne pouvait se placer dans une position fausse vis-à-vis d'Ottawa, position qui résulterait inévitablement s'il donnait une suite favorable au projet qui avait été évoqué. » Petite consolation, Debré confie à Chapdelaine que le général de Gaulle « serait prêt à nous accorder toutes facilités pour le lancement d'un emprunt sur le marché français ». Mais « le projet

---

6. La synthèse des commentaires et réflexions des ministres du gouvernement fédéral provient des *Conclusions du Cabinet,* documents disponibles sur le site Internet de Bibliothèque et Archives Canada : www.bac-lac.gc.ca/fra/decouvrez/politique-gouvernement/conclusions-du-cabinet/Pages/conclusions-du-cabinet.aspx. Traduction de l'auteur.

que nous avions formé [d'accorder un prêt avantageux au Québec] est maintenant, je le crains, enterré[7] », ajoute Chapdelaine.

À Ottawa, on jubile. À la réunion du cabinet fédéral du 12 janvier, Paul Martin père annonce à ses collègues que François Leduc, ambassadeur de la France au Canada, lui a dit en substance la même chose que Debré à Chapdelaine. La France n'a pas l'intention de rembourser à l'avance le prêt qu'elle doit au Canada et il n'est absolument pas question qu'elle prête de l'argent au gouvernement du Québec. Celui-ci, s'il le désire, a tout de même le loisir d'emprunter sur les marchés financiers parisiens[8].

Ottawa gagne donc cette manche. Mais il n'a pas encore gagné la bataille des invitations. Loin de là… Car à la même période, l'entourage de Daniel Johnson a vent que le gouvernement fédéral, désireux d'accommoder certains chefs d'État en déplacement vers le Canada pour les célébrations de 1967, est prêt à les laisser s'arrêter dans d'autres villes du pays avant de se rendre à Ottawa. Certains dirigeants asiatiques auraient entre autres demandé à s'arrêter à Vancouver et à Victoria avant de rejoindre la capitale fédérale en avion. (Et le président américain Lyndon Johnson, lorsqu'il décidera – à la dernière minute – de venir au Canada, passera par Montréal avant d'aller voir son homologue Lester B. Pearson à Ottawa.)

De ce fait, André Patry écrit le 6 février 1967 à son homologue fédéral, le général Robert William Moncel, pour lui signifier que Québec ne se considère plus lié par l'accord conclu avec Ottawa au sujet de l'itinéraire des chefs d'État ou de gouvernement[9]. Dans la foulée, Patry enjoint à André Chapdelaine de relancer son projet original. Le délégué général jubile. L'invitation lancée à Charles de Gaulle de se rendre au Canada par bateau et de débarquer en premier à Québec est remise à l'ordre du jour. Et la réponse ne se fera pas attendre.

---

7. Fonds Jean Chapdelaine, Bibliothèque et Archives nationales du Québec, Québec.

8. *Conclusion du Cabinet.*

9. André Patry, *Le Québec dans le monde*, p. 67.

CHAPITRE 3

Entente conclue

Jean Chapdelaine rencontre Charles de Gaulle deux fois, les 11 et 13 février 1967, quelques jours à peine après le changement de cap annoncé par André Patry. Ce qui donne une idée du sérieux de l'affaire. Au terme de la seconde rencontre, le délégué général peut crier victoire. De Gaulle lui annonce qu'il accepte de faire le voyage !

Dès le lendemain, 14 février, Chapdelaine écrit au premier ministre Daniel Johnson et lui communique la nouvelle. Il fournit également les détails de la visite, qui correspondent à peu de choses près à ce qui surviendra cinq mois plus tard. Il répète la période suggérée – la seconde moitié de juillet –, précise que de Gaulle remontera le Saint-Laurent « sur un navire de guerre », que le président souhaite également « faire un parcours dans la campagne québécoise » et qu'il terminera son séjour à Ottawa, d'où il s'envolera en avion pour Paris[1].

« Il est à noter que c'est la première indication précise qu'il [de Gaulle] ait donnée de ses projets, ajoute le délégué général à Johnson. Il l'a donnée à nous seuls, en réponse à l'invitation que vous lui aviez fait tenir. Il avertira Ottawa en temps et lieu. Il m'a particulièrement

---

1. Fonds Jean Chapdelaine, Bibliothèque et Archives nationales du Québec, Québec.

demandé que nous gardions la chose secrète jusqu'à ce qu'il puisse s'exprimer publiquement[2]. »

Enthousiaste, Chapdelaine ajoute : « L'accent, vous l'aurez noté, est nettement sur une visite au Québec ; Ottawa aurait nettement la portion congrue. Il peut y avoir des situations délicates à prévoir[3]. »

Si de Gaulle demande à Chapdelaine la plus grande discrétion, les murs de l'Élysée ont néanmoins des oreilles. En effet, dès le 14 février, dans une réunion du cabinet Pearson, Jean Marchand lance une bombe.

« Des rumeurs me sont parvenues selon lesquelles le président de Gaulle va visiter Expo 67 et que sa décision a été communiquée au représentant du Québec à Paris. Si cette décision est vraie, le fédéral devrait réagir car il y a là un écart par rapport au protocole établi. »

Son collègue Paul Martin est cependant sceptique.

« Notre ambassadeur à Paris a des liens étroits avec le cabinet de De Gaulle et, à ce qu'il comprend, aucune décision ne devrait être prise avant les élections [législatives] françaises [en mars][4]. »

Martin convient néanmoins que si ce que rapporte Marchand est vrai, le fait de communiquer la décision au gouvernement québécois avant d'en faire part à Ottawa est déplacé.

À la lumière de cet échange, on constate que le ministre de la Main-d'œuvre et de l'Immigration possède de meilleures sources à Paris que son collègue des Affaires extérieures…

Durant un peu plus d'un mois, on n'entend plus parler de l'affaire.

Le 5 mars, le gouverneur général, Georges Vanier, meurt. De Gaulle n'assiste pas aux funérailles de son vieil ami et n'envoie pas non plus de haut représentant de son gouvernement, alors que le vice-président américain Hubert Humphrey se rend à Ottawa au

2. *Ibid.*
3. *Ibid.*
4. *Conclusions du Cabinet,* Bibliothèque et Archives Canada. Traduction et adaptation libre de l'auteur.

nom du gouvernement des États-Unis. Autre signe qu'entre Paris et Ottawa, on est en zone de turbulences. Dans les hautes sphères politiques canadiennes, on grogne.

Puis, la nouvelle de la visite finit par être divulguée par les médias.

Le vendredi 17 mars, le chroniqueur canadien Peter Newman, basé à Ottawa, publie un texte dans lequel il donne les premiers détails de la visite présidentielle française. En bon journaliste, Newman a glané ses renseignements auprès de diplomates mis au parfum. Le programme, dit Newman, est si « grandiose » que ses sources en sont « abasourdies ».

Newman, qu'on peut lire dans *La Presse,* affirme que de Gaulle remontera le Saint-Laurent sur « le plus imposant des croiseurs », à bord duquel il sera monté à Saint-Pierre-et-Miquelon, où il sera arrivé en avion (détail inexact). Il qualifie cette entrée au Québec d'« à peine moins solennelle que l'arrivée de Cléopâtre devant César[5] ».

Pourtant, rien n'a encore été annoncé officiellement. Mais dans les milieux bien informés, on sait, on jase, on murmure… Un exemple éloquent, mais méconnu à ce jour, est cette lettre, écrite à Paris le 4 avril 1967, de Vincent Monteil à Jean-Marc Léger, éditorialiste au *Devoir* et secrétaire général de l'Association des universités partiellement ou entièrement de langue française : « Mon cher Jean-Marc, je viens de voir notre *Grand* ami. Il ira au Canada, à Québec, où il parlera dans le sens que nous souhaitons. Il s'impatiente seulement de la lenteur de votre émancipation, qu'il souhaite totale[6]. » Il ne fait aucun doute que ce « *Grand* ami » est de Gaulle. Directeur de l'Institut fondamental d'Afrique noire, Monteil est un orientaliste dont la pensée rejoint celle du président. De plus, il est diplômé de l'École militaire de Saint-Cyr, le West Point français, comme

---

5. Peter Newman, « De Gaulle, l'Expo et la Francophonie », *La Presse,* 17 mars 1967.

6. Lettre tirée des archives personnelles de Jean-Marc Léger et obtenue grâce à la générosité de sa fille Marie-France Léger.

de Gaulle. (On aura noté cette phrase où Monteil affirme que de Gaulle souhaite une émancipation « totale » du Québec…)

Un autre sujet de bisbille entre la France et le Canada survient le dimanche 9 avril, alors que sont célébrées les cérémonies du cinquantième anniversaire de la bataille de la crête de Vimy. Cette célèbre bataille de la Première Guerre mondiale, survenue dans le nord de la France, est marquée par le fait que les Canadiens, au prix d'énormes pertes, réussirent à reprendre aux Allemands une colline stratégique. Or, à l'occasion des cérémonies commémoratives, le Canada invite un membre de la royauté britannique, le prince Philip, qui représente Élisabeth II. De Gaulle n'apprécie pas et, en guise de protestation, refuse de se rendre sur la crête. Il y délègue des subalternes. Certains médias affirment même que de Gaulle a failli annuler son voyage au Canada.

Affirmation nettement exagérée… Car dès le lendemain, 10 avril, une dépêche de l'Agence France-Presse (AFP) rapporte que de Gaulle « envisagerait » de venir au pays en bateau. Et cette fois, on affirme que le navire retenu serait le croiseur *Colbert*[7]. Même si le projet est encore à l'étude, la nouvelle fait les manchettes au Québec. Pressé de questions, Daniel Johnson confirme le 11 avril que des invitations officielles ont été envoyées et à Charles de Gaulle et à Paul VI. Mais Johnson, qui est sur le point de faire voter (unanimement) une loi créant un ministère des Affaires intergouvernementales québécoises, parle bien d'invitations et non de confirmations (le pape ne viendra pas).

Le 18 avril, une fois passées les élections législatives françaises, de Gaulle envoie enfin des lettres officielles à Daniel Johnson et au nouveau gouverneur général du Canada, Roland Michener, pour leur confirmer qu'il sera au Québec dans la seconde quinzaine de juillet. Et enfin, ce que tout le monde savait déjà est officiellement annoncé le 27 avril, jour de l'inauguration d'Expo 67. Une dépêche rédigée par Jean Mauriac, de l'AFP, précise que de Gaulle répond

---

7. Fonds Jean Mauriac, Fondation Charles-de-Gaulle, Paris. Un article écrit d'après cette dépêche a été publié le même jour dans *France-Soir*.

ainsi aux deux invitations et ajoute que le président voyagera sur le *Colbert* et s'arrêtera à Saint-Pierre-et-Miquelon, où il passera une journée. Des détails plus précis restent à venir[8].

Lorsque cette nouvelle est rendue publique, le gouvernement fédéral a, même s'il en est fortement agacé, renoncé à forcer le général à passer d'abord par Ottawa. Pearson l'a confirmé deux jours plus tôt, le 25 avril, aux membres de son cabinet, comme on peut le lire dans le procès-verbal de la rencontre : « Même s'il est souhaitable que la visite initiale soit à Ottawa, il n'est pas dans l'intention du gouvernement d'insister là-dessus, d'autant plus que d'autres chefs d'État qui viendront à l'Expo vont passer par d'autres villes canadiennes avant de se rendre à Ottawa, indique Pearson. Il était néanmoins dans l'intention du gouvernement d'essayer de faire passer le général de Gaulle par Ottawa avant qu'il ne se rende à Québec et à Expo 67[9]. » Cette allusion aux chefs d'État qui ne feront pas d'Ottawa leur première destination canadienne confirme ce qu'André Patry avait découvert dès février.

Pearson ajoute que le secrétaire d'État aux Affaires extérieures, Paul Martin, est en discussion avec son homologue français, Maurice Couve de Murville, pour préparer la visite et que les gouvernements de la France, du Canada et du Québec n'ont pas encore réussi à s'entendre sur la rédaction d'un communiqué conjoint. Une mésentente qui en annonce plusieurs autres !

Comme un chef d'État

Histoire de bien préparer le terrain à la visite présidentielle de la fin de juillet, Daniel Johnson se rend à Paris du 17 au 22 mai. Il y est reçu avec tous les hommages réservés aux chefs d'État, ce qui ne fait pas l'affaire d'Ottawa.

---

8. *Ibid.*

9. *Conclusions du Cabinet,* Bibliothèque et Archives Canada. Traduction de l'auteur.

De Gaulle, lui, a bien l'intention de montrer qu'il tient Johnson, et à travers lui le Québec, en haute estime. Lorsque le premier ministre et sa suite arrivent le 17 mai en soirée à l'hôtel de Crillon pour y poser leurs valises, la place de la Concorde est illuminée. Tiens ! remarquent de fins observateurs, d'ordinaire, la place n'est illuminée que les soirs de week-end. Mais de Gaulle a ordonné qu'elle brille de mille feux[10].

Le lendemain, 18 mai, un déjeuner est offert par le président de la République en l'honneur de Johnson au salon Murat de l'Élysée. Le plan de table est impressionnant. La liste des invités tout autant. Lors de ce repas de quarante couverts, Johnson est assis à la droite du président, auquel fait face son premier ministre, Georges Pompidou. La délégation québécoise comprend entre autres le ministre des Finances, Paul Dozois, le secrétaire particulier de Johnson, Paul A. Chouinard, et trois conseillers influents : les sous-ministres Michel Bélanger et Claude Morin ainsi qu'un certain Jacques Parizeau, conseiller économique au Conseil exécutif du Québec. Morin n'est séparé du général que par Jacques Chaban-Delmas, le président de l'Assemblée nationale française. Parizeau est aussi en bonne compagnie, entre deux ministres français : André Malraux (Culture) à sa gauche et Georges Gorse (Information) à sa droite. Le délégué général du Québec, Jean Chapdelaine, est évidemment présent. Et, protocole oblige, il faut bien inviter l'ambassadeur canadien Jules Léger, qu'on assoit à la droite de Pompidou[11].

Les observateurs et les intéressés n'ont pourtant encore rien vu. La visite de Johnson coïncide avec la finale de la cinquantième Coupe de France de football. Le 21 mai, l'Olympique lyonnais affronte le FC Sochaux-Montbéliard dans un Parc des Princes archibondé. Le président doit y assister et invite Johnson à l'accompagner, un honneur qui alimente les conversations. Durant le match survient une

---

10. Louis-Martin Tard, « À Paris avec le "président" Daniel Johnson », *La Patrie*, 28 mai 1967.

11. Archives de la Fondation Charles-de-Gaulle, et Archives nationales de France, Paris.

péripétie digne des meilleurs scénarios hollywoodiens. Ratant son dégagement, le joueur lyonnais Hector Maison envoie le ballon vers la loge présidentielle. De Gaulle l'attrape et le renvoie sur le terrain. Tous les regards se tournent vers la tribune d'honneur… où on aperçoit Daniel Johnson. Le premier ministre québécois ne pouvait espérer meilleure vitrine. Lyon remporte le match 3-1 et Daniel Johnson remporte la victoire des relations publiques !

Un Daniel Johnson rayonnant revient au Québec et, quelques semaines plus tard, les autorités québécoises donneront de plus amples détails sur le programme du voyage. De Gaulle partira de Brest le 15 juillet, où il montera à bord du *Colbert*. Après son passage, le 20 juillet, à Saint-Pierre-et-Miquelon, il arrivera à Québec le dimanche 23 au matin. Là, le *Colbert* s'amarrera au quai de l'anse au Foulon. Suivra une journée complète d'activités se terminant avec un dîner offert par le gouvernement du Québec au Château Frontenac. Le lundi 24, le président français et Daniel Johnson se rendront en voiture de Québec à Montréal en remontant les quelque 270 kilomètres du chemin du Roy (la route 2) sur la rive nord du Saint-Laurent. Ils y feront plusieurs arrêts, notamment à Trois-Rivières pour le déjeuner. Arrivé en soirée à Montréal, de Gaulle sera accueilli à l'hôtel de ville par le maire Jean Drapeau et de nombreux invités. La journée du 25 sera consacrée à la visite d'Expo 67. Le 26, de Gaulle achèvera sa visite de Montréal avant de prendre le train, en après-midi, pour Ottawa. Il y passera vingt-quatre heures, dont quelques minutes à Hull, avant de retourner à Paris à bord de l'avion présidentiel.

En coulisses, conseillers et hauts fonctionnaires de Paris, de Québec et d'Ottawa ont commencé à préparer fébrilement ce voyage. Durant tout le printemps et le début de l'été, ce ne sera plus qu'un ballet de préparatifs, de rédaction de notes secrètes et d'échanges de télégrammes à propos de qui fait quoi, où, comment, pourquoi…

Mais d'une capitale à l'autre, les priorités et les enjeux sont très différents.

Voyons voir.

CHAPITRE 4

Québec : préparer un accueil inoubliable

Québec voulait de Gaulle. Il l'a ! Reste maintenant à organiser un accueil et une visite dont le général se souviendra longtemps. Pour y arriver, le gouvernement unioniste de Daniel Johnson mobilise toutes les ressources ministérielles à sa disposition.

Au cabinet du premier ministre, André Patry forme un « comité de réception et d'accueil du gouvernement ». Les membres ont tous ont des assignations particulières :

> Jean-Paul Lallier : supervision et organisation du passage de De Gaulle à Trois-Rivières (24 juillet).
>
> Joseph Couture : application des règles et usages protocolaires lors du dîner officiel prévu le soir du 23 juillet [à Québec] et du déjeuner de Trois-Rivières.
>
> Benoît Bélanger : responsabilité de tous les aspects non liturgiques lors du passage du président à la basilique de Sainte-Anne-de-Beaupré.
>
> Jocelyn Lavoie : transport du général et hébergement des membres de sa suite et de quelques membres de la suite non officielle.
>
> Maurice Verret : organisation du déjeuner champêtre à la ferme du Petit-Cap[1] et du déjeuner à Trois-Rivières.
>
> Georges Gravel : autorité suprême sur tout le domaine de la sécurité.
>
> Jean O'Keefe : assistant du chef du protocole [André Patry].

---

1. À Saint-Joachim, près du cap Tourmente.

James O'Neil : chauffeur officiel du président.

Mario Beaulieu : le chef de cabinet de Daniel Johnson est responsable des manifestations se déroulant lors des différentes visites de De Gaulle.

On ajoute : « Monsieur Beaulieu sera assisté d'un personnel nombreux dont le choix lui appartient en toute exclusivité. »

Roger Cyr : responsable de l'information et des rapports avec la presse québécoise, française et étrangère.

L'organisation entière de la visite relève « en dernière instance » du ministre Marcel Masse, de Mario Beaulieu et d'André Patry, ajoute ce dernier à la fin du document[2].

Marcel Masse, qui sera plus tard ministre dans le gouvernement conservateur de Brian Mulroney à Ottawa, a seulement trente et un ans au printemps de 1967. Élu député de l'Union nationale dans le comté de Montcalm aux élections générales de 1966, il a la confiance de Johnson qui, devenu premier ministre, lui confie deux charges : ministre d'État à l'Éducation et ministre délégué à l'accueil des chefs d'État pour l'Exposition universelle de Montréal.

Afin de soutenir cette organisation, André Patry fait aussi appel à quelques jeunes gens ayant un grand sens de l'organisation. Parmi eux se trouve Pierre Marc Johnson, vingt et un ans, fils du premier ministre et futur premier ministre lui-même.

« M. Patry estimait que le gouvernement du Québec n'avait pas les moyens de se payer un service du protocole avec cinquante agents expérimentés, se remémore Pierre Marc Johnson en entrevue. Il fait donc le choix d'engager des jeunes qui ont vu un peu neiger, qui ont voyagé et qui vont apprendre vite. »

Outre Johnson fils et Jean O'Keefe, on trouve Jean-François Bertrand, fils du ministre Jean-Jacques Bertrand, et quelques autres. Patry est soucieux de former un groupe non partisan et va donc dénicher de jeunes candidats de choix jusque dans les rangs des libéraux. Son unique but est de trouver des gens dégourdis.

---

2. Archives de la Ville de Trois-Rivières.

La SSJB entre en scène

Cet extraordinaire déploiement d'effectifs au sein de l'appareil gouvernemental est-il suffisant ? Non. Les ressources sont encore trop limitées. Le gouvernement fait appel à de l'aide externe. Il accorde ainsi un contrat de 24 244,08 dollars à la firme Intermedia de Paul Gros d'Aillon, un proche du premier ministre Johnson, pour la préparation de la visite[3].

Et maintenant ? Est-ce suffisant ? Pas encore ! Pourquoi ? Parce que tous ces experts, issus tant du domaine public que d'agences privées, sont voués aux tâches officielles, au cérémonial, à la sécurité, au bien-être des invités, etc. Encore faut-il qu'il y ait du monde ! Il faut attirer le peuple partout où de Gaulle va passer. Pour cela, le gouvernement Johnson fait appel à un allié de taille : la Fédération des Sociétés Saint-Jean-Baptiste (SSJB).

Organisme créé à Montréal dans les années 1830 et voué, depuis l'échec des rébellions de 1837-1838, à la défense de la langue et de l'identité des Canadiens français, la Société Saint-Jean-Baptiste a multiplié au fil des ans les sections locales et les antennes régionales au Québec et dans plusieurs autres provinces. En 1967, sous l'égide de sa fédération, qui prendra le nom de Mouvement national des Québécois (MNQ) en 1972, elle possède un réseau tentaculaire. Voilà l'instrument parfait pour rejoindre et mobiliser les gens.

L'engagement de cette organisation dans les activités d'accueil du président de Gaulle sera inversement proportionnel à sa participation aux fêtes de la Confédération, qui peut être qualifiée de… nulle. À la mi-janvier 1967, le conseil général de l'organisme avait en effet annoncé par communiqué de presse son refus de souligner les fêtes du centenaire de la Confédération canadienne. La raison ? La Constitution « n'a pas encore été modifiée à la satisfaction de la

---

3. Assemblée législative du Québec, *Journal des débats*, vol. 7, n° 65, 20 juin 1968.

nation canadienne-française[4] ». La Fédération des SSJB réaffirme ainsi une position défendue depuis 1962. Le communiqué précise :

> La Confédération canadienne n'a pas été modifiée et ne permet pas de réaliser l'égalité des droits entre Canadiens français et Canadiens anglais ; elle permet que subsiste, dans 9 des 10 provinces du Canada, la situation d'injustice scolaire, linguistique et culturelle qui prive nos compatriotes francophones de leurs droits fondamentaux. Même au Québec, les aspirations légitimes des citoyens de langue française sont assujetties à la domination politique du pouvoir central contrôlé par la majorité anglophone puisque la reconnaissance du principe des deux nations égales au Canada est encore refusée[5].

L'organisme va jusqu'à s'offusquer que les plaques d'immatriculation à l'arrière des véhicules québécois portent l'inscription « CONFÉDÉRATION » (on lisait « EXPO67 » à l'avant).

C'est sur le chemin du Roy que la Fédération des SSJB est appelée à jouer un rôle primordial. L'organisme est informé de ce que le cortège de Gaulle-Johnson va traverser vingt-quatre villes et villages et s'arrêter à six reprises, soit à Donnacona, Sainte-Anne-de-la-Pérade, Trois-Rivières, Louiseville, Berthierville et Repentigny, avant le dernier droit jusqu'à Montréal. La Fédération doit non seulement mobiliser les gens mais aussi veiller à ce qu'on pavoise maisons, églises, commerces, poteaux de téléphone, granges, clôtures, bref tout ce qui est immobile en bordure de la route.

Ses dirigeants prennent leur mandat au sérieux, à tel point qu'ils se font imprimer des chemises en carton spécialement pour l'occasion ! Sur le devant, on reconnaît à droite le logo de la SSJB, et à gauche l'inscription : « La Fédération des Sociétés Saint-Jean-Baptiste du Québec – Visite au Québec de Son Excellence le Président de la République française le général Charles de Gaulle ».

---

4. Fonds Mouvement national des Québécoises et Québécois, Bibliothèque et Archives nationales du Québec, Montréal.

5. *Ibid.*

Le président de la Fédération s'appelle Georges-É. Malenfant. Mais c'est bien davantage le directeur général de l'organisme, Léo Gagné, qui orchestre les préparatifs. Gagné écrit aux dirigeants de toutes les sections locales et régionales affiliées à la Fédération et à d'autres personnes d'influence afin de les inviter à être des plus actifs. Il a du poids au sein de l'organisme. Exemple d'une de ses demandes : Gagné sollicite le concours des… curés des paroisses se trouvant sur le parcours du cortège. Comme quoi, en 1967, dans un Québec vétilleux sur la laïcisation, le pouvoir d'attraction du clergé peut toujours être utile !

Le 14 juillet, la SSJB envoie donc une lettre adressée à « Messieurs les curés des paroisses situées entre Québec et Montréal, sur la route no. 2 ». Gagné y encourage les ecclésiastiques à profiter de la messe pour inciter leurs ouailles à se faire très visibles au passage du président français. Il leur dit carrément quoi faire et leur propose même un mode d'emploi ! « Nous avons recours à votre bonne collaboration, Monsieur le Curé, pour annoncer cet événement extraordinaire au prône du dimanche 16 juillet 1967, à toutes les messes, propose la lettre. Nous incluons à la présente un texte, à titre de suggestion, pour inviter vos paroissiens à pavoiser leurs demeures et leurs places d'affaires et les inciter à venir saluer le général de Gaulle à son passage[6]. » Un passage du texte « suggéré » se lit comme suit : « Je voudrais dès maintenant vous inviter, chers paroissiens, à décorer vos demeures de drapeaux du Québec (le drapeau à fleurs de lys) et de drapeaux français pour souligner le passage du chef de la France dans notre paroisse et notre village. Mon invitation s'adresse surtout à ceux qui ont des propriétés le long de la Route 2 que suivra le cortège du président. »

Une « proclamation du maire », truffée de détails semblables à la missive destinée aux curés, est aussi envoyée aux dirigeants des

---

6. *Ibid.* La proposition d'utiliser le « drapeau à fleurs de lys » n'est pas fortuite lorsqu'on sait que la SSJB a participé à la campagne pour l'adoption, le 21 janvier 1948, du fleurdelisé comme drapeau officiel du Québec.

villes et villages. Il s'agit d'une formule toute faite où il n'y a que quelques passages à remplir pour l'adapter à chaque lieu.

Parallèlement à ce travail de mobilisation, la Fédération planche sur un projet grandiose : faire allumer de grands feux de joie en dix endroits sur les berges que le *Colbert* doit longer en remontant le Saint-Laurent. Peu lui importe que ces berges soient éloignées, l'organisme y voit une autre façon de saluer le passage de l'homme du 18 juin. Ces feux de joie doivent être allumés aux îles de la Madeleine, à Sept-Îles, Pointe-au-Père, Baie-Sainte-Catherine, Trois-Pistoles, Rimouski, La Malbaie, Saint-Jean-Port-Joli, à l'île aux Coudres et à Rivière-du-Loup.

La Fédération compte aussi recevoir la visite à sa façon. Elle organise un grand déjeuner le 24 juillet à Trois-Rivières en l'honneur des journalistes étrangers accompagnant de Gaulle. Pour l'organisme, ce repas constitue le moment idéal pour se faire connaître. « Le mouvement des SSJB a l'occasion unique dans son histoire de recevoir à déjeuner environ cent journalistes européens qui parlent tous et comprennent le français, ainsi que cinquante journalistes canadiens », écrit Léo Gagné dans une lettre du 11 juillet transmise à tous les présidents et directeurs des sections diocésaines et régionales de la Fédération. « On profitera de cette réception pour leur expliquer le rôle de notre Société nationale dans le contexte québécois de 1967, leur fournir des informations sur les effectifs du mouvement et les régions qu'il dessert[7]. »

Toutes ces initiatives ont cependant un coût ! En conséquence, Léo Gagné demande aux filiales de verser à la Fédération une contribution volontaire de 100 dollars chacune. « La publicité qui entourera l'événement contribuera, par ailleurs, à propager le nom des SSJB dans le Québec même aussi bien qu'à associer son action à la visite du président français », argue-t-il. La majorité des responsables locaux répondent favorablement aux demandes de la Fédération. Plusieurs lettres conservées dans le fonds du MNQ en font foi. Mais l'organisme essuie aussi quelques refus, comme

---

7. *Ibid.*

celui de la SSJB de l'Ouest québécois, où le budget pour ce genre d'événement est « à sec ».

Comme à la SSJB, les députés du parti ministériel sont mis à contribution dans ce travail de mobilisation des foules. Du moins si l'on se fie à une lettre que le Dr Robert Lussier, député unioniste de L'Assomption et maire de Repentigny, envoie le 12 juillet aux autres maires du comté. Le Dr Lussier ne fait pas dans la nuance :

> Toute la population du comté doit se retrouver en bordure de la rue Notre-Dame de Repentigny, entre les rues du Quai et Notre-Dame-des-Champs, dès 5 h 30 [17 h 30] lundi le 24 juillet. Des corps de majorettes et de clairons défileront en attendant le cortège d'honneur qui accompagne le général de Gaulle depuis Québec jusqu'à Montréal. [...] Je compte sur vous afin que cet accueil reste à jamais gravé dans les souvenirs de ce grand homme qui n'a lui-même rien épargné pour recevoir dignement le chef de l'État du Québec, il y a quelques semaines[8].

M. Lussier fait bien sûr référence à la visite de Daniel Johnson à Paris en mai 1967.

Pendant ce temps, au RIN...

Le travail de mobilisation de la Fédération des SSJB ne trouve pas d'écho au sein du Rassemblement pour l'indépendance nationale (RIN), jeune parti politique que dirige Pierre Bourgault depuis 1964. Le RIN adopte une ligne de conduite plutôt vague, un peu molle, à l'occasion d'une réunion de son conseil central tenue à Montréal le 8 juillet. Le procès-verbal de cette rencontre comporte un point « Visite du général de Gaulle » : « Il est proposé par Guy Pouliot appuyé par Pierre Renaud que l'on profite du passage du général de Gaulle pour manifester la présence du RIN au sein de la population

---

8. Archives de la Ville de Repentigny.

québécoise au moyen de pancartes "RIN" seulement et que le sens de l'accueil soit transmis à la presse par communiqué[9]. » La motion est adoptée sans débat.

Rétrospectivement, Pierre Bourgault confirmera que le RIN n'avait pas grand désir de se mobiliser durant la visite. Dans le documentaire *Le Chemin du Roy,* il affirme que les rinistes étaient quelques dizaines à chaque étape, sans autre mandat que de se faire voir. « Ce n'était pas un mot d'ordre que nous avions donné, dit-il. C'était naturel chez les militants de faire ce genre de choses assez spontanément[10]. » Pierre-Louis Mallen soutient sensiblement la même chose : « Le RIN était un mouvement très ardent, qui a joué un rôle de semeur d'idées, mais ce n'était pas un mouvement de masse. Le RIN était parfaitement incapable de garnir 270 kilomètres », dit-il dans le même film[11]. On trouve aussi une trace d'organisation du côté des Jeunesses rinistes dans le procès-verbal d'une rencontre tenue le 21 juillet, où il est question d'une « opération de Gaulle ». Peu détaillée, la résolution évoque une répartition de tâches : pancartes, téléphones, transport.

Or, qu'est-ce que l'histoire a retenu des manifestations entourant la visite du président français ? Qu'est-ce qui frappe l'imaginaire ? Le travail de rassemblement populaire de la Fédération des SSJB avec sa chaîne de lettres ou les pancartes très visibles du RIN ? Poser la question, c'est y répondre. Une image, dit-on, vaut mille mots. Et ce sera exactement le cas ici.

L'intuition d'un jeune cinéaste

Jean-Claude Labrecque n'a que vingt-neuf ans en ce mois de juillet 1967, mais il s'apprête à tourner un des films les plus importants

---

9. Fonds Rassemblement pour l'indépendance nationale, Bibliothèque et Archives nationales du Québec, Montréal.

10. Carl Leblanc et Luc Cyr, *Le Chemin du Roy.*

11. *Ibid.*

de sa carrière. Le jeune cinéaste et directeur photo ne compte alors que quelques années de métier. Mais quelles années ! Il a travaillé sur des films tels *À tout prendre* de Claude Jutra, *Un jeu si simple* de Gilles Groulx, *La Vie heureuse de Léopold Z* de Gilles Carle. Il a tourné, à Rome, les images d'un documentaire sur Michelangelo Antonioni et réalisé son premier documentaire, *60 Cycles*.

Lorsqu'il apprend la venue du général de Gaulle au Québec, Labrecque flaire la bonne histoire. « J'avais l'intuition qu'il était pour se passer quelque chose. J'ai beaucoup d'intuition, et lorsque ce genre de chose se passe, il faut que je la suive[12]. » Or, son enthousiasme se heurte au scepticisme des producteurs. Son projet est refusé à l'Office national du film (ONF), où l'intérêt pour la visite de De Gaulle se limite à faire des actualités filmées. À l'Office du film du Québec, on n'a pas non plus de budget pour ce genre de truc. Pour ne rien arranger, les dirigeants de cet organisme ne sont pas en bons termes avec le bureau de Daniel Johnson.

Un soir, quelques semaines avant la visite, Labrecque rencontre Jacques Laurion, un ami et homme d'influence qui travaille à l'Expo. Ce dernier propose à Labrecque de soumettre son idée à Roger Cyr qui, nous l'avons vu un peu plus haut, est responsable de l'information dans l'équipe de choc d'André Patry. Mais Cyr est aussi à la tête de l'Office d'information et de publicité du Québec (OIPQ), qui gère les communications gouvernementales et joue un rôle central dans l'organisation de la visite présidentielle. Rendez-vous est pris à Québec. Dès que Jean-Claude Labrecque met le pied dans son bureau, Roger Cyr va droit au but. Il fixe le jeune et ambitieux cinéaste dans les yeux et lui dit :

« Écoute, Labrecque, pas d'hémorragie de mots. Ça va coûter combien ?

— Je ne sais pas, bredouille le cinéaste.

— Retourne à Montréal et prépare-moi un devis. Il y a un

---

12. Entrevue avec l'auteur.

conseil des ministres dans trois jours. D'ici là, apporte-moi ton budget[13]. »

Ce que fait Labrecque. Et, constatant que son idée a capté l'attention de quelqu'un proche des hautes sphères du pouvoir, il voit soudain les choses en grand : « Je suis retourné chez moi et j'ai pensé à tourner mon film en 35 mm au lieu de 16 mm. Ça coûte quatre fois plus cher et c'est moins maniable. » Mais c'est de meilleure qualité. Et tant qu'à faire, Labrecque entend utiliser la couleur.

Quelques jours plus tard, à deux semaines de la visite, le projet est accepté et le cinéaste reçoit un premier versement. Il prépare son film entouré d'une poignée d'amis dont les noms sont tous associés à l'histoire du cinéma québécois. Labrecque, Michel Brault et Bernard Gosselin sont à la direction photo. Pierre Mignot, Daniel Arzrouni et Guy Dufaux sont les assistants. Bernard Bordeleau est au montage sonore, Pierre Perrault à la narration, Marcel Carrière et Serge Beauchemin au son. Jo Grimaldi est au mixage, Laurence Paré et Jacques Laurion (celui grâce à qui le projet a décollé) sont les directeurs de production.

Si le Québec est en mode « accueil grandiose », l'atmosphère est différente au Canada et en France. Là, il n'est pas question de drapeaux, d'appels aux curés ou de financement de films. Là, on discute de très sérieux enjeux politiques et diplomatiques.

---

13. Entrevue avec l'auteur ; et Jean-Claude Labrecque, *Souvenirs d'un cinéaste libre*, p. 42-43.

CHAPITRE 5

Ottawa : tordre le bras du général

À Ottawa, ce n'est pas la qualité de l'accueil à faire au général de Gaulle qui mobilise les hauts fonctionnaires et préoccupe les esprits. C'est ce que celui-ci va dire et ce qu'on va lui dire. Avant tout, on aspire à lui faire comprendre, et si possible à lui faire admettre, que dans ce grand pays qu'est le Canada, c'est Ottawa, et non Québec, qui mène.

Dans l'entourage de Lester B. Pearson, on sait que la commande est imposante. On estime que le grand intérêt du président pour un Québec qui cherche constamment à élargir son autonomie pourrait avoir des conséquences fâcheuses sur des relations fédérales-provinciales passablement amochées, voire menacer l'équilibre du pays.

À l'approche de la visite, un document secret intitulé « General Guidance Memorandum[1] » circule dans les hautes sphères du pouvoir. Datée du 19 juillet 1967, cette note fait un rapide tour d'horizon des précédentes rencontres entre de Gaulle et ses homologues canadiens et québécois. Elle décrit ses prises de position sur les conflits internationaux du moment (Vietnam, Moyen-Orient), au sujet desquels, analyse-t-on citations à l'appui, il se montre très pessimiste. Les auteurs du mémorandum passent ensuite en revue les relations bilatérales entre la France et le Canada. Celles-ci comptent plusieurs sujets de discorde, dont les limites territoriales sur le plateau conti-

---

1. Fonds Maurice Sauvé, Bibliothèque et Archives Canada, Ottawa.

nental entourant les îles Saint-Pierre et Miquelon ou la vente d'uranium du Canada à la France.

Mais rien ne les préoccupe davantage que la question québécoise, surtout dans un contexte où la province francophone cherche à se rapprocher de la France et vice versa. Les auteurs du document considèrent comme acceptable et normal que le Québec tente de resserrer les liens avec la mère patrie et qu'il cherche son aide et son inspiration dans des domaines comme l'éducation et la culture. Après tout, ce sont des compétences provinciales. Mais on est beaucoup moins chaud lorsque ces ambitions débordent largement du cadre géographique de la province :

> De récentes déclarations provenant des autorités québécoises laissent croire que le gouvernement du Québec essaie d'assumer intégralement des responsabilités internationales dans tous les champs de compétence où il a autorité. Ce faisant, le gouvernement du Québec montre une nette tendance à vouloir s'exprimer au nom de tous les Canadiens français, qu'ils vivent au Québec où ailleurs. Cela laisse entendre que le gouvernement fédéral est incapable de défendre les droits et les intérêts de ces derniers. Le rôle de la France face à cette situation et la mission que de Gaulle pourrait y voir pour lui-même peuvent avoir de graves conséquences pour l'avenir du Canada[2].

Afin d'empêcher qu'une telle situation se présente, la note suggère que les dirigeants canadiens amènent de Gaulle à reconnaître le rôle du gouvernement central comme premier défenseur des intérêts et des droits des Canadiens, qu'ils soient francophones ou anglophones. Un subtil tordage de bras, en somme. « De fait, ajoute-t-on, il devrait être souligné que le Canada français est parfaitement représenté dans les institutions politiques et les organismes administratifs du gouvernement fédéral, que le gouvernement fédéral a adopté de façon urgente des mesures pour généraliser la connaissance et l'usage du français dans les affaires du pays et que le développe-

---

2. *Ibid.* Cet extrait, comme le suivant, est traduit par l'auteur.

ment des relations avec d'autres pays francophones est encouragé dans le même esprit[3]. »

Jeunesse et francophonie

Ottawa souhaite par ailleurs conclure des accords bilatéraux avec la France en ce qui a trait à la jeunesse et à la francophonie, deux domaines où, justement, Québec se montre particulièrement empressé de se rapprocher de Paris.

Des documents retrouvés dans les archives de Lionel Chevrier confirment cette volonté. Ancien député et ministre libéral, « père » de la Voie maritime du Saint-Laurent et ancien haut-commissaire (ambassadeur) du Canada à Londres, Chevrier a été nommé commissaire général des visites d'État dans le cadre des festivités du centenaire de la Confédération. À ce titre, il planifie et organise les visites officielles, y compris le transport, l'hébergement et la sécurité des invités. Ceux-ci sont sous sa responsabilité et celle de son équipe dans tous leurs déplacements en territoire fédéral, sauf sur le site de l'Exposition universelle, où le commissaire général de l'événement, Pierre Dupuy, prend le relais. Chevrier hérite également de la responsabilité de représenter le gouverneur général du Canada, Roland Michener, lorsque ce dernier ne peut pas se déplacer à Montréal pour les événements officiels.

En raison de ces responsabilités, Chevrier reçoit quantité de mémos sur chacun des invités, la situation de leur pays, les sujets de discussion et les sujets… à éviter. Dans la liste chronologique des soixante visites prévues entre mai et octobre 1967, celle de Charles de Gaulle est la vingt-sixième. Selon les documents remis à Chevrier, elle doit être « couverte » par quarante-huit journalistes, dix-huit photographes et onze techniciens… de la France seulement ! Il faut ajouter à cela les médias québécois, canadiens, américains et de plusieurs autres pays, notamment d'Europe.

---

3. *Ibid.*

Les notes exposent les thèmes de relations bilatérales les plus susceptibles de faire l'objet de conversations, officielles ou non. Or, quel est le premier point traité ? Les échanges de jeunes. Favoriser de tels échanges constituerait, dit-on, un levier supplémentaire de rapprochement entre la France et le Canada. Les stratèges citent en guise d'exemple les relations qu'entretiennent la France et l'Allemagne en ce domaine :

> Dans le contexte franco-allemand, on a reconnu à la jeunesse un rôle particulièrement important dans la réalisation concrète de la politique de rapprochement entre les deux pays. Pour autant que la France et le Canada cherchent à développer entre eux des relations d'une particulière sympathie et intimité, les échanges de jeunes pourraient jouer le même rôle sur une moindre échelle dans le contexte franco-canadien. Les échanges de jeunes contribuent sans nul doute à une meilleure connaissance et compréhension réciproque. Sans qu'il soit nécessaire de crier cet aspect sur les toits, il comporte pour nous certains effets bienfaisants du point de vue de l'immigration[4].

On ajoute que le cabinet fédéral a approuvé le principe de tels échanges et qu'un programme pourrait être géré par le Secrétariat d'État. Les auteurs du document s'en félicitent. Ils croient que le sujet pourrait être abordé avec de Gaulle « afin de recueillir son appui ». Lors d'une rencontre de travail le 26 juin au Quai d'Orsay, l'ambassadeur canadien à Paris, Jules Léger, fait du lobbyisme autour des mêmes idées. Or, on le sait maintenant, une des réalisations du rapprochement Paris-Québec au cours des années 1960 sera justement la création de l'Office franco-québécois pour la jeunesse (OFQJ) en 1968. Ce qu'Ottawa souhaitait créer, c'est en bonne partie Québec qui l'a obtenu.

Au deuxième rang des relations bilatérales à considérer, les documents de Chevrier évoquent la francophonie. Voilà un autre sujet qui intéresse fortement le Québec mais que les auteurs des notes

---

4. Fonds Lionel Chevrier, Bibliothèque et Archives Canada, Ottawa.

traitent dans une perspective toute canadienne. Et française. Aux yeux des stratèges canadiens, l'Hexagone ne s'est pas encore clairement positionné par rapport au phénomène de la francophonie. Si la France est évidemment appelée à jouer un rôle de premier plan dans un tel cénacle, son gouvernement a jusqu'à maintenant joué de prudence et de discrétion. On lit dans ces notes :

> On croit qu'il ne voulait pas donner prise à une accusation de néo-colonialisme et mettre ainsi en danger les bonnes relations que dans l'ensemble il entretient avec ses anciennes possessions africaines. Il est remarquable à ce propos que le général de Gaulle n'ait pas encore consacré une déclaration publique à la francophonie. [...] Le gouvernement canadien, tant par les voies diplomatiques que par les déclarations publiques, a affirmé de nombreuses fois son appui à la francophonie et son souhait de participer à son élaboration[5].

Plus loin, en conclusion, on souligne : « Il serait également important que le général de Gaulle, après sa visite à Québec, sache tout l'intérêt que le gouvernement fédéral porte à la francophonie[6]. »

À Paris, on n'est pas du tout néophyte en la matière. On connaît très bien l'état des relations entre Québec et Ottawa. Mieux encore, on sait que les deux capitales font de la souque à la corde pour savoir qui parlera de jeunesse et de francophonie avec la France. Rédigé sous la gouverne de la Direction des affaires politiques (Amérique) du Quai d'Orsay, un rapport de six pages consacré au Québec résume les principaux domaines où la province francophone tente de se démarquer du grand frère fédéral. On énumère par exemple les demandes de Québec relatives au rapatriement de points d'impôt, à une révision constitutionnelle, ou la création toute récente d'un ministère des Affaires intergouvernementales. On lit dans cette analyse :

---

5. *Ibid.*
6. *Ibid.*

À ces revendications et ces initiatives, le pouvoir fédéral réagit avec fermeté, en affirmant sa volonté de conserver entière la prérogative des relations avec l'étranger et de continuer à disposer d'une partie du produit des impôts directs. Une nouvelle tactique se dessine, qui consiste à prévenir ou à doubler les contacts pris par le gouvernement québécois avec des gouvernements étrangers. Ainsi s'explique en grande partie l'intérêt récemment manifesté par Ottawa pour l'immigration française au Canada, l'échange de jeunes avec notre pays et, surtout, le mouvement de la francophonie[7].

Et voilà ! La stratégie d'Ottawa visant à faire ami-ami avec l'Hexagone en matière de francophonie et de jeunesse, les Français connaissent. Au suivant !

Pas responsable

Si Ottawa fait de véritables efforts pour se rapprocher de Paris et empêcher Québec de lui tirer le tapis sous les pieds, encore faut-il que cette stratégie soit accompagnée d'un brin de diplomatie. Mais voilà qu'à quelques jours de l'arrivée du président français, la publication d'un document fait passer les hauts dirigeants fédéraux pour des amateurs.

En prévision de la venue de chacun des chefs d'État, têtes couronnées, premiers ministres et autres hauts dirigeants attendus au Canada, le Commissariat général aux visites d'État du gouvernement fédéral a publié, à l'intention des médias, une biographie du visiteur et des notes sur son pays. La « fiche » consacrée à Charles de Gaulle est mise en circulation le 19 juillet. Or, le Commissariat y indique, dès la première page, qu'il se dissocie formellement des informations qu'il diffuse lui-même ! La mise en garde, rapportée par plusieurs médias, est éloquente : « La documentation provient en grande partie de sources différentes d'autorités étrangères. En

---

7.   Archives de la Fondation Charles-de-Gaulle, Paris.

aucune façon le gouvernement canadien ne saurait être tenu responsable pour des renseignements erronés ou une orientation politique qui ne serait pas la sienne. »

Les journalistes relèvent immédiatement la bourde. Pour eux, il s'agit d'une première. Dans un article publié le 20 juillet, *La Presse* indique qu'Ottawa n'a pas fait preuve d'une telle prudence lors des visites antérieures, y compris celles de dignitaires de pays communistes ou d'Israël, qui se relevait à peine de sa guerre des Six Jours avec plusieurs pays du Moyen-Orient.

Au *Devoir*, on qualifie de « maladresse » la note du Commissariat. Le quotidien de la rue Saint-Sacrement se moque des « sources différentes d'autorités étrangères » évoquées par Ottawa. « Vérification faite, *Le Devoir* a appris que ces informations avaient été fournies d'une part par le ministère des Affaires extérieures du Canada et, d'autre part, par l'ambassade de France dans notre pays[8]. » Interviewée par le journal, Alberte Sénécal, directrice du service d'information du Commissariat, se défend en affirmant que la mise en garde est liée au fait que des informations erronées ont été véhiculées dans des publications antérieures consacrées à d'autres pays, les semaines précédentes. Curieuse, tout de même, cette façon de se dissocier de renseignements que des fonctionnaires fédéraux – *Le Devoir* en a fait la preuve – ont colligés sur un pays ami.

Pendant ce temps, à Paris, dans la flopée de documents en préparation, on trouve des notes biographiques sur des dignitaires québécois et canadiens que de Gaulle pourrait croiser sur sa route. Ces notes biographiques sont assez révélatrices de ce qu'on pense des personnes sur le point d'accueillir le président.

---

8. Pierre-C. O'Neil, « Deux maladresses… », *Le Devoir*, 20 juillet 1967.

CHAPITRE 6

Paris : à chacun son étiquette

Un jour à l'Élysée, de Gaulle est en pleine conversation avec Bernard Dorin, conseiller diplomatique du ministre Alain Peyrefitte et l'un des principaux organisateurs du voyage. Comme Jean Chapdelaine l'a signalé dans un de ses câbles, de Gaulle a exprimé son désir de « faire un parcours dans la campagne québécoise ».

« Je veux voir des gens ! exige-t-il.

— Je vous suggère un trajet qui longe le fleuve sur sa rive gauche [nord], entre Québec et Montréal », répond Dorin.

Futur officier de l'Ordre national du Québec, le conseiller connaît bien la province et sa géographie pour y avoir séjourné.

« Cette route, ajoute-t-il, compte plusieurs villages où l'on peut s'arrêter et même une grande ville, Trois-Rivières, à mi-chemin. »

Dorin a capté l'attention du général. Il le voit dans son attitude. Il en profite pour enfoncer le clou.

« Vous savez, c'est la route qu'a construite Louis XV, ajoute-t-il.

— C'est celle-là que je veux prendre[1] ! » tranche le président.

À la bonne heure ! Le vœu du général sera exaucé. C'est ainsi que le chemin du Roy, héritage de la Nouvelle-France, ses villages et ses habitants se retrouvent inscrits au programme. Et pendant qu'on se

---

1. M. Dorin a maintes fois raconté cette anecdote. Cette version est inspirée de sa conférence à la Délégation générale du Québec à Paris le 3 décembre 2013.

déplacera en voiture, le *Colbert* remontera le Saint-Laurent jusqu'à Montréal. Répondant à un autre vœu du général, on convient que le cortège traversera un quartier populaire de la métropole avant de se rendre à l'hôtel de ville. Décidément, de Gaulle a le goût des bains de foule.

Dans les semaines précédant le voyage, le président français est constamment tenu au courant de la situation politique québécoise. Chaque week-end, lorsqu'il rentre à la Boisserie, sa résidence de Colombey-les-Deux-Églises en Haute-Marne, il apporte le dossier « Québec » que Bernard Dorin lui a préparé. Pendant ce temps, au Quai d'Orsay, on rédige d'innombrables notes préparatoires. Celles-ci fourmillent de renseignements sur la province et les lieux inscrits au programme de la visite. Par exemple, dans les documents concernant la journée du 23 juillet, on trouve des dossiers sur l'anse au Foulon, la Citadelle, l'hôtel de ville de Québec, Sainte-Anne-de-Beaupré, la ferme du Petit-Cap (l'exploitation agricole du Séminaire de Québec), etc. Pour le parcours sur le chemin du Roy, il y a des cartes routières et une courte description de chaque endroit visité, notamment une plus longue sur Trois-Rivières, ville choisie pour le déjeuner.

Les documents d'information sur la ville de Montréal et sur Jean Drapeau sont particulièrement intéressants. Ici, les auteurs s'emportent. Drapeau est encensé, ses réalisations louangées.

> L'aspect de Montréal a connu en dix ans une extraordinaire transformation, passant du type ville de province d'importance moyenne à celui de grande métropole, souligne-t-on. Les gratte-ciel surgissent à la cadence de 4 ou 5 chaque année et donnent dès maintenant aux abords du fleuve une allure qui rappelle le front de mer de New York. La tenue de l'Expo a entraîné le percement d'un nombre considérable d'autoroutes qui ont révolutionné la circulation. Ces deux dernières années, outre l'Expo, ont été terminés le métro (sous direction française), la Place des Arts et la plupart des voies rapides[2].

---

2. Voyage du général de Gaulle au Canada, Archives de la Fondation Charles-de-Gaulle, Paris.

Pour les fonctionnaires français, « le principal artisan de cette mutation est le maire, M. Jean Drapeau, dont le dynamisme et l'esprit d'entreprise sont exceptionnels[3] ». Dans une autre note consacrée au métro de Montréal, que le président doit brièvement visiter, on précise : « Le choix des techniques françaises, dû à l'active impulsion du maire de Montréal, a inspiré toute l'œuvre[4]. »

Sur un plan plus politique, le Quai d'Orsay constate que si le Québec est avide d'autonomie, c'est aussi le cas d'autres provinces, notamment les plus riches, l'Ontario et la Colombie-Britannique. D'autres textes résument la réaction de la France à la création du Dominion du Canada en 1867 et la position du Canada face à la France libre menée par de Gaulle durant la Deuxième Guerre mondiale.

Biographies

Pour chaque endroit où le président de Gaulle doit s'arrêter, son entourage a également préparé des notes sur les éventuels sujets d'entretiens et, surtout, des biographies sur les dignitaires dont la présence est attendue. Les commentaires formulés par les fonctionnaires du Quai d'Orsay sur les acteurs de l'époque sont pour le moins divertissants. Par exemple, le maire de Québec, Gilles Lamontagne, est « très francophile ». Son épouse et lui accueillent « avec une inlassable gentillesse » toutes les délégations françaises de passage à Québec, dit-on. De René Matteau, maire de Trois-Rivières, on apprend non seulement qu'il « joue de l'orgue » et qu'il « aime les bibelots », mais aussi qu'il est prêt à mettre sa résidence personnelle à la disposition du président et de son épouse qui, durant leur trajet sur le chemin du Roy, prendront un petit moment de repos après le déjeuner à Trois-Rivières (ce repos aura finalement lieu au séminaire). Mgr Parent, auteur du fameux rapport devant mener à la réforme du système d'éducation et que de Gaulle doit croiser à

---

3. *Ibid.*
4. *Ibid.*

Sainte-Anne-de-Beaupré, a une « forte personnalité ». Quant à Jean-Noël Tremblay, ministre des Affaires culturelles de Daniel Johnson, on le décrit comme ayant un « caractère difficile » et on l'associe à « l'aile séparatiste du parti ».

Le plus beau morceau de ces descriptions biographiques concerne le programme du 27 juillet, dernier jour de la visite de Charles de Gaulle au Canada. Ce jour-là, il doit être à Ottawa et rencontrer de nombreux ministres fédéraux à l'occasion d'un déjeuner offert en son honneur. Revoyons les commentaires insérés à la fin des biographies des membres du cabinet[5].

Lester B. Pearson : *Parle difficilement le français, mais le comprend.*

Paul Martin (secrétaire d'État aux Affaires étrangères) : *A de très fortes chances de succéder à M. Pearson si la succession du premier ministre vient à s'ouvrir prochainement.*

Robert Winters (Commerce) : *Successeur possible de M. Pearson.*

John W. Pickersgill (Transports) : *Se rend souvent en France où il a de nombreux amis. Comprend le français, mais n'ose pas le parler.*

Mitchell Sharp (Finances) : *Successeur possible de M. Pearson.*

Maurice Sauvé (Forêts et Développement rural) : *Rôle important dans la création et le développement du Cours Claudel, futur lycée français d'Ottawa.*

Jean Marchand (Main-d'œuvre et Immigration) : *Très fédéraliste.*

John N. Turner (Registraire général) : *Étoile montante du Parti libéral.*

Pierre Elliott Trudeau (Justice) : *Maître à penser des fédéralistes québécois.*

Marcel Cadieux (secrétaire général du ministère des Affaires étrangères) : *Très fédéraliste. Porte en même temps un grand intérêt au Cours Claudel.*

On rédige aussi quelques lignes sur Jean Chrétien, alors ministre sans portefeuille, mais aucun commentaire particulier ne les accompagne.

---

5. *Ibid.*

De l'ambassade de France

L'ambassadeur de France en poste à Ottawa, François Leduc, participe activement aux nombreux préparatifs. On le constate à la lecture des télégrammes qu'il envoie à Paris.

Entre le 5 et le 14 juillet, Leduc expédie au moins vingt-cinq télégrammes portant sur divers sujets, de l'usage d'une voiture décapotable pour le président à la rencontre prévue à Montréal avec les expatriés, des cérémonies à l'hôtel de ville de la métropole à des plans de table, du déplacement, par avion, du ministre des Affaires étrangères Maurice Couve de Murville, le 22 juillet, aux détails d'une cérémonie devant avoir lieu sur le belvédère du mont Royal.

Par exemple, il est prévu que la rencontre avec les expatriés aura lieu à la résidence de Robert Bordaz, commissaire général de la France à l'Expo, ou dans un hôtel. Insatisfait des premières suggestions, Leduc propose le Ritz pour couper court à tout problème logistique : « Une autre solution pour la réception de la colonie française serait d'utiliser le grand salon du Ritz-Carlton, qui est très bien et contient facilement 400 personnes, suggère-t-il dans un télégramme daté du 5 juillet. L'entrée de l'hôtel est aisée à contrôler et beaucoup moins caravansérail que le Reine-Élisabeth ou le [Château] Champlain. De plus, le directeur est français[6]. » Va pour le Ritz, conclut-on au Quai d'Orsay.

Datée du 6 juillet à Ottawa et portant la mention « très urgent », une autre note de Leduc concernant le passage du président à Ottawa est des plus intéressantes. S'adressant à Bruno de Leusse, chef de cabinet de Couve de Murville, Leduc s'inquiète d'un possible refus du premier ministre Pearson et du gouverneur général Michener d'assister, le 27 juillet, à une réception qu'entend donner de Gaulle à l'ambassade de France.

À ma stupéfaction, la présence du gouverneur général et de M. Pearson à la réception offerte par le président de la République à l'ambas-

---

6. *Ibid.*

sade le 27 juillet a été mise en cause aujourd'hui. Ayant refusé à tout chef d'État étranger l'organisation d'un déjeuner ou d'une réception – il y a deux ou trois visites en moyenne par semaine –, M. Michener et le premier ministre ne voudraient pas créer de précédent. J'ai répondu que si le président de la République avait accepté que M. Pearson offre un déjeuner en plus du dîner du gouverneur général, il me paraissait évident, en dehors de la question de simple courtoisie, que ses deux hôtes viendraient alors à la réception offerte par le général[7].

Un télégramme ultérieur permet de comprendre que l'imbroglio s'est finalement réglé à la satisfaction de la France.

Il n'y a pas qu'à Paris, à Québec et à Ottawa que les échanges de notes diplomatiques relatives à la visite gaullienne se multiplient. D'autres pays, où on est très intéressé par ce voyage, font eux aussi des préparatifs.

Les archives officielles du ministère des Affaires étrangères et du Commerce extérieur de la Belgique nous en donnent un bel aperçu. Le 14 juillet 1967, l'ambassadeur de Belgique au Canada, Guy Daufresne de la Chevalerie, écrit à son ministre, Pierre Harmel. La Chevalerie fait une comparaison entre la visite de la reine Élisabeth II, survenue onze jours plus tôt à l'Expo, et celle de De Gaulle. Pour lui, elles sont aux antipodes. Alors que la souveraine anglaise est arrivée à bord de son yacht royal *Britannia* et est débarquée directement dans les îles Sainte-Hélène et Notre-Dame, ce qui lui a permis de rester en territoire fédéral et d'éviter tout mouvement de contestation comme lors de sa visite précédente à Québec en octobre 1964 (le fameux « samedi de la matraque »), la visite du président français s'annonce comme un triomphe.

Pour la visite du général de Gaulle, les protagonistes échangent leur rôle, écrit l'ambassadeur belge. Le vilain en puissance devient le personnage principal au grand dam d'Ottawa, qui veut éviter que la

---

7. *Ibid.*

visite du président français ne soit une sorte d'apothéose des relations bilatérales entre Québec et la France. Il n'est pas douteux en effet que Québec entend mettre les petits plats dans les grands et conférer au séjour du général un éclat exceptionnel. Il y voit l'occasion rêvée pour souligner ses revendications insistantes de traiter de pair à compagnon avec les États étrangers. Le général de Gaulle paraît assez enclin à entrer dans ce jeu. On avait déjà remarqué l'extrême cordialité avec laquelle l'Élysée avait reçu au printemps dernier le premier ministre Johnson[8].

Les États-Unis sont également très attentifs. La raison en est simple : les relations entre Paris et Washington sont au plus bas, surtout en raison de l'attitude hautaine qu'adopte de Gaulle envers l'oncle Sam. Un télégramme du secrétaire d'État américain, Dean Rusk, à l'ambassadeur américain à Paris, Charles E. Bohlen, en fait foi. Dans son câble envoyé le 22 juillet à 8 h 30, soit vingt-quatre heures avant que de Gaulle ne mette le pied au Québec, Rusk fait un résumé des échanges qu'il a eus, deux jours plus tôt, avec Charles Lucet, ambassadeur de la France à Washington. Le secrétaire d'État affirme avoir joué franc jeu : « Je lui ai dit que les États-Unis ne semblent pas très populaires ces jours-ci auprès de De Gaulle. Lorsque Lucet m'a demandé de lui donner des exemples, j'ai mentionné le Moyen-Orient, le Vietnam, les problèmes monétaires internationaux ou l'entrée du Royaume-Uni au sein de l'Union européenne, des questions où les politiques françaises sont anti-américaines[9]. »

Ce que Dean Rusk dit à Bohlen, Charles Lucet le rapporte à son patron, Maurice Couve de Murville. « Vers la fin de notre entretien,

---

8.   Télégramme n° 533, Objet : Visites de la reine Élisabeth et du général de Gaulle, Ambassade de Belgique au Canada, Montréal. Document trouvé aux Archives du SPF Affaires étrangères, à Bruxelles.

9.   Télégramme du département d'État à l'ambassade de France, 22 juillet 1967, 10 h 30, National Archives and Records Administration, Washington, RG 59, Central Files 1967-69, POL FR-US.

M. Dean Rusk ne m'a pas caché le désenchantement que lui inspirait l'état des relations franco-américaines », écrit-il.

Parlera ? Parlera pas ?

Dans tous les préparatifs des Français, un point précis du programme demeure flou jusqu'à la dernière minute : la présence du président au balcon de l'hôtel de ville de Montréal. Y apparaîtra-t-il ? Si oui, qu'y fera-t-il ? S'agira-t-il simplement de saluer la foule ? de prononcer un discours ?

L'histoire a retenu que de Gaulle était censé faire une simple apparition sans s'adresser aux gens. Mais cela cache une réalité beaucoup plus complexe qui a fait l'objet d'un litige en amont de la visite. Entre la Ville de Montréal, l'Élysée et les autres instances concernées, il s'est joué un intense bras de fer sur cette question du balcon.

Parce que de Gaulle désirait parler aux gens ! Il voulait s'adresser à la foule de Montréal, comme il devait le faire à sa descente du *Colbert* à Québec. Comme il devait le faire à l'hôtel de ville de la Vieille Capitale. Et à chacune des six étapes de son périple sur le chemin du Roy. Suivant ce principe, comment aurait-il pu, en toute logique, accepter de se taire en arrivant dans la plus grande ville francophone du monde après Paris ? Cela n'aurait eu aucun sens.

Cette activité est donc inscrite noir sur blanc dans des documents préparatoires, consultés à la Fondation Charles-de-Gaulle de Paris. Dans deux documents, l'un daté du 27 juin et l'autre du 6 juillet 1967, intitulés en lettres majuscules « Voyage du général de Gaulle au Canada », on lit, souligné : « Liste des allocutions prononcées par le général ». Or, voici ce qu'on prévoit le soir du 24 juillet : « Vers 19 h 30 – Après l'accueil à l'hôtel de ville (il n'y a pas d'allocution à l'intérieur), le général s'adresse à la foule du haut d'une terrasse dominant la place[10]. » Cette note est dactylographiée, comme le reste du document. Deux autres notes, dactylographiées mais non

---

10. Archives de la Fondation Charles-de-Gaulle, Paris.

datées, font aussi un résumé des activités du 24 avec un ajout à la main : « Allocution prononcée par le général de Gaulle sur le balcon de l'hôtel de ville à Montréal le 24-7-1967[11] ».

Envoyé quelques jours avant le départ de Brest, un télégramme provenant de l'ambassade de France au Canada trouvé dans la même liasse d'archives annonce toutefois une modification. Le cérémonial du 24 juillet y est résumé dans ce passage dactylographié : « 19 h 40 : Le président salue la foule de la terrasse[12] ».

Indéniablement, il y a eu beaucoup de discussions et de négociations, jusqu'à la dernière minute, autour de cette question. D'un discours au balcon, on est passé, quelques jours plus tard, à de simples salutations. Cette situation va créer, nous le verrons un peu plus loin, beaucoup de confusion dans les journaux québécois.

À quelques jours du voyage, l'Élysée a, semble-t-il, fini par renoncer au discours. Mais c'était compter sans son principal occupant…

---

11. *Ibid.* L'auteur qui a fait cet ajout n'est pas nommé, mais il s'agit de la même écriture dans les deux cas.

12. *Ibid.*

CHAPITRE 7

La bataille de l'anse au Foulon

Le gouvernement Pearson a peut-être cédé devant celui de Johnson quant à l'arrivée, grandiose, du général de Gaulle dans la Vieille Capitale, mais il n'a pas fléchi sur tout. Il y a des chapitres du livre du protocole qui sont non négociables. De Gaulle veut venir au Canada par bateau ? Parfait. Il veut débarquer au Québec ? Grand bien lui fasse. Mais, au fait, la responsabilité des ports, c'est fédéral. Et cela concerne aussi l'anse au Foulon, où le *Colbert* doit s'amarrer le matin du 23 juillet.

L'anse au Foulon est un lieu hautement symbolique dans l'histoire du pays. C'est là, en 1759, que les troupes britanniques du général Wolfe débarquèrent pour vaincre Montcalm sur les plaines d'Abraham. D'ailleurs, les anglophones ont baptisé l'endroit Wolfe's Cove. À chacun sa vision de l'histoire !

Donc, c'est acquis : de Gaulle va d'abord poser le pied dans la « cour » du fédéral. Et qui, au bas de la coupée, sera le premier à l'accueillir ? Un représentant du gouvernement fédéral, bien entendu. Car dans l'esprit d'Ottawa, un chef d'État en visite officielle au pays doit être accueilli par un autre chef d'État. Ça tombe bien : le gouverneur général Roland Michener, qui est par définition le chef de l'État, fera au même moment son séjour annuel à la Citadelle de Québec, sa seconde résidence officielle après Rideau Hall. Ce sera donc Michener qui lui serrera la main le premier. Daniel Johnson sera derrière. Tant pis pour lui !

Autre point pour Ottawa : après les cérémonies officielles à sa descente du *Colbert*, le président fera une courte visite à la Citadelle. Seulement ensuite sera-t-il pris en charge par le gouvernement provincial ; il amorcera alors la portion proprement québécoise de sa visite en se rendant à l'hôtel de ville de Québec. Par la suite, le programme restera sous contrôle provincial jusqu'au départ du président de Montréal pour Ottawa, dans l'après-midi du 26 juillet.

Cette petite victoire d'Ottawa n'empêche pas les deux capitales de se quereller jusqu'à la dernière minute. Ottawa essaiera encore et toujours d'arracher des morceaux d'accueil au Québec, où on est arc-bouté sur cette volonté d'être maître chez soi. « Les fédéraux avaient vraiment décidé, dans le cas de la venue de De Gaulle, de marquer le coup de leur présence », se souvient Pierre Marc Johnson en entrevue. Devant les exigences et les demandes répétées d'Ottawa, le gouvernement du Québec s'organise pour que le fédéral ait un minimum d'espace afin de se rendre visible.

> Au protocole, poursuit Pierre Marc Johnson, on avait décidé de respecter les éléments de base de la reconnaissance de la présence du gouvernement canadien dans le territoire de la ville de Québec, c'est-à-dire la Citadelle, qui est le lieu de résidence du gouverneur général lorsqu'il est de passage. [...] On savait qu'il y aurait des efforts du gouvernement fédéral pour s'assurer que le général ne serait pas vu sans que les autorités canadiennes soient présentes partout, alors que la détermination du gouvernement du Québec, ce n'était pas cela. C'était que, lorsque les choses se passent en territoire québécois, ce sont les autorités du Québec qui reçoivent, point.

La réunion du cabinet fédéral du jeudi 29 juin donne un aperçu de ces querelles diplomatiques et politiques entre les deux capitales. Ce jour-là, le premier ministre Pearson explique à ses ministres que l'organisation de la visite de son homologue français est farcie de situations embarrassantes et que des mesures ont été prises afin d'éviter les tensions, que ce soit dans les affaires internes du pays ou avec la France. Il révèle entre autres que Québec et Ottawa sont toujours en désaccord quant à la réception du 23 juillet en l'honneur du président. Conformément à la pratique relative à la visite de chefs d'État, c'est le gouverneur général du pays qui devrait donner cette réception. Or, Québec tient mordicus à ce que cette réception soit sous sa responsabilité. Ottawa va céder et remballer ses petits fours.

Nonobstant le fait que Québec a le gros bout du bâton des cérémonies protocolaires sur son territoire, certains médias se demandent si Daniel Johnson et son gouvernement n'ont pas subi une humiliante défaite lorsqu'un communiqué annonce que de Gaulle ira à la Citadelle. C'est que le 10 juillet, en conférence de presse à Québec, le ministre québécois délégué à l'accueil des chefs d'État, Marcel Masse, a déclaré que cette activité n'était pas à l'horaire. Le même jour, une conférence de presse du côté fédéral disait exactement le contraire.

L'affaire met Daniel Johnson dans l'embarras. Le premier ministre est invité à aller s'expliquer sur les ondes de l'émission radiophonique *Présent,* qu'animent Bernard Derome et Andréanne Lafond sur les ondes de Radio-Canada. Le journaliste Teddy Chevalot talonne Johnson, qui tente de garder son calme :

> Le fait d'aller à la Citadelle n'établit pas qu'Ottawa a priorité sur nous, se défend Johnson. Évidemment, il ne faut pas oublier que le général de Gaulle a été invité et par le gouvernement du Canada et par le gouvernement du Québec. Il faut donc que nous nous entendions. Il faut donc que nous partagions le gâteau. Ottawa est très désireux de faire sa part, sa large part, pour bien accueillir le général. Ottawa est pris d'un très grand zèle. Comme par hasard, le gouverneur général va se trouver à Québec alors qu'il ne s'y trouvait pas pour d'autres visiteurs. Mais il faut reconnaître cependant que le général arrive à Québec, en bateau, tel qu'il en avait exprimé le désir et tel que nous le désirions, nous[1].

Chevalot revient sur l'idée d'une défaite face à Ottawa. Le premier ministre réplique qu'absolument toutes les invitations faites aux chefs d'État ont été lancées par le gouvernement fédéral dans le

---

1. *Présent* (émission radiophonique), Radio-Canada, 13 juillet 1967.

cadre du centenaire de la Confédération. « Alors, tous ces chefs viennent ici pour marquer leur… disons leur estime envers le Canada. Il n'est pas question d'exclure le Canada d'une réception du général de Gaulle. Il est tout simplement question d'établir un modus qui respecterait, dans toute la mesure du possible, notre caractère un peu différent et des circonstances très différentes, évidemment, qui marquent la visite du général de Gaulle[2]. »

L'affaire rebondit encore le 14 juillet à l'Assemblée législative où, profitant de cette confusion, le député libéral Pierre Laporte demande à Daniel Johnson s'il a autorisé son collègue Marcel Masse à « capituler » devant Ottawa. « Il n'est pas question de capitulation ni de guerre, même si le général de Gaulle arrive à l'anse au Foulon au lieu d'arriver à Bytown[3] », répond Johnson en employant par dérision l'ancien nom d'Ottawa. Le premier ministre prend la défense de Marcel Masse en affirmant que ces questions d'horaires et d'itinéraires sont du ressort du service du protocole.

Les médias et le balcon

La conférence de presse tenue par Marcel Masse le 10 juillet est suivie d'une autre rencontre avec les médias le 14 juillet à Montréal. On est alors à la veille du départ du *Colbert* de Brest, en Bretagne. Flanqué du maire Drapeau sur la terrasse arrière de l'hôtel de ville de Montréal, Masse donne les détails de la visite, qui s'échelonnera sur trois jours, du 24 au 26 juillet, dans la métropole.

La question d'une apparition de Charles de Gaulle au balcon est abordée au cours de ces deux rencontres, et l'interprétation qu'en font les médias témoigne d'une confusion qui fait écho aux différentes versions du programme montréalais retrouvées dans les documents du Quai d'Orsay.

---

2. *Ibid.*

3. Assemblée législative du Québec, *Journal des débats,* vol. 5, n° 92, 1967, p. 4712.

Au lendemain de la conférence de presse du 10 juillet, *La Presse* (Montréal) et *L'Action* (Québec) affirment que de Gaulle s'adressera au public depuis « une galerie extérieure attenante à l'hôtel de ville ». Le *Globe and Mail* (Toronto) et la *Gazette* (Montréal) proposent une version légèrement différente, laissant entendre que le président français fera un discours « si la foule est assez importante ». La *Gazette* ajoute même que le discours en question se fera depuis le balcon.

Rebelote le 15 juillet à la suite de la rencontre de Marcel Masse et Jean Drapeau avec les médias. Les reportages diffusés ce jour-là indiquent que cette partie de la programmation reste dans le brouillard. Citant le programme officiel, le *Globe and Mail* n'évoque pas de discours. On dit plutôt que de Gaulle va saluer la foule depuis les marches de l'entrée principale, puis qu'il apparaîtra au balcon pour saluer de nouveau avant de retourner à l'intérieur et, de là, se rendre à la terrasse arrière pour une réception. Dans *Le Devoir*, on indique que le président français va s'adresser « du haut de la terrasse surplombant le Champ-de-Mars à la population ». Voilà qui est étrange. La terrasse surplombant le Champ-de-Mars est à l'arrière de l'hôtel de ville. Le président doit s'y rendre pour s'adresser à quelques centaines de dignitaires, pas à la foule en contrebas. Dans la *Gazette*, on affirme que l'invité d'honneur va « saluer la foule » depuis le balcon du deuxième étage. On dit bien qu'il va saluer *(greet)* et non qu'il parlera aux gens. Le *Montreal Star* écrit au contraire qu'il prononcera quelques mots : « Le président fera un autre discours depuis le balcon du deuxième étage de l'hôtel de ville. »

Or, cinq jours plus tard, le 20 juillet, la *Gazette* publie le programme officiel de la visite, où on apprend cette fois-ci que de Gaulle va simplement apparaître au balcon et envoyer la main !

S'il y a un élément sur lequel les médias s'entendent, c'est le gigantisme de l'accueil qu'entend donner le gouvernement du Québec au président français. « Quebec Goes All Out for De Gaulle Visit, Plan 160-Mile Drive », titre le *Globe and Mail*. L'auteur de l'article, Langevin Côté, débute par une citation du ministre Marcel Masse, qui prédit qu'un million de Québécois seront massés le long du chemin du Roy le 24 juillet pour acclamer le visiteur. Il est vrai que

Masse, ancien président de la SSJB du diocèse de Joliette, est de mèche avec les dirigeants de la Fédération qui, on l'a vu, remue mer et monde depuis des semaines pour inciter le peuple à se rassembler partout où de Gaulle passera. On s'est organisé pour n'offrir « rien de moins qu'un accueil royal » au chef d'État français, ajoute Langevin Côté. Le journaliste ne croyait pas si bien dire…

Justement, de l'autre côté de l'Atlantique, l'heure du départ est arrivée.

CHAPITRE 8

Tonnerre de Brest

C'est la fin de la matinée du samedi 15 juillet 1967 et Charles de Gaulle s'en va-t-en mer. Pour le président et son épouse, Yvonne, ce n'est pas la première fois. Lorsque le couple présidentiel monte à bord du croiseur *Colbert* en partance pour l'Amérique, il connaît ses quartiers. Trois ans plus tôt, les de Gaulle ont séjourné à deux reprises à bord du navire. C'était à l'occasion d'un voyage officiel de vingt-six jours en Amérique du Sud. Du 29 septembre au 1er octobre, puis du 10 au 13 octobre 1964, ils ont été accueillis sur le *Colbert* afin de prendre un peu de repos entre deux étapes de ce voyage qui les a menés dans dix pays sud-américains, du Venezuela au Brésil, en passant par la Colombie, l'Équateur, le Pérou, la Bolivie, le Chili, l'Argentine, le Paraguay et l'Uruguay.

Sixième bâtiment de la marine française à porter le nom de cet influent ministre de Louis XIV, le *Colbert* est un croiseur antiaérien de 180 mètres et de 11 300 tonnes de port en lourd (en pleine charge) mis en service à la fin des années 1950. Navire amiral de l'escadre de la marine française en Méditerranée, il est normalement rattaché au port de Toulon. Avec sa puissance de 86 000 chevaux, il peut filer à 32 nœuds. Le *Colbert* et le *De Grasse* sont les deux seuls croiseurs français mis en service après la Deuxième Guerre mondiale.

Pour le voyage de 1967, comme en 1964, les de Gaulle emménagent dans les quartiers de l'amiral, où on installe le matériel nécessaire afin que le président demeure en communication constante avec Paris. Dans son édition des dimanche 16 et lundi 17 juillet 1967, le quotidien *France-Soir* publie un plan de coupe des cinq pièces de l'appartement. De gauche à droite, on trouve la salle à manger, le salon, le bureau, la chambre du président et, tout au bout, celle de son épouse.

Les de Gaulle font décorer les lieux avec des pièces du Mobilier national et des tableaux des musées nationaux. Des œuvres de Braque, Dufy, Bonnard, Matisse, Corot et autres ornent les cloisons. Même une toile du peintre québécois Jean Paul Riopelle est du lot, affirment certains auteurs[1]. D'autres aménagements sont faits pour rendre plus agréable le séjour du président et de son épouse. Le lit de l'amiral est agrandi pour accommoder le Grand Charles. Afin de cacher deux hublots, Yvonne de Gaulle fait installer de fausses fenêtres de chaque côté du foyer… faux lui aussi. Tous ces changements font en sorte qu'avec une pointe d'ironie, on parle du *Colbert* comme d'un Élysée ou d'un Colombey flottant.

Le jour du départ pour le Canada, le président prend le temps de signer quelques lettres officielles et personnelles, à Indira Gandhi, au président pakistanais Ayoub Khan et à sœur Hélène Marie Conil-Lacoste, une amie de jeunesse devenue religieuse du Sacré-Cœur[2].

Il est 10 heures lorsqu'à Orly de Gaulle et sa suite montent à bord de l'avion présidentiel, un Caravelle (quoi d'autre ?), après avoir été salués par le premier ministre Georges Pompidou et plusieurs membres de son gouvernement. L'avion gagne l'aéroport de Brest à 11 h 15 et, de là, la délégation se rend à l'arsenal dans un hélicoptère.

Au port, de Gaulle s'apprête à monter à bord d'une petite embarcation qui doit le conduire jusqu'au *Colbert*. Mais le président est très myope et marche dans le mauvais sens sur le quai. Un membre de la délégation le rattrape juste à temps.

« Par ici, monsieur le président. »

---

1.   Anne et Pierre Rouanet, *Les Trois Derniers Chagrins du général de Gaulle*, p. 74 ; et Pierre Godin, *Daniel Johnson*, t. 2 : *1964-1968, la difficile recherche de l'égalité*.

2.   Charles de Gaulle, *Lettres, notes et carnets*, vol. 3 : *Juin 1958-novembre 1970*, p. 906-907.

De Gaulle, qui, dans quelques jours, marchera de nouveau dans l'histoire, a plutôt failli tomber à la flotte !

Correspondant de Radio-Canada à Paris (et futur ministre conservateur dans le gouvernement Mulroney), le journaliste Gilles Loiselle assiste à la scène. « Il est monté, non sans difficulté d'ailleurs, à bord de la vedette qui devait l'amener sur le *Colbert* », note le journaliste dans son reportage télévisé diffusé le 16 juillet. Loiselle en est alors à sa dernière grande affectation pour Radio-Canada. Depuis un an, il est courtisé par le premier ministre Daniel Johnson, qui lui propose d'entrer à la Délégation générale du Québec à Paris avec le titre de premier conseiller. Pour Radio-Canada, il suivra de Gaulle en France et au Québec, avant de passer à la Délégation à l'automne 1967.

Yvonne de Gaulle est la première à monter à bord du *Colbert*, à 11 h 35, selon le journal de bord du navire. Le président de la République suit cinq minutes plus tard. Ils sont accompagnés du général Jean Philippon, chef d'état-major, et du capitaine de vaisseau François Flohic, aide de camp du général, qu'il suit comme une ombre. Sur la passerelle, ils sont accueillis par l'amiral André Patou, préfet maritime de Brest et commandant en chef de l'Atlantique (qui ne fera pas le voyage), et par le capitaine de vaisseau Paul Charles Louis Delahousse, commandant du *Colbert*.

Les passerelles de coupée sont hissées à 11 h 55. L'appareillage a lieu à 12 h 16. De Gaulle y assiste depuis la passerelle de commandement avant de regagner ses quartiers.

L'humour d'Art Buchwald

Construit pour loger 70 officiers, 159 officiers mariniers et 748 matelots, le *Colbert* accueille plusieurs passagers de plus pour ce voyage singulier. Entre autres, un groupe de 21 commandos de marine est chargé d'assurer sa sécurité. Parmi eux se trouve Alain Malardé, un quartier-maître de dix-sept ans. Il se souvient :

> Notre tâche était de garder les deux bouts de la coursive intérieure du navire où se déplaçait le général. Nous faisions à tour de rôle des

quarts de deux heures. Cela peut paraître étonnant d'assurer la sécurité du président à bord d'un navire de la marine nationale, mais il fallait empêcher tous les marins de passer par là. La consigne était de laisser passer uniquement les personnes possédant un badge spécial, comme le commandant, l'aide de camp Flohic ou la secrétaire personnelle du général[3].

Alors que le *Colbert* s'éloigne du port, Gilles Loiselle s'est installé à la pointe du Minou, à quelques kilomètres de Brest. Debout, bras croisés, face à la caméra, il livre son topo alors que le navire passe derrière lui à bonne allure. « À l'arsenal de Brest, des mesures exceptionnelles de sécurité avaient été prises, explique le journaliste. Quelques instants avant l'arrivée du général, des hommes-grenouilles se trouvaient également dans des embarcations pneumatiques un peu partout le long du trajet que devait emprunter la vedette du général. Il y avait aussi bien sûr des sapeurs-pompiers et des gens de la sécurité[4]. »

Pour sa traversée, le *Colbert* est accompagné de trois escorteurs d'escadre, les navires *Du Chayla, Bouvet* et *Chevalier Paul*. Tous trois ont appareillé plus tôt dans la journée. Une fois éloigné des côtes, le *Colbert* passera presque cinq jours entiers en haute mer avant d'arriver en vue des îles Saint-Pierre et Miquelon, le jeudi 20 juillet à l'aube.

Durant cette période, les médias québécois publient de plus en plus de reportages et d'articles de fond sur la venue du président. La couverture est nettement plus imposante que celle qui précède le passage de la reine Élisabeth II à Expo 67, le 3 juillet. Parmi cette cascade de textes, *La Presse* publie le 15 juillet un texte de l'auteur américain Art Buchwald[5]. Humoriste, spécialiste de la satire politique et futur lauréat d'un prix Pulitzer (en 1982), Buchwald (1925-

---

3.   Entrevue avec l'auteur.

4.   Télévision de Radio-Canada, 16 juillet 1967.

5.   Art Buchwald, « L'humour à l'américaine : De Gaulle à l'Expo », *La Presse*, 15 juillet 1967.

2007) rédige une chronique intitulée « L'humour à l'américaine » dans le *Washington Post*. Elle est reproduite dans plusieurs journaux d'Amérique du Nord. Coiffé du titre « De Gaulle à l'Expo », le texte du 15 juillet prédit que le président français va profiter de sa visite pour faire quelques frasques. Inspiré par les positions singulières de De Gaulle en matière de politique étrangère, Buchwald annonce avec sa plume mordante que ce dernier va :

- encenser le pavillon de l'URSS ;
- dénoncer l'énormité et la forme du pavillon américain ;
- interdire aux Britanniques de fréquenter le pavillon de la France ;
- s'associer aux pays arabes pour condamner le pavillon d'Israël ;
- annoncer que la France procédera à des essais nucléaires sur le toit de son propre pavillon.

Buchwald ne va pas jusqu'à prédire ce que le général va faire, le 24 juillet, du haut du balcon de l'hôtel de ville de Montréal. Mais son analyse teintée d'ironie n'en demeure pas moins proche d'une certaine réalité. Car en voguant vers le Québec, de Gaulle transporte dans ses valises de quoi faire entendre quelques gros coups de tonnerre…

CHAPITRE 9

Sur une mer houleuse

Sur l'Atlantique Nord, le temps est affreux. La mer gronde. La tempête menace. Au lendemain de son départ de Brest, le *Colbert* se fait secouer par un sérieux coup de tabac. Le quartier-maître Alain Malardé se souvient très bien de ces conditions particulièrement difficiles. « La traversée de l'Atlantique Nord fut très chahutée, raconte-t-il. Je revois encore les balcons avant tordus par la violence de l'océan. Les tubes de la rambarde en acier avaient une taille respectable [25 mm de diamètre selon le journal de bord] et avaient été tordus par la tempête[1]. » Le mauvais temps est au plus fort durant l'après-midi de ce 16 juillet. Les paquets de mer arrachent et emportent deux radeaux de sauvetage de type Brest, six caissons de survie et six pagaies. « Vu l'état de la mer, aucune recherche n'a été entreprise », consigne l'officier de quart dans le journal de bord du *Colbert*[2].

De Gaulle sort peu de sa cabine. « Il restait dans ses appartements, dit Alain Malardé. Lorsqu'il sortait, il nous disait simplement bonjour. Et lorsqu'il se déplaçait sur la coursive, il était telle-

---

1. Entrevue avec l'auteur ; et Alain Malardé, *Erika. Le naufrage de complaisance*, p. 14.

2. Journal de bord du CAA *Colbert* (473 C 5), Service historique de la Défense (Toulon).

ment grand qu'il devait enlever son képi[3]. » L'aide de camp François Flohic relate des souvenirs similaires dans son ouvrage *De Gaulle intime* : « Durant la traversée, le temps plutôt maussade, la mer quelque peu agitée jointe à la vitesse relativement élevée du vaisseau rendent les promenades du général et de Mme de Gaulle sur la plage arrière malaisées et sans agrément, si bien qu'ils ne quittent pratiquement pas leurs appartements[4]. » Correspondant de *France-Soir*, le journaliste Maurice Josco affirme que le président s'en est tenu à une promenade quotidienne sur la plage arrière du bateau. « Au cours de l'une d'elles, il a été trempé de pied en cap par un paquet de mer, ce dont il ne se soucia guère, ayant horreur des imperméables et des parapluies[5] », relate-t-il.

Dans son bureau, de Gaulle prépare et corrige les discours à donner en terre québécoise. Il assiste une fois à la messe. Une autre fois, il s'adresse à l'équipage. À l'occasion, il accueille les officiers supérieurs du navire à sa table. Son épouse Yvonne « ne le vit guère se reposer », selon ce qu'affirme son fils Philippe de Gaulle dans un ouvrage d'entretiens avec Michel Tauriac[6]. Maurice Josco note que le président français assiste à des exercices de l'équipage (tir, sauvetages), qu'il lit et regarde quelques films. « Le général de Gaulle a aussi beaucoup lu, écrit-il. Parmi les livres qu'il a parcourus, il y avait de nombreux ouvrages sur le Canada. Il a enfin assisté à quelques séances de cinéma. Les films projetés étaient tous des films de guerre, dont *Un taxi pour Tobrouk,* celui que le président a préféré[7]. » De Gaulle profite de la traversée pour parcourir les *Antimémoires*, nouvel ouvrage de son ministre de la Culture, André Malraux, qui doit paraître deux mois plus tard. « Terminé première lecture. Livre

---

3. Entrevue avec l'auteur.

4. François Flohic, *De Gaulle intime. Un aide de camp raconte*, p. 65-66.

5. Maurice Josco, « Récit de la traversée de De Gaulle », *France-Soir,* 22 juillet 1967, p. 5.

6. Philippe de Gaulle, *De Gaulle mon père*, p. 522.

7. Maurice Josco, « Récit de la traversée de De Gaulle », *France-Soir,* 22 juillet 1967, p. 5.

admirable dans les trois dimensions. Meilleures amitiés », écrit-il dans un télégramme envoyé le 18 juillet à l'auteur de *La Condition humaine*[8].

Et le mal de mer ? Connaît pas, assure l'entourage du président. Maurice Josco rapporte les propos du Dr Lassner, médecin principal à bord, selon qui le président a « bien supporté la mauvaise humeur de la mer ». Par contre, plusieurs marins ont été malades et les passagers n'ont guère vu Yvonne de Gaulle, retranchée dans ses appartements. « Mme de Gaulle, seule femme à bord, n'a pas le pied marin mais supporte roulis et tangage, grâce à tous les médicaments que le médecin de son mari lui a conseillé de prendre, écrit Josco. Elle n'est cependant sortie qu'une fois de son appartement pour assister à un concert de "binious" donné par un groupe de marins bretons qui se produira lors de la journée française [le mardi 25 juillet] de l'exposition de Montréal[9]. »

Preuve indéniable que les médias n'ont pas toujours la même vision des choses, *Paris Match* (édition du 5 août) propose une version totalement différente de celle de Josco. Le magazine affirme que Mme de Gaulle n'a pris aucun médicament, a très bien supporté le mal de mer et a charmé son entourage. L'auteur du texte ajoute : « Au coiffeur de bord, elle fit cadeau de ses rouleaux personnels pour le remercier de la mise en plis et de la séance de coiffure qu'il lui avait faite[10]. »

Pour sa part, Alain Malardé se souvient d'un détail qui fascinait le jeune marin d'origine modeste qu'il était. Selon lui, de Gaulle fumait une cigarette tous les soirs après son repas. Or, il avait l'embarras du choix, semble-t-il. « Il y avait sur un plateau d'argent que lui apportait son aide de camp François Flohic un assortiment de

---

8. Charles de Gaulle, *Lettres, notes et carnets*, t. 3 : *Juin 1958-novembre 1970*, p. 908.

9. Maurice Josco, « Récit de la traversée de De Gaulle », *France-Soir*, 22 juillet 1967.

10. « De Gaulle dans la tempête : "Messieurs, le Canada français va vivre de belles heures." », *Paris-Match*, 5 août 1967.

plusieurs paquets. Dans chacun d'eux, une cigarette en était ressortie. De Gaulle choisissait celle qu'il voulait fumer. Moi qui n'avais jamais vu de plateau d'argent, j'étais très impressionné[11] ! » dit l'ancien commando en entrevue.

Selon Alain Peyrefitte, de Gaulle profite d'un moment avec son chef d'état-major, le vice-amiral Jean Philippon, pour lui confier qu'une fois au Québec, il fera un grand coup d'éclat.

« Que diriez-vous si je leur criais "Vive le Québec libre" ? propose le président de la République.

— Oh, vous n'allez pas faire ça, mon général ! répond Philippon.

— Eh bien, je crois que si. Ça dépendra de l'atmosphère[12]. »

Que de Gaulle ait tenu ou non ces propos, ceux-ci vont dans le sens de ce que soutiennent certains médias nord-américains. Une dépêche de l'Associated Press reprise dans plusieurs journaux affirme sans ambages que de Gaulle s'en va au Québec avec le projet d'y faire mousser l'idée d'indépendance. « Selon des sources bien informées, le voyage du président français […] serait une mission destinée à encourager le séparatisme canadien-français », lit-on dans ce texte. Le quotidien *L'Action* de Québec le reproduit à la une de son édition du 17 juillet. Le même jour, *La Presse* en publie un extrait dans ses pages intérieures. « Le général de Gaulle et ses conseillers seraient d'avis que le mouvement séparatiste québécois finirait par [atteindre] l'autonomie au cours des dix prochaines années et la France serait conviée à en profiter[13] », poursuit l'article. En conclusion, l'auteur ajoute que de Gaulle va s'employer à resserrer les liens entre la France et le Québec afin d'éloigner la province francophone du giron fédéral.

Faut-il s'en inquiéter ? Au Québec, à ce moment précis, le consensus parmi les observateurs est qu'au contraire, de Gaulle ne se mêlera pas de politique intérieure et se gardera de faire du grabuge. *La Presse*, qui est sur le point d'être vendue à la Corporation

---

11. Entrevue et échange de courriels avec l'auteur.
12. Alain Peyrefitte, *De Gaulle et le Québec*, p. 65.
13. « De Gaulle verrait le Québec indépendant », *L'Action*, 17 juillet 1967.

de valeurs Trans-Canada, contrôlée par Paul Desmarais, fait partie des médias qui se font rassurants. Le mardi 18 juillet, en page éditoriale, Guy Cormier rappelle qu'il ne « manque jamais d'observateurs, mieux doués d'imagination que soucieux d'objectivité », pour déduire que de Gaulle arrive au Québec afin de courtiser les « séparatistes québécois ». Or, pour Cormier, ceux qui font de telles affirmations sont des agitateurs d'épouvantails. Reconnaissant que les récents discours du général prouvent l'attention particulière qu'il porte aux relations entre l'Hexagone et le Québec, l'éditorialiste martèle que « les problèmes constitutionnels du Canada ne regardent que les Canadiens[14] ».

Deux destroyers de Sa Majesté

Pendant que le *Colbert* traverse l'Atlantique d'est en ouest, on se prépare fébrilement à lui faire bon accueil sur la côte est du Canada. Et pas seulement sur terre. Sur la mer aussi !

Le mardi 18 juillet, un peu après 15 heures, les destroyers de la marine canadienne *Skeena* et *Terra Nova* quittent le port d'Halifax. Leur destination : le détroit de Cabot (entre Terre-Neuve et l'île du Cap-Breton) où, dans moins de soixante-douze heures, ils rencontreront le *Colbert* et ses trois navires d'escorte à leur entrée dans les eaux territoriales canadiennes. En marge des querelles de protocole, Ottawa accorde au président français les honneurs auxquels il a droit. Comme cette escorte de courtoisie. On imagine aussi que pour Ottawa, c'est une façon de faire un pied de nez à Québec. Ici, au large des côtes canadiennes, le fédéral est maître après Dieu. Il n'y a aucune chance que Québec vienne jouer les trouble-fêtes !

À 20 heures, heure de l'Atlantique, les deux navires canadiens croisent au large de la capitale de la Nouvelle-Écosse, indique le journal de bord du *Terra Nova*. La visibilité est bonne à 10 milles marins

---

14. « De Gaulle en Amérique », *La Presse*, 18 juillet.

et la température sur la mer est de 15,6 degrés Celsius[15]. Commandant du *Terra Nova*, Nigel David (« ND ») Brodeur, trente-cinq ans, est préoccupé. Aussi importante et gratifiante soit-elle, la mission qu'on vient de lui confier ne fait pas son affaire. Car le *Terra Nova* est alors engagé dans un important projet de mise à niveau de son système de défense anti-sous-marins. Cela implique l'installation d'un nouveau type de sonar contrôlé par un programme informatique hautement secret. Le *Terra Nova* sert en fait de cobaye au projet qui doit s'étendre à tous les destroyers de classe Restigouche de la marine canadienne.

ND Brodeur en connaît un rayon sur la marine. Son grand-père, Louis-Philippe Brodeur, a piloté le projet de formation de la marine canadienne en 1910 alors qu'il était ministre du Service naval dans le gouvernement de Wilfrid Laurier. Son père, Victor Brodeur, a été le premier francophone à atteindre le grade de contre-amiral. « Lorsque le commodore de la flotte de la côte Est, Jack Pickford, m'a informé que nous devions interrompre nos essais pour escorter le *Colbert,* raconte M. Brodeur en entrevue, je lui ai répondu que nous étions dans une phase critique d'implantation du système[16]. »

Le commandant Brodeur doit trouver une solution, et vite ! Comment partir en mer tout en poursuivant l'installation du nouveau matériel ? Réponse : en emmenant le programmeur que la marine a embauché par contrat. Or, non seulement ce programmeur est un civil, c'est aussi… une femme. Elle s'appelle Rosemary Booth. En 1967, la présence de cette civile à bord d'un navire en mission est inusitée, voire incongrue, en vertu des règles de la marine canadienne. Toutefois, sur la recommandation du commodore Pickford,

---

15. Fonds de la Défense nationale (RG24), vol. 5445 (NCSM *Terra Nova*).

16. Entrevue avec l'auteur ; et Nigel·D. Brodeur, « Vive le Québec libre remembered… Escorting the President of France: General Charles de Gaulle – 1967 », p. 5. Des logiciels en 1967 ? Il semble bien que oui. « Les militaires étaient en avance sur les civils en matière informatique », lance avec une pointe d'humour le militaire, qui a terminé sa carrière avec le grade de vice-amiral.

le commandant Brodeur demande – et obtient – la permission de son quartier général de laisser Mme Booth rester avec l'équipage pendant que le navire est en mission en mer.

La présence à bord de la programmeuse est « découverte » le matin du 19 juillet, alors que le *Terra Nova* et le *Skeena,* commandé par Keith Dunham Lewis, quarante ans, se livrent à des manœuvres qui amènent les deux navires à proximité l'un de l'autre. Ce jour-là, entre 10 heures et midi, les équipages exécutent de délicats transferts de marins avec des tyroliennes appelées « *jackstrays* » dans le jargon de la marine. Le tout se déroule dans un brouillard très épais et une visibilité sous les cinquante verges.

À bord du *Skeena,* le capitaine Ian « Snarky » Morrow, commandant d'un escadron de six navires de la marine canadienne, et quelques journalistes observent la manœuvre. Pour cette mission, Morrow est le commodore désigné des deux destroyers canadiens. Il a donc autorité sur Brodeur et Dunham. Il a été choisi parce qu'il connaît personnellement Paul Delahousse, le commandant du *Colbert.* Selon ND Brodeur, les deux hommes ont travaillé ensemble dans des bureaux de l'OTAN à Paris.

Apparemment, en ce matin brumeux, Morrow a envie de faire une bonne blague et de se payer la tête du commandant du *Terra Nova.* « C'est lui qui a dit aux journalistes qu'il se passait quelque chose d'intéressant sur mon navire, se remémore ND Brodeur. Il leur a suggéré d'aller m'interviewer. Ils ont suivi son conseil, ont traversé d'un navire à l'autre en *jackstray,* et je me suis retrouvé avec un problème ! Que les médias rapportent la présence d'une jolie jeune femme à bord de mon navire est bien la dernière chose dont j'avais besoin[17] ! »

Face à l'inévitable, Brodeur joue franc jeu. Il reçoit les journalistes avec courtoisie et leur raconte l'essentiel de ce qui se passe : installation de nouveaux appareils, changement de programme informatique et présence d'une spécialiste civile. « Après les avoir mis au parfum, je leur ai demandé la plus grande discrétion, ces

_____

17. *Ibid.*

informations étant secrètes. Ils ont apprécié cette franchise et ont respecté ma requête », assure ND Brodeur.

Vers 13 heures, les deux navires s'éloignent l'un de l'autre. Pendant que Rosemary Booth continue son travail dans la plus grande discrétion, le *Skeena* et le *Terra Nova* poursuivent leur route vers le nord. À 20 heures, le soir du 19 juillet, les destroyers canadiens se trouvent au large de l'île du Cap-Breton, dans le détroit de Cabot. Le journal de bord du *Skeena* signale de la brume à l'horizon mais une visibilité tout de même bonne à 10 milles marins[18].

Le soleil se couche à 20 h 44. Au cours de la journée, le *Skeena* a parcouru 245,3 milles marins, et le *Terra Nova*, 229,8. Quant au *Colbert*, il s'approche peu à peu des côtes de Saint-Pierre-et-Miquelon où, le lendemain, 20 juillet, la journée sera unique, grandiose, mémorable.

---

18. Fonds de la Défense nationale (RG24), vol. 9730 (NCSM *Skeena*).

CHAPITRE 10

Une guerre des ondes

E t comment vont les affaires sur la terre ferme tandis qu'on semble s'amuser sur l'océan ? Mais très mal, voyons ! Pendant le voyage du *Colbert* sur l'Atlantique, pendant que les deux destroyers canadiens se préparent à l'accueillir, les relations Ottawa-Québec s'enveniment un peu plus chaque jour. Mieux encore, les deux capitales trouvent un nouveau terrain afin de poursuivre leurs chamailleries : les ondes radiophoniques.

Quelques jours avant l'arrivée du président français, le gouvernement québécois annonce en effet la création d'un réseau radiophonique temporaire. Sa mission : retransmettre et commenter durant quelques heures le défilé du cortège de Gaulle-Johnson sur le chemin du Roy. Ce réseau sera administré par l'Office d'information et de publicité du Québec (OIPQ) et une de ses filiales, la Société de publicité du Québec (SOPEC). L'organisme entend offrir ce service aux stations radiophoniques indépendantes dans toute la province.

Pour concrétiser son projet, l'OIPQ loue les services de la station CKLM de Montréal et embauche des « annonceurs » qui seront postés le long du chemin du Roy. À l'époque, le 1570 AM s'enorgueillit de son statut de « seule station unilingue francophone au monde ». Roger Baulu en est le président et sera d'ailleurs le présentateur de l'émission spéciale.

À Ottawa, le projet est très mal accueilli, notamment au Bureau des gouverneurs de la radiodiffusion, ancêtre du Conseil de la radiodiffusion et des télécommunications canadiennes (CRTC). À leurs yeux, les gens de Québec ne font preuve d'aucune retenue. Pour se donner plus de crédibilité, ils empiètent un champ de compétences réservé au fédéral. C'est d'autant plus choquant que plusieurs des stations radiophoniques indépendantes qu'entend courtiser l'OIPQ ont des ententes de service avec Radio-Canada.

L'affaire rebondit sur les ondes de… Radio-Canada, créature fédérale, faut-il le rappeler, le lundi 17 juillet à l'émission *Présent*. La journaliste Andréanne Lafond révèle toute l'histoire, affirmant que, par crainte d'un manque d'objectivité de la part de Radio-Canada, dont les reportages pourraient prendre un angle trop fédéraliste, l'OIPQ a décidé de monter son propre réseau radiophonique. Le journaliste Bernard Derome en discute avec Roger Baulu, Guy d'Arcy, vice-président de CKLM, et l'éditorialiste de *Dimanche-Matin*, Claude La Vergne. Beau joueur, La Vergne rappelle d'abord qu'un projet de loi visant la création d'une radio d'État pour le Québec est sur les planches à dessin depuis 1945. Cela dit, il se déclare peu impressionné par l'initiative du gouvernement Johnson qui, selon lui, fait double emploi : « [Québec] veut glorifier ni plus ni moins la présence du général aux côtés de M. Johnson, qui fera le voyage avec lui. On veut créer un mythe et le Québec a trop vécu sur des mythes, je crois[1]. » Roger Baulu n'y voit pas de quoi fouetter un chat et défend énergiquement le projet : « Je pense que le premier ministre de la province de Québec se devait d'entourer la visite du général de Gaulle en terre québécoise d'un certain éclat, dit-il. Je pense qu'il a pris les moyens [pour ce faire] et je trouve ça tout à fait normal. Maintenant, les postes privés ont un droit souverain de faire ce qu'ils veulent pour ce qui est des reportages, […] ils ont parfaitement le droit de choisir l'un ou l'autre [réseau][2]. »

Des médias écrits s'emparent du conflit. « Québec crée une station d'émission pour la visite du général de Gaulle », titre *La Presse* dans son édition du 19 juillet. Le quotidien de la rue Saint-Jacques

---

1. *Présent* (émission radiophonique), Radio-Canada, 17 juillet 1967.
2. *Ibid.*

cite Roger Cyr, directeur de l'OIPQ, selon qui le gouvernement « fera le reportage » parce que tous les Québécois ont droit à l'information « et que nous devons la [leur] procurer ». Cyr argue aussi que pour des raisons de sécurité, les autorités ne peuvent pas laisser toutes les voitures des médias entrer dans le cortège. « Vous savez de quelle façon ils conduisent », lance-t-il, cabotin, en parlant des journalistes. Seules les voitures du réseau de l'OIPQ et de Radio-Canada seront autorisées à suivre les limousines des dignitaires[3].

Les journaux rapportent aussi que Radio-Canada se braque. « Radio-Canada refuse à ses postes affiliés de se brancher au réseau provisoire de Québec », titre *Le Devoir* dans un article publié à la une. On explique que la loi ne permet pas à une station radiophonique de se détacher de son réseau habituel pour se joindre à un autre, à moins d'avoir obtenu une autorisation. Ce qui n'est pas le cas[4].

L'histoire est reprise au Canada anglais, où le *Globe and Mail* publie un article intitulé « A Step Back ? ». L'auteur, Dennis Braithwaite, estime que la manœuvre de l'OIPQ ressemble à une vieille tactique duplessiste de manipulation des médias[5].

Le Devoir revient sur le sujet dans son édition du vendredi 21 juillet. Un texte de Pierre-C. O'Neil révèle que l'initiative gouvernementale ne sera ni la première ni la dernière du genre. Québec l'a fait, dit O'Neil, à l'ouverture de son pavillon à Expo 67 en obtenant sans problème les autorisations nécessaires des autorités fédérales. Tiens donc… Deux poids, deux mesures ? En fait, relate le journaliste en citant des sources gouvernementales québécoises, ces essais constituent la première étape d'un projet cher à Québec de se doter de son

---

3. « Québec crée une station d'émission pour la visite du général de Gaulle », *La Presse,* 19 juillet 1967, p. 1-2.

4. « Radio-Canada refuse à ses postes affiliés de se brancher au réseau provisoire de Québec », *Le Devoir,* 19 juillet 1967, p. 1.

5. Dennis Braithwaite, « A Step Back ? », *The Globe and Mail,* 20 juillet 1967.

propre « service d'information moderne[6] ». Même constat dans *Le Soleil* qui, citant le ministre Marcel Masse, fait voir que l'OIPQ s'achemine « de toute nécessité » vers la création d'un réseau permanent. Le réseau temporaire du chemin du Roy constituera le modèle à suivre[7]. En l'occurrence, c'était vrai. Sept mois plus tard, le 22 février 1968, l'organisme Radio-Québec, aujourd'hui Télé-Québec, était créé[8].

Afin de bien alimenter son réseau éphémère, l'OIPQ prépare une série de « flashs radio » visiblement destinés à être lus sur les ondes. Ces nouvelles brèves et dépourvues d'objectivité abordent la visite du général de Gaulle sous tous les angles imaginables. Dans un de ces flashs, par exemple, il est question de Charles de Gaulle l'écrivain. Dans un autre, on évoque le rôle du président français dans la francophonie. Un troisième rappelle qu'un Québécois, Roger Grégoire, prendra les commandes du *Colbert* pour le piloter entre les Escoumins et l'anse au Foulon. On omet toutefois de préciser que cette décision relève des compétences fédérales…

Un plus long document est coiffé du titre « De Québec à Sainte-Anne-de-Beaupré, la jeunesse salue le général de Gaulle ». On y soutient que sur le parcours de la première journée du général en sol québécois, le 23 juillet, des centaines d'enfants seront massés le long des routes pour agiter de petits drapeaux de la France et du Québec. Ce sera entre autres le cas lorsque le général se rendra à Sainte-Anne pour assister à une messe. Tout cela est bien gentil. Ce qui surprend, ce sont les approximations de certains éléments d'information. Le troisième paragraphe du document en fournit une

---

6. Pierre-C. O'Neil, « Radio québécoise pour de Gaulle : l'initiative n'est pas la première du genre et ne sera pas la dernière », *Le Devoir*, 21 juillet 1967.

7. Gérard Alarie, « Masse : le Québec aura son réseau de radiotélédiffusion », *Le Soleil*, 21 juillet 1967.

8. Finalement, le Bureau des gouverneurs de la radiodiffusion acceptera d'émettre un permis temporaire pour la création du réseau auquel se joindront trente et une stations (mais aucune de Radio-Canada) dans vingt-trois villes québécoises.

illustration : « Sur le chemin du retour, le cortège empruntera l'avenue Royale dont la section comprise entre Sainte-Anne et Mont-
morency aurait été tracée, à la demande de Monseigneur de Laval,
en 1683. Bien qu'on ne dispose d'aucuns documents officiels, on
suppose que le prolongement de cette voie jusqu'à Québec aurait été
réalisé à peu près à la même époque[9]. » On peut saluer la franchise
du message, mais il serait étonnant qu'une communication gouvernementale produite de nos jours véhicule autant d'incertitudes.

Comme larrons en foire

Si ses rapports avec Ottawa sont houleux, Québec est en revanche
en parfaite harmonie avec la Fédération des SSJB, à laquelle, on l'a
vu, le gouvernement Johnson a donné le mandat de mobiliser les
foules partout où le général de Gaulle passera. Or, les préparatifs entraînent pour cet organisme des dépenses importantes et
imprévues. Afin d'amortir le coup, la Fédération s'est tournée vers
ses sections locales, mais ça ne suffit pas. Ses dirigeants sollicitent
donc une subvention de 8 000 dollars du gouvernement du Québec. La somme est modeste, mais la vitesse avec laquelle la subvention est accordée étonne. Entre la SSJB et Québec, la négociation
est… expéditive.

Le mercredi 19 juillet, le directeur Léo Gagné écrit à Paul Chouinard, secrétaire du cabinet du premier ministre Daniel Johnson. Il
réclame une aide financière en raison des « dépenses considérables »
occasionnées par la visite. La Fédération a « offert son entière collaboration à l'organisation de ce voyage », plaide Gagné. Il fait part des
initiatives de son organisme, telle la préparation des feux de joie qui
seront allumés en dix endroits le long du Saint-Laurent afin de
« souhaiter de façon pittoresque la bienvenue à l'illustre visiteur ».

---

9. Les « flashs radio » de l'OIPQ ont notamment été retrouvés dans le fonds
Mouvement national des Québécois, Bibliothèque et Archives nationales du
Québec, Montréal.

Sa lettre est accompagnée d'un budget détaillé. Les frais d'organisation atteignent 9 050 dollars, dont 4 000 dollars pour les feux de joie.

Très favorable, la réponse du cabinet du premier ministre arrive le jour même. Elle est signée par Mario Beaulieu, chef de cabinet de Daniel Johnson. : « Par suite des dépenses qu'occasionnera à la Fédération des Sociétés Saint-Jean-Baptiste du Québec son active participation à l'organisation de la visite du président de la République française, le conseil exécutif a décidé de verser à votre organisme une subvention spéciale de $8,000.00[10] », écrit Beaulieu avant de conclure avec les formules de politesse d'usage. Un autre document découvert dans les archives du Mouvement national des Québécois, une feuille jaune lignée couverte de notes griffonnées et elle aussi datée du 19 juillet, indique que la Fédération des SSJB a, ce jour-là, reçu un appel téléphonique du ministre Marcel Masse confirmant l'octroi de la subvention.

Outre les feux de joie, une bonne partie des dépenses de la Fédération est consacrée à la réception qui sera donnée pour les journalistes lors de l'arrêt à Trois-Rivières le 24 juillet. Celle-ci aura lieu au Yacht Club Saint-Maurice. Toujours le 19, Léo Gagné écrit au « commodore » du club afin de mettre au point les derniers arrangements. Dans sa lettre[11], il lui rappelle que le service de buffet a été confié au restaurant Blue Bird et que la marina est responsable d'acheter et d'offrir le vin, à savoir 60 bouteilles de pouilly-fuissé 1962 à 5,70 dollars pièce et 60 bouteilles de bordeaux rouge Prince noir à 4 dollars pièce. Les responsables de la marina doivent aussi respecter scrupuleusement un protocole négocié d'avance quant à l'installation des drapeaux. Comme de coutume, le fanion du Yacht Club flottera au mât principal. Aux trois mâts attenants, on mettra un drapeau de la France entre deux autres du Québec, « aucun autre dra-

---

10. Ces échanges ont été retrouvés dans le fonds Mouvement national des Québécois, Bibliothèque et Archives nationales du Québec, Montréal.

11. Fonds Fédération des Sociétés Saint-Jean-Baptiste, Bibliothèque et Archives nationales du Québec, Montréal.

peau ne devant être hissé pour la circonstance[12] », rappelle le directeur général de la Fédération des SSJB. On aura compris que le drapeau canadien n'est pas du tout le bienvenu dans ces agapes franco-québécoises.

Le lendemain, 20 juillet, Gagné écrit aux responsables des SSJB locales pour leur remettre des « boutons officiels » du comité organisateur, afin de faciliter leurs déplacements. « En portant ce bouton, les policiers pourront plus facilement vous permettre de vous déplacer[13] », assure-t-il. Gagné règle enfin les derniers détails du déjeuner de Trois-Rivières. Il annonce au responsable du restaurant Blue Bird de la rue des Forges que son offre de service pour la préparation du buffet froid a été retenue. La Fédération, assure Gagné, garantit au restaurant le paiement de 350 couverts au coût unitaire de 3,25 dollars, taxes et service inclus. Parmi différents menus proposés par le Blue Bird, la Fédération retient le numéro 2, qui comprend saumon norvégien, jambon de Virginie et salade russe. Singulière nomenclature gastronomique pour un repas servi à l'occasion du passage du président… français ! Mais continuons la liste : pâté de foie gras maison, jeune dinde rôtie, côte de bœuf rôtie. « Vous ajouterez toutefois des aspics aux crevettes et aux légumes ainsi que du céleri, des olives et des marinades », demande Gagné. Il réclame aussi des « fleurs naturelles » aux tables et « une décoration appropriée » à la table du buffet.

Autre lettre de Gagné, cette fois à René Matteau, maire de Trois-Rivières, pour lui rappeler que les nombreux invités de la Fédération doivent avoir accès à la marina de la municipalité sans payer le droit d'entrée : « Nous comptons sur votre habituelle collaboration, monsieur le Maire, pour donner les instructions nécessaires à cette fin aux préposés à la barrière d'entrée de l'île Saint-Quentin. »

Le zèle de la Fédération des SSJB et de son directeur général fait plaisir à voir. Ils seront toutefois moins empressés d'acquitter la facture, comme le prouve une lettre d'excuses datée du 3 novembre 1967

---

12. *Ibid.*
13. *Ibid.*

– plus de trois mois après l'événement – dans laquelle Gagné écrit à l'administration du Yacht Club pour se confondre en excuses : « Je vous fais parvenir sous pli notre chèque au montant de 639,35 $ en paiement des frais de la réception offerte aux journalistes lors de la visite à Trois-Rivières du général Charles de Gaulle. Nous vous prions de nous excuser pour le retard que nous avons mis à vous faire parvenir ce paiement. Je tiens à vous réitérer notre satisfaction pour l'excellente réception que vous avez réservée à nos hôtes. »

Une dissidence

En dépit de tous ses efforts, la Fédération fait un triste constat : la Société Saint-Jean-Baptiste de la ville de Québec fait dissidence. C'est qu'entre la Fédération et son antenne de la capitale, les relations sont orageuses depuis un bon moment. Nombreuses, les divergences de vues tournent notamment autour des idéaux nationalistes de la Fédération. La SSJB de Québec rejette par exemple l'idée de boycotter les fêtes du centenaire du Canada comme l'a annoncée la Fédération au début de l'année. En entrevue, René Charrette, un militant qui était à l'époque directeur général de la SSJB de Joliette, confirme ces tensions : « Il y avait distanciation sur des questions d'orientations politiques et constitutionnelles. La Fédération devenait de plus en plus indépendantiste alors que [la section de] Québec ne l'était pas. »

Le 20 décembre 1966, les différends sont devenus si importants que la SSJB de Québec met fin à son affiliation. Le président de la section québécoise, Guy Lefebvre, écrit une lettre à son homologue de la Fédération, Georges-É. Malenfant, pour lui faire part de cette décision. Malenfant communique la nouvelle aux membres du conseil exécutif de la Fédération le 13 janvier 1967 à l'hôtel Le Reine Elizabeth de Montréal.

Les mois passent et les deux parties ne se rapprochent pas. En mars, des médias font d'ailleurs état de ces différends, et la SSJB de Québec sent le besoin d'affirmer qu'il « n'y a pas de chicane avec Montréal ». À l'approche de la visite de De Gaulle, la Fédération tente un dernier rapprochement et propose à la SSJB de Québec de serrer les rangs. Mais dans une lettre du 20 juillet, les dirigeants de Québec refusent poliment et fermement l'invitation. Qualifiant la suggestion de Léo Gagné d'« aimable » et assurant à ce dernier que la SSJB de Québec apportera « la participation qu'il convient aux manifestations publiques », son homologue de la section de Québec, Jean Hubert, l'informe que la visite du président français n'entraînera pas de réconciliation : « Étant donné les relations entre notre société et la Fédération, il lui serait mal séant de se présenter devant la presse sans établir les distinctions qui s'imposent, ce qui comporterait sans doute plus de désavantages que d'avantages pour tous[14]. » M. Hubert va jusqu'à formuler le souhait que la Fédération indique, dans ses communications publiques, que la SSJB de Québec ne fait pas partie de ses membres.

Voilà une situation bien embêtante à quelques jours de la visite. Mais cela n'empêchera pas les foules de se mobiliser. Loin de là ! La SSJB a bien travaillé.

---

14. *Ibid.*

À quelques jours du passage du général de Gaulle, le chemin du Roy est pavoisé de drapeaux du Québec et de la France. Chose ironique, cette publicité d'une boisson gazeuse bien connue rappelle la présence du voisin américain, que de Gaulle qualifie d'« État colossal ».

Des armoiries, des drapeaux, des bannières et même des fleurs de lys peintes sur la chaussée de la route 2 : à l'approche du voyage du général de Gaulle, le chemin du Roy, qu'il doit suivre de Québec à Montréal, est méconnaissable.

Entre Québec et Donnacona, un arc de triomphe de fleurs, inspiré de celui de Paris, est construit en l'honneur du président de la République française.

Le matin du dimanche 23 juillet 1967, le croiseur Colbert *accoste au quai de l'anse au Foulon, à Québec. Le navire est parti de Brest le 15 juillet. Tout est maintenant prêt pour accueillir le général de Gaulle.*

Après sa descente du Colbert, les cérémonies d'accueil et une visite éclair à la Citadelle, le président français entame la portion québécoise de sa visite officielle. Premier arrêt : l'hôtel de ville de Québec, où une foule immense lui rend hommage. On aperçoit derrière lui son aide de camp, François Flohic (en blanc). À droite, on remarque les quatre gardes du corps du général.

Messe à la basilique Sainte-Anne-de-Beaupré, le dimanche 23 juillet. Pour l'occasion, les autorités religieuses modifient le programme et organisent une messe du pèlerin. « L'église, mi-romane, mi-gothique, est d'une laideur tout à fait monumentale, affirment les envoyés spéciaux du Figaro. *L'intérieur est luisant de richesses vernies. »*

Partout où il passe au Québec, le général de Gaulle attire les foules. Ses déplacements se font sous haute surveillance policière.

Une fois que la voiture devant servir à transporter de Gaulle a été trouvée, les organisateurs de la visite y ont installé une barre transversale, ce qui permettait au président de s'y agripper d'une main, de se tenir debout et de saluer la foule.

Le président de Gaulle à Donnacona. Sous la pluie, la vareuse du général est détrempée, mais celui-ci n'en tient pas compte et harangue la foule : « Et puis maintenant je vois le présent, le présent du Canada français, c'est-à-dire un pays vivant au possible, un pays qui est en train de devenir maître de lui-même, un pays qui prend en main ses destinées. »

Charles de Gaulle et le premier ministre Daniel Johnson. Dans toutes les villes et tous les villages du Québec où il passe, le général attire les foules.

Le lundi 24 juillet, au bord du chemin du Roy, les habitants des agglomérations traversées par le cortège tiennent à voir l'illustre visiteur, allant même jusqu'à grimper sur les toits.

CHAPITRE 11

Au bord de l'Amérique

L es rayons du soleil tentent de percer les restes d'une bonne brume matinale couvrant les îles Saint-Pierre et Miquelon. À 8 h 40 en ce jeudi 20 juillet 1967, le *Colbert* mouille en rade de l'archipel situé à une vingtaine de kilomètres au sud de Terre-Neuve. Dans le petit port de Saint-Pierre, les quelques milliers d'habitants massés aux abords du quai peinent à contenir leur joie. Leurs amis, parents et concitoyens de Miquelon les ont rejoints par bateau au cours des dernières heures.

Jamais l'ambiance n'a été aussi survoltée dans ce territoire d'outre-mer isolé. Et pour cause ! Leur président, le général de Gaulle, s'arrête pour les saluer après avoir traversé 5 000 kilomètres d'océan. Entre de Gaulle et ces îliens existent une histoire d'amour et des liens de sang tissés depuis la Deuxième Guerre mondiale. Ils sont frères d'armes. Remontons le temps…

Nous sommes la veille de Noël 1941. De Gaulle, qui s'est enfui à Londres après la déconfiture militaire de la France, est à la tête des Forces françaises libres (FFL). Défendu, en dépit de nombreux différends, par le premier ministre britannique Winston Churchill, il suscite toutefois une méfiance de tous les instants dans les hautes instances du gouvernement des États-Unis, pays entré en guerre trois semaines plus tôt à la suite de l'attaque du Japon sur Pearl Harbor.

Cherchant à étendre son influence partout où c'est possible, de Gaulle ordonne la prise des îles de Saint-Pierre et Miquelon, notamment pour en contrôler le poste de transmission radio, élément stratégique dans cette zone de l'Atlantique Nord où des convois alliés sont la cible des U-Boots allemands. « Il était, en effet, scandaleux que, tout près de Terre-Neuve, un petit archipel français, dont la population demandait à se joindre à nous, fût maintenu sous l'obédience de Vichy[1] », raconte le général dans ses *Mémoires de guerre*. Ayant eu vent que les États-Unis discutaient avec Vichy de la « neutralisation » de ce poste radio, de Gaulle ordonne à l'amiral Émile Muselier, commandant des Forces navales françaises libres, de s'emparer de l'archipel et d'y établir la souveraineté des FFL.

L'assaut est donné à partir de Halifax. Quatre navires, dont un sous-marin, prennent Saint-Pierre et Miquelon. La population accueille les FFL à bras ouverts. L'affaire suscite une grogne terrible dans l'entourage du président Franklin D. Roosevelt, les États-Unis étant farouchement opposés à toute intervention des FFL en Atlantique Nord. Mais les troupes fidèles à de Gaulle conserveront l'autorité sur les lieux, notamment parce que les États-Unis, la Grande-Bretagne et le Canada n'arriveront pas à définir une politique commune concernant ce territoire. Depuis cet événement mémorable, à Saint-Pierre-et-Miquelon, de Gaulle est très populaire.

C'est donc leur libérateur que les habitants des îles attendent ce matin du 20 juillet 1967. Comme le *Colbert* ne peut pas se rendre jusqu'au port de Saint-Pierre, il a fallu désigner un canot major digne de ce nom pour transporter le président. Ce navire intermédiaire, on l'a déniché… en Martinique, département français des Antilles. Long de 46 mètres, l'*Arcturus,* un dragueur de mines côtier de la marine nationale française, a quitté Fort-de-France le 2 juillet et remonté la côte américaine pour son rendez-vous.

À 9 h 45, de Gaulle passe du *Colbert* à l'*Arcturus,* qui arbore le grand pavois. Le canot major appareille à 9 h 50 en direction de Saint-Pierre. Le voyage est très court. De Gaulle arrive au port sous les hourras et débarque au milieu d'une population en liesse. « En uniforme de général de brigade, la vareuse seulement ornée des insignes de la France libre, le président de la République, à peine

---

1.   Charles de Gaulle, *Mémoires de guerre*, t. 1 : *L'Appel. 1940-1942*, p. 229.

débarqué à Saint-Pierre, sur le quai Corvette-Mimosa, plonge dans la foule venue l'accueillir et, souriant, adressant un mot aimable à chacun, serre des mains », raconte l'envoyé spécial de *France-Soir*, Maurice Josco, dans son « reportage par téléphone[2] ».

Sur le quai, il y a les notables. Il y a les pêcheurs. Il y a les enfants. Comme cette bande de louveteaux et de scouts attendant leur chance de saluer le président, note Nicolas Châtelain, journaliste au *Figaro*. « Tous les chalutiers du port faisaient mugir leurs sirènes dissonantes, les cloches de l'église sonnaient à toute volée. Derrière les barrières fragiles, maintenues par des gendarmes débonnaires, les Saint-Pierrais se sentaient terriblement intimidés[3]. » On observe aussi de nombreux touristes. Et s'il faut en croire le journaliste André Passeron, du *Monde*, ils ne passent pas inaperçus. « À cette population, si française par son allure, son parler, ses vêtements et toutes ses attitudes, s'est joint un contingent de touristes américains et surtout canadiens, vêtus de chemises et de "bermudas" aux couleurs voyantes, venus passer ici des vacances "françaises"[4]. »

Après cet accueil délirant, le président est conduit… place du Général-de-Gaulle, où il passe en revue la garde d'honneur. La gendarmerie des îles se limitant à une poignée d'hommes (un lieutenant et quinze gendarmes), c'est un détachement de marins du *Colbert* qui, ayant précédé l'illustre invité, agit à ce titre.

Sur ces îles perdues en Atlantique Nord, les élites ne sont pas plus nombreuses que les gendarmes et elles ne gouvernent pas grand-chose. Autour des dirigeants, dont le gouverneur Jean-Jacques Buggia, nommé à ce poste quelques semaines plus tôt, on rassemble donc les présidents des associations d'anciens combattants, le directeur de l'imprimerie, le directeur du service de pêche et même

---

2. Maurice Josco, « De Gaulle acclamé à Saint-Pierre-et-Miquelon », *France-Soir*, 21 juillet 1967.

3. Nicolas Châtelain, *Le Figaro*, 21 juillet 1967.

4. André Passeron, « Saint-Pierre-et-Miquelon a été la preuve que la France restait indépendante dans tous les cas, vis-à-vis de qui que ce soit », *Le Monde*, 22 juillet 1967.

le dentiste. Évidemment, le député de la circonscription, Jacques-Philippe Vendroux, est lui aussi présent. Or, Vendroux est le neveu d'Yvonne de Gaulle et donc, par alliance, celui du président. L'apercevant, ce dernier se permet une familiarité : il le salue en le tutoyant, liberté très rare dans sa carrière publique.

Arrivé à la grande place, le président monte sur une estrade drapée de bleu, blanc et rouge, pour prononcer son discours dans lequel il affirme qu'en dépit de sa taille lilliputienne, le territoire d'outre-mer constitue la preuve que la France sait se tenir debout, peu importe ses voisins. « Il y a eu ici le symbole, il y a eu aussi la preuve de l'indépendance française. Saint-Pierre et Miquelon ont été le symbole et la preuve que la France restait indépendante dans tous les sens et vis-à-vis de qui que ce soit », lance-t-il dans une allusion à peine voilée aux événements du 24 décembre 1941. « Vous êtes ici au bord de l'Amérique, la France au bord de l'Amérique, et à ce titre, bien que les îles ne soient pas très grandes et que la population ne soit pas très nombreuse, vous êtes des témoins et vous êtes des artisans. La France vous aime, elle doit s'occuper de vous[5]. » Les bravos fusent. La visite peut commencer.

Fidèle à son habitude, l'homme se lance dans un bain de foule. Il serre les mains, innombrables, qui se tendent vers lui. Il échange quelques mots à gauche, à droite. Il caresse les bébés. Il visite l'église, une usine de pêche et le petit musée. À la poissonnerie, de Gaulle revêt un sarrau blanc par-dessus sa vareuse militaire. Mais il conserve son képi. Il rencontre aussi les anciens combattants, des représentants des FFL, et va se recueillir devant le monument aux morts.

Dans le premier tome de son vaste ouvrage *Journal de l'Élysée*, Jacques Foccart, secrétaire général aux affaires africaines et malgaches et membre de la garde rapprochée du président, commente des retrouvailles poignantes avec les anciens combattants des FFL ainsi que des parents de marins et de résistants décédés. « Les veuves, les ascendants, les descendants, des hommes de leurs équipages

---

5. *Ibid.* ; et « Saint-Pierre et Miquelon sont la preuve de notre indépendance – le général de Gaulle », *La Presse,* 21 juillet 1967.

étaient présents en très grand nombre, et cela a été extraordinaire, parce qu'il y avait un responsable qui présentait au général la veuve d'un quartier-maître Untel, la mère de tel matelot, le père de celui-ci, le frère de celui-là[6]. » L'émotion gagne tout le monde, de Gaulle compris.

Avec humour, Maurice Josco raconte qu'en même temps qu'avait lieu cette visite aussi émouvante qu'historique, c'était la panique pour un jeune marin du *Colbert* chargé de coiffer Yvonne de Gaulle avant son arrivée à Québec. Le marin, affolé, se précipitait d'un coiffeur à l'autre pour trouver le nécessaire. « Aussi cherchait-il désespérément des rouleaux, des bigoudis, de la laque… matériels absolument inconnus à bord du croiseur de la flotte[7]. »

Sensible aux doléances des autorités locales, de Gaulle promet au passage que de nouveaux chalutiers seront bientôt livrés. La flotte locale, mal en point, en a bien besoin. Enfin, le président reçoit les cadeaux d'usage, rituel qu'André Passeron décrit en ces termes : « Pour sacrifier au folklore, au pittoresque et à la tradition, on offre au président de la République la maquette d'un doris, petite barque à la proue relevée pour la pêche à la morue, et un bébé phoque naturalisé qui provient du troupeau de Miquelon[8]. »

L'affaire des 67 millions rebondit

Pendant que de Gaulle fait cette visite historique, à Québec les députés de l'Assemblée législative siègent toujours. Et comme on peut s'y attendre, la visite du président français nourrit la période de ques-

---

6. Jacques Foccart, *Journal de l'Élysée*, t. 1 : *Tous les soirs avec de Gaulle (1965-1967)*, p. 681.

7. Maurice Josco, « Récit de la traversée de De Gaulle », *France-Soir*, 22 juillet 1967.

8. André Passeron, « Saint-Pierre-et-Miquelon a été la preuve que la France restait indépendante dans tous les cas, vis-à-vis de qui que ce soit », *Le Monde*, 22 juillet 1967.

tions au Salon vert[9], où les libéraux de Jean Lesage, formant l'opposition officielle, talonnent les unionistes du gouvernement de Daniel Johnson. C'est le cas du jeune député libéral de Mercier, Robert Bourassa, qui, six jours plus tôt (le 14 juillet), célébrait son 34e anniversaire de naissance. Bourassa demande au premier ministre si la visite du président français pourrait s'accompagner d'un prêt que l'Hexagone ferait au Québec à un taux avantageux. Tiens donc ! L'affaire du prêt de 67 millions de dollars qui avait fort occupé l'entourage du premier ministre québécois – et préoccupé celui du premier ministre canadien Lester B. Pearson – à l'automne 1966 et au début de l'année 1967 refait donc surface.

« Le premier ministre pourrait-il nous dire si, au cours de ses entretiens avec lui [de Gaulle], il sera question d'une collaboration financière plus étroite entre le Québec et la France, surtout à la lumière des taux d'intérêt fort élevés que paie actuellement la province, soit 6,9 % à la dernière émission[10] ? » demande M. Bourassa. Estimant la question hypothétique et peu urgente, le président de la Chambre, Rémi Paul, tente de l'éluder. Mais le chef de l'opposition vient au secours de son député. Jean Lesage évoque le fait que la France a récemment accordé un prêt important au Mexique et demande si de Gaulle fera de même avec le Québec compte tenu de son « affection » pour la province. « Est-ce que nous pouvons nous attendre à ce que le général vienne sur le *Colbert* avec 300 millions $ pour prêter au Québec à 4 %[11] ? » demande Lesage qui, comme Bourassa, est sans doute au courant de l'histoire du prêt raté. Daniel Johnson commence à répondre lorsque le chef de l'opposition l'interrompt : « On a pensé que c'était pour ça qu'il venait sur un navire blindé, que c'était à cause des sommes d'argent qu'il apportait[12] », lance-t-il, hilare. Les échanges, plus ou moins sérieux, durent

---

9. La salle de l'Assemblée nationale n'a été repeinte en bleu qu'en 1978, pour les besoins de la télévision.

10. Assemblée législative du Québec, *Journal des débats,* vol. 5, n° 96.

11. *Ibid.*

12. *Ibid.*

quelques minutes avant que le premier ministre conclue : « La visite du général n'est pas l'occasion de rencontres pour de nouveaux accords. Il n'y a pas de période de travail prévue. » Fin des discussions. Québec n'aura pas d'argent de la France[13].

Le ministre Marcel Masse n'est pas en Chambre à Québec au moment de cet échange Johnson-Bourassa. En ce 20 juillet, il est à Hull, en conférence de presse avec le maire Marcel D'Amour, pour donner des détails de la courte visite que le président français doit faire dans cette ville dans exactement une semaine. Excellente nouvelle : les Hullois apprennent que le temps alloué à cette visite passe de 15 à 30 minutes !

Masse profite de l'occasion pour régler ses comptes avec Ottawa. Lui qui, dix jours plus tôt, avait mis son gouvernement dans l'embarras en déclarant que de Gaulle ne visiterait pas la Citadelle de Québec et qui a vu le fédéral arracher cette concession au nez et à la barbe de Daniel Johnson déclare qu'Ottawa a manqué à sa promesse de ne pas intervenir dans la portion québécoise du programme. Le quotidien *Le Droit* en fait sa manchette du lendemain. *La Presse* rapporte quant à elle que des représentants fédéraux du Commissariat général aux visites d'État se sont faufilés parmi les journalistes à cette conférence de presse. Repérés, ils ont été mis à la porte illico.

Loin de ces enfantillages politiques, à Saint-Pierre, les insulaires continuent de fêter leur président. La journée se déroule selon le programme établi. Mais elle s'achève déjà. Peu après 19 heures, de Gaulle et sa garde remontent à bord de l'*Arcturus* et saluent une dernière fois la population massée sur le quai. Alors que le dragueur de mines s'éloigne de l'île pour rejoindre le *Colbert*, les chalutiers font à nouveau mugir leurs sirènes. Au village, les cloches de l'église sonnent. Les quelques milliers de personnes réunies au quai Corvette-Mimosa chantent *La Marseillaise*. On pleure de joie. Et sans doute un peu de tristesse. Car bientôt, les décorations seront

---

13. Cette affaire sera rapportée le lendemain dans les médias, comme en fait foi l'article titré « Johnson Won't Talk Money to "Rich Uncle" » à la une du *Montreal Star*.

retirées, le silence reviendra et les insulaires retrouveront leur éternelle solitude…

Il est 19 h 30 lorsque de Gaulle remonte à bord du *Colbert*. Arrivés de Sydney, en Nouvelle-Écosse, où, la veille, a atterri le DC-8 présidentiel (le Caravelle n'a pas traversé l'océan), certains membres de sa garde rapprochée, dont son directeur de cabinet, Xavier de la Chevalerie, et l'attaché de presse de l'Élysée, Gilbert Pérol, montent également à bord. « Cette visite de neuf heures du président de la République à la dernière possession française d'Amérique du Nord est ressentie ici, face à l'attraction du proche continent, comme le signe d'un resserrement des liens avec une métropole lointaine et souvent jugée peu généreuse », affirme André Passeron en conclusion de son article dans *Le Monde* du 22 juillet[14].

Après cette étape, le *Colbert* entame la portion la plus importante de son voyage. Il vogue vers l'estuaire du Saint-Laurent, où l'attendent les destroyers NCSM *Skeena* et *Terra Nova*.

Cette rencontre en mer ne se fera pas sans heurts…

---

14. André Passeron, « Saint-Pierre-et-Miquelon a été la preuve que la France restait indépendante dans tous les cas, vis-à-vis de qui que ce soit », *Le Monde*, 22 juillet 1967.

DEUXIÈME PARTIE

En territoire canadien

CHAPITRE 12

En route vers Québec

La brume s'épaissit dans le détroit de Cabot en ce matin du 21 juillet. À 8 heures, sur le pont du NCSM *Skeena,* on relève une visibilité bonne jusqu'à 1 000 verges. Les vents, à 10 nœuds, soufflent en direction sud-sud-ouest. Le destroyer canadien et son compagnon, le NCSM *Terra Nova,* croisent près de la côte à l'extrémité ouest de Terre-Neuve. Dans une heure, ils accueilleront le *Colbert,* arrivant de Saint-Pierre-et-Miquelon avec sa propre escorte de trois navires français, qu'ils accompagneront jusqu'à Québec.

À 9 heures et des poussières, comme prévu, les navires sont au rendez-vous. Ainsi que le veut le cérémonial réservé à un chef d'État, le *Skeena* tire 21 coups de canon pour souhaiter la bienvenue au président. Quelques minutes plus tard, à 9 h 13, les matelots des deux navires canadiens s'alignent sur leur pont et crient le hourra traditionnel. Charles de Gaulle reçoit ce salut debout, sur une section du pont du *Colbert* réservée aux cérémonies officielles. « Lorsque le *Colbert* a pénétré dans les eaux canadiennes, les navires présents ont observé le protocole propre à toutes les forces navales, se souvient ND Brodeur. À nos salutations, le *Colbert* a répliqué avec 11 coups de canon pour saluer le commodore, rôle que remplissait alors le capitaine Ian Morrow[1]. »

---

1. Entrevue avec l'auteur ; et Nigel D. Brodeur, « Escorting the President of France : General Charles de Gaulle – 1967 », p. 5.

Fidèle à une autre tradition militaire, la marine canadienne envoie un officier de liaison à bord du *Colbert*. Dépêché depuis le NCSM *Skeena* à 10 h 39, cet officier s'appelle H. H. W. (Hugh) Plant. Malaise : il ne parle pas le français ! Les Français sont choqués. Très choqués. Ils crient pratiquement au complot. « Le général n'apprécia d'ailleurs pas que cet officier de liaison dépêché par le gouvernement fédéral pour le saluer fût anglophone et ne parlât pas un mot de français[2] », écrit Xavier de la Chevalerie. « Une incroyable et mesquine provocation[3] », observe le journaliste Jean Mauriac.

Une fois passés l'étonnement et la colère, les membres de la garde rapprochée du général décident de se montrer bons princes. Après tout, on ne va pas éconduire ce pauvre Canadien qui n'a sans doute rien à voir dans les querelles protocolaires Ottawa-Paris-Québec. « Je le convie [Hugh Plant] néanmoins à la table du général où Gilbert Pérol et moi-même lui servons de truchement pour les quelques mots qu'il échange avec son hôte », écrit François Flohic dans ses mémoires. Il n'en déplore pas moins la situation. « Un affront délibéré fait à la France et une faute lourde du Canada à l'encontre de lui-même[4]. »

L'entourage de M. Plant, décédé en 2014, ne voit pas les choses du même œil. « Je crois que la marine avait choisi mon mari parce qu'il avait déjà réalisé ce travail par le passé, dit sa veuve, Ann Plant. Il était à mon avis en mesure d'échanger un peu en français, mais il ne le parlait pas couramment[5]. » Quant à ND Brodeur, il s'indigne. Dans son souvenir, le commodore Ian Morrow et le capitaine français Delahousse étaient tous deux bilingues et en mesure d'échanger sur les manœuvres navales. Et si Hugh Plant avait été choisi officier de liaison, c'était parce qu'il était originaire de Montréal et possédait

---

2.   Xavier de la Chevalerie, « Le voyage du général de Gaulle au Québec en 1967 », p. 11.

3.   Jean Mauriac, *Le Général et le Journaliste. Conversations avec Jean-Luc Barré*, p. 217.

4.   François Flohic, *De Gaulle intime. Un aide de camp raconte*, p. 66.

5.   Entrevue avec l'auteur.

une bonne connaissance des ports de sa province : « S'il a été désigné officier de liaison sur le *Colbert,* ce fut un excellent choix. Pour moi, les comptes rendus dénonçant la présence d'un officier canadien incapable de parler le français à bord du *Colbert* ont été exagérés et motivés par des questions politiques[6]. »

Si les Français ont été heurtés par l'unilinguisme de Hugh Plant, les anglophones du Canada poussent eux aussi les hauts cris dans les heures suivant la rencontre entre le *Colbert,* le *Skeena* et le *Terra Nova.* Mais pour des raisons fort différentes. C'est qu'une rumeur court voulant qu'en rejoignant le *Colbert* à l'entrée des eaux canadiennes, les deux destroyers canadiens lui aient délégué leur autorité de commandement. Quoi ! Un bateau français, tout présidentiel soit-il, dicte ses ordres à deux destroyers de Sa Majesté ? Et en eaux canadiennes, en plus ! *Shocking !* Encore un sujet de querelle alors que de Gaulle n'a même pas encore mis pied à terre.

La rumeur, rapportée par certains médias anglais du Canada, précise que c'est le vice-amiral Jean Philippon, présent sur le *Colbert,* qui a pris le contrôle de toute la flotte. « Query French Admiral's Titular Command », titre le *Globe and Mail* le 21 juillet. Qui est à l'origine de cette rumeur ? Nul autre que le Commissariat général aux visites d'État, rapporte le *Montreal Star.* La nouvelle a été diffusée par un communiqué de presse de cet organisme fédéral et plus tard confirmée par un de ses porte-parole, ajoute le quotidien montréalais[7]. Or, le Commissariat s'est fourvoyé.

La délégation de commandement maritime est une affaire beaucoup plus complexe que ce qu'en disent certains médias anglophones, au bord de la crise d'apoplexie. Le contrôle d'une formation navale comprenant des vaisseaux battant des pavillons de plus d'un pays doit être traité avec tact et diplomatie. La flotte peut être soumise à plusieurs types de commandement. Dans certains cas très

---

6.   Entrevue avec l'auteur ; et Nigel D. Brodeur, « Escorting the President of France : General Charles de Gaulle – 1967 », p. 6.

7.   « *Colbert* Escort Clarified », *The Montreal Star,* 22 juillet 1967.

précis, il est en effet possible que le navire d'un pays cède son commandement à celui d'un autre pays.

Dans le cas du *Colbert*, des trois navires de guerre français l'accompagnant et des deux destroyers canadiens leur servant d'escorte, il ne s'agissait toutefois pas de commandement. On parlait plutôt d'une « coordination tactique », se souvient le vice-amiral ND Brodeur. Cette coordination avait pour but de s'assurer qu'aucun des navires du groupe ne réalise par inadvertance une manœuvre interférant avec celles des autres bateaux. Jamais le *Skeena* et le *Terra Nova* n'ont cédé leur commandement au *Colbert*, conclut M. Brodeur.

Sauf que l'émoi est tel au moment des événements qu'un porte-parole de la Défense nationale doit démentir l'information diffusée par le Commissariat aux visites. Il explique aux journalistes que la délégation de commandement constitue un geste de courtoisie. Et, dans le cas du *Colbert* comme des cinq navires l'entourant, les règles de navigation sont définies par le ministère canadien des Transports, qui a autorité sur le Saint-Laurent. Point barre. Le porte-parole du ministère de la Défense nationale ajoute que les NCSM *Terra Nova* et *Skeena* ne se trouvent pas sous le commandement du *Colbert* et vice-versa. Satisfaits, les médias passent à autre chose.

Durant les 48 heures séparant la rencontre des navires français et canadiens au sud de Terre-Neuve et l'arrivée à l'anse au Foulon à Québec, Charles de Gaulle poursuit ses préparatifs. Dans leur cabine face au bureau de De Gaulle, Xavier de la Chevalerie et Gilbert Pérol passent en revue les discours. « Pendant trois jours, notre travail consista notamment à vérifier la traduction en anglais des discours qu'il allait prononcer[8] », témoigne la Chevalerie. Les deux hommes prennent leurs repas avec le capitaine Delahousse, le vice-amiral Philippon et l'aide de camp François Flohic. Occasionnellement, le président les convie à sa table.

La Chevalerie rapporte que des rumeurs d'attentat parviennent jusqu'à bord : « En communication téléphonique permanente avec

---

8. Xavier de la Chevalerie, « Le voyage du général de Gaulle au Québec en 1967 », p. 11.

Paris, nous recevions sur le bateau de nombreux messages qui faisaient état des risques d'attentats contre le général de Gaulle, notamment lors de sa visite à Montréal. Des tireurs d'élite pourvus de fusils à lunette pouvaient, nous disait-on, tirer sur le général lorsqu'il prononcerait son discours à l'hôtel de ville[9]. » Le président est aussi tenu au courant des derniers événements politiques se déroulant dans le monde. On lui communique par exemple les plus récents développements de la crise au Moyen-Orient après la guerre des Six Jours (survenue en juin entre Israël et trois pays arabes voisins).

Le vendredi 21 juillet, en fin d'après-midi, alors que le *Colbert* passe au large des côtes de la Gaspésie, le Dr Philippe Roy, maire de Gaspé, envoie un message à Charles de Gaulle par l'entremise des antennes de la station radio maritime de Rivière-au-Renard. « Le maire, les conseillers et les citoyens de la ville de Gaspé regrettent que vous ayez été dans l'impossibilité d'accepter leur invitation à visiter le "berceau du Canada". Leur désir était grand de vous voir et de vous entendre devant la croix de Jacques Cartier, cet autre illustre fils de la France. Ils vous présentent leurs hommages et vous souhaitent un heureux séjour dans ce pays que Cartier a découvert à Gaspé[10]. » À 17 h 27, de Gaulle prend la peine de répondre : « J'ai été très touché par le message que vous m'avez adressé. En m'inclinant, à distance, devant la croix de Jacques Cartier, j'adresse à votre cité et à toute la Gaspésie le salut affectueux de la France[11]. »

Entre guerre des bars et messe du pèlerin

Au Québec, la ferveur populaire a encore grimpé de plusieurs crans. Roger Bruneau la résume en quelques jolis mots écrits en éditorial le vendredi 21 juillet dans le quotidien *L'Action* : « L'on nous annon-

---

9. *Ibid.*
10. Archives de la Ville de Gaspé.
11. *Ibid.*

cerait demain que Christophe Colomb, Jacques Cartier ou Samuel de Champlain reviennent parmi nous que l'on ne montrerait pas plus d'enthousiasme à les accueillir[12] », écrit-il. Déjà tapissés d'articles consacrés à la visite, les journaux font aussi paraître des publicités où on souhaite la bienvenue au général tout en vendant des appareils photo, des vêtements pour hommes et autres articles de consommation. Un restaurant du centre-ville de Montréal, le bien nommé Colbert, invite les visiteurs français à s'y arrêter et à ne pas le confondre avec le vaisseau du général.

Cette montée de la ferveur populaire n'arrive pas à apaiser les relations Québec-Ottawa. On se chamaille maintenant au sujet de la gestion des rencontres préparatoires pour les médias. Cette nouvelle algarade donne lieu à des situations hallucinantes. Le 20 juillet, dans *La Presse,* le journaliste Jacques Pigeon aborde la question sur un ton heureusement humoristique. Pigeon rapporte que Roger Cyr, de l'OIPQ, et Alberte Sénécal, du Commissariat général aux visites d'État à Ottawa, n'arrivent pas à s'entendre sur le déroulement d'une conférence de presse prévue le soir du samedi 22 juillet, une douzaine d'heures avant l'arrivée du général. Cette conférence doit avoir lieu au manège militaire de Québec. Autrement dit, en territoire fédéral. Mais Roger Cyr ne veut pas y voir d'« agents fédéraux ». « Si Mme Sénécal veut parler aux journalistes, écrit Pigeon, elle devra les réunir dans une autre salle. Ce qu'elle a d'ailleurs l'intention de faire. Et pour s'assurer la présence d'un grand nombre de journalistes, il y aura un bar, fédéral. À moins que le Québec réplique et ait aussi son bar. Ce sera alors la guerre des bars ! Agréable perspective pour une bande de journalistes assoiffés[13] ! »

Le 21 juillet en fin d'après-midi, l'émission *Présent* de la radio de Radio-Canada traite à son tour de l'affaire. Le journaliste Gérald Gravel demande à Alberte Sénécal si Roger Cyr et elle entretiennent une querelle personnelle. Mais non, répond l'invitée. Selon elle, les

---

12. Roger Bruneau, « Après l'Expo, de Gaulle », *L'Action,* 21 juillet 1967.

13. Jacques Pigeon, « De Gaulle s'en vient et la guerre Ottawa-Québec éclate », *La Presse,* 20 juillet 1967.

médias aiment « monter en épingle les querelles plutôt que les choses harmonieuses[14] ». Qualifiant Roger Cyr d'homme « très intelligent » et « courtois », elle ajoute que le seul point en litige entre eux est que celui-ci ne veut pas qu'elle assiste à la séance d'information que l'OIPQ doit donner dans la soirée du 22 juillet. Lorsque Gérald Gravel demande à Mme Sénécal comment expliquer ce refus, elle fait cette réponse savoureuse :

> Bah! Je pense que M. Cyr est surtout très nationaliste et il croit que c'est arrivé. C'est-à-dire qu'il croit vraiment maintenant que le Québec est déjà séparé du Canada. C'est la seule explication que je puisse donner parce que, il me semble que, comme je lui ai dit un jour au cours de nos discussions, peut-être que le Québec se séparera du Canada mais certainement pas avant l'arrivée du général de Gaulle [rires]. Il est resté sur ses positions dans toutes les entrevues que j'ai eues avec lui[15].

Alberte Sénécal ajoute que vu le nombre de journalistes présents, dont des dizaines en provenance de l'étranger, elle ne voit pas la pertinence de faire deux séances d'information. Mais si, le cas échéant, on lui refuse l'accès à la conférence de presse de l'OIPQ, elle organisera la sienne.

Toujours le vendredi 21, Daniel Johnson donne une conférence de presse où il exprime l'opinion que le passage de Charles de Gaulle remettra le fait français et la situation particulière du Québec dans la conscience des habitants (anglophones) des autres provinces. Il tente aussi de se montrer rassurant quant aux rumeurs en provenance du monde anglo-saxon voulant que de Gaulle puisse se mêler des affaires internes du pays. Le général de Gaulle ne vient pas ici pour s'occuper de politiques canadienne et québécoise, assure-t-il.

---

14. *Présent* (émission radiophonique), Radio-Canada, 21 juillet 1967.
15. *Ibid.*

Une fois que Johnson a terminé, Roger Cyr annonce aux médias que le quartier général du gouvernement du Québec mis sur pied à l'intérieur du Manège militaire, avenue Wilfrid-Laurier, déménage au Château Frontenac. La raison officielle : on manque d'espace. Les journalistes sont morts de rire. Cyr croit-il qu'ils ont une poignée dans le dos ? Tout le monde sait que les fonctionnaires de Québec sont mal à l'aise à l'idée de camper au manège. Ils s'en retournent chez eux, c'est tout.

Par ailleurs, on se demande à quel type de messe assistera l'illustre invité lors de son passage à la basilique Sainte-Anne-de-Beaupré le dimanche 23 juillet. *Le Soleil* rapporte en effet à la une de son édition du vendredi 21 qu'en raison de la présence de Charles de Gaulle à la messe du dimanche, la direction de la basilique a décidé de remplacer l'évangile prévu par une messe du pèlerin. À l'émission *Présent,* la journaliste Michèle Juneau fait état d'une rumeur voulant que l'évangile prévu portait sur la parole « Quiconque s'abaisse sera élevé ; quiconque s'élève sera abaissé ». Or, ajoute-t-elle, les autorités religieuses craignent que de Gaulle se sente directement visé par cette parabole. Elles ont donc changé la donne. La journaliste téléphone au père Irénée Marquis, supérieur des rédemptoristes de Sainte-Anne-de-Beaupré, afin d'obtenir son point de vue. « C'est tout à fait inexact que nous ayons changé la messe pour ce motif-là, martèle-t-il. Le véritable motif qui nous a poussés à célébrer la liturgie du pèlerin de Sainte-Anne est que le général lui-même ayant choisi la basilique de Sainte-Anne pour assister à la messe à son premier dimanche en terre canadienne, nous l'avons considéré comme un pèlerin, tout simplement[16]. » Le religieux ajoute que de tels changements sont fréquents, comme, justement, lors du passage de groupes de pèlerins. Il assure que la décision est la sienne et qu'elle n'a pas été dictée par le cardinal Maurice Roy, qui doit célébrer la messe en présence du digne visiteur.

---

16. *Ibid.*

Un rapt diplomatique

Pendant ce temps, dans l'entourage de Daniel Johnson, on prépare un coup digne d'une excommunication : l'« enlèvement » diplomatique du ministre français des Affaires étrangères, Maurice Couve de Murville. Il doit arriver à Québec au milieu de l'après-midi du 22 juillet, où il sera reçu avec faste par des représentants du gouvernement fédéral. Ces derniers, excédés de voir Québec prendre toute la place dans les cérémonies d'accueil en l'honneur du président français, se sont jurés de prendre les commandes pour l'arrivée de son ministre.

Couve de Murville se trouve à bord d'un avion d'Air France qui transporte depuis Paris plusieurs hauts fonctionnaires et membres de l'entourage immédiat de De Gaulle. L'avion se pose d'abord à l'aéroport de Montréal, à Dorval. À sa descente d'avion, le ministre est attendu par un grand jeune homme mince et au visage sérieux, qui s'avance et lui tend la main. C'est Pierre Marc Johnson (on l'appelle Jean-Marc dans le *Dimanche-Matin*), toujours rattaché à l'équipe du protocole d'André Patry. Une fois les politesses échangées, les invités montent à bord d'un appareil DH-125, propriété du gouvernement du Québec. Fait amusant, l'avion a été acquis par le gouvernement libéral précédent et porte le sobriquet de « jet à Lesage ». Ce qui n'empêche pas son successeur Daniel Johnson de s'en servir. Beaucoup trop pratique !

L'avion décolle. Le voyage sera court. Destination : l'aéroport de Québec à L'Ancienne-Lorette (aujourd'hui aéroport Jean-Lesage). C'est là que les officiels du gouvernement fédéral, dont le secrétaire d'État aux Affaires extérieures Paul Martin père, sont sagement alignés sur le tarmac, près d'un bâtiment de Transports Canada. Les unifoliés sont hissés. On piaffe d'impatience. Il y a aussi quelques représentants du Québec envoyés là à titre… cosmétique. Car la vraie délégation québécoise se trouve quelque 600 mètres plus loin dans un bâtiment appartenant au ministère québécois des Transports. Dans *La Presse*, Pierre Godin raconte :

Vers 15 h 10, les deux comités d'accueil attendent M. Couve de Murville. Le jet du gouvernement du Québec se pose sur la piste de l'aéroport de L'Ancienne-Lorette. Les membres du comité d'accueil fédéral
s'agitent. L'avion roule sur la piste, arrive à la hauteur de la délégation
fédérale, [la] dépasse et roule toujours, au grand étonnement des
membres de celle-ci, jusqu'à la piste du ministère des Transports et
des Communications où, tout souriant, M. Marcel Masse souhaite la
bienvenue à M. Couve de Murville[17].

Voilà ! Les gens d'Ottawa se sont encore fait avoir. Ça leur
apprendra à ne pas être à Montréal quand un dignitaire français s'y
pose !

Reste maintenant à voir si, dans quelques heures, Québec et
Ottawa auront décidé de tenir une seule et unique conférence de
presse. Pour la visite, ça donnerait une très belle image d'un Canada
vivant dans l'amour et l'harmonie. Mais au train où vont les choses,
on peut sérieusement en douter.

---

17. Pierre Godin, « Québec "enlève" M. Couve de Murville », *La Presse*, 24 juillet 1967.

CHAPITRE 13

Veillée d'armes

Bien sûr, il y aura deux conférences de presse. Pourquoi faire simple quand on peut faire compliqué ? Incapables de s'entendre sur qui dit quoi, qui fait quoi, qui parle de quoi, Ottawa et Québec s'en vont chacun dans son coin. En cette soirée du samedi 22 juillet, qui a toutes les allures d'une veillée d'armes, l'OIPQ tient son ultime conférence de presse au Château Frontenac. Les autorités fédérales invitent les journalistes au Manège militaire. Bonjour l'ambiance ! Le Château contre le Manège : comme métaphore des querelles Québec-Ottawa, on pouvait difficilement mieux faire ! Cela dit, des deux convocations adressées aux journalistes, celle d'Ottawa ne fait pas le poids.

Pierre-Louis Mallen, de l'ORTF, se présente au Manège militaire alors que la ville est « plongée dans une brume de chaleur[1] ». L'atmosphère est lourde et l'événement exempt de toute manifestation de collaboration avec le gouvernement du Québec. « J'avais une telle impression d'extraterritorialité qu'en y pénétrant je fus presque surpris qu'on ne contrôla [sic] pas mon passeport[2] », relate-t-il dans *Vivre le Québec libre*.

Constat de Mallen : le nombre de personnes ayant répondu à l'invitation des fédéraux est minime. Personne n'a le cœur à la fête.

---

1. Pierre-Louis Mallen, *Vivre le Québec libre*, p. 120.
2. *Ibid.*

L'orateur débite quelques détails sur la portion « fédérale » de la visite à Québec dans une ambiance de salon mortuaire. « Il me fit penser à ces gens de l'Armée du Salut qui, nonobstant tout respect humain, entonnent un cantique à un coin de rue au milieu des passants indifférents », écrit Mallen.

Au Château Frontenac, c'est l'inverse : c'est l'ivresse. La salle est pleine. *Le Soleil* dénombre quelque 200 représentants des médias. On se bouscule. Le premier ministre Johnson attire la foule. Les journalistes français lui donnent du « Monsieur le président ».

« Vous savez qu'il y a deux conférences de presse au lieu d'une seule ?

— Ah ? Non. Je n'étais pas au courant. »

Le premier ministre a l'œil brillant. Les journalistes pouffent. Dans son discours, Johnson reconnaît qu'il y a une « crise » entre Québec et Ottawa et que toutes les querelles protocolaires entre les deux capitales en sont le reflet. Mais celle-ci est « normale » dans les circonstances, philosophe-t-il.

Ailleurs dans la province, tout est prêt pour le débarquement gaullien. Enfin, presque tout. Il y a toujours quelques petits détails à polir. Comme la préparation de la voiture officielle dans laquelle le général va se déplacer. Dans les jours précédant son arrivée, d'aucuns ont conjecturé sur le modèle de la voiture dans laquelle il prendrait place. La rumeur court que de Gaulle a exigé sa coutumière Citroën plutôt qu'une grande voiture américaine. Même le *New York Times* relaie cette information dans son édition du 16 juillet. Or, la réalité est tout autre.

De Gaulle voyagera dans une Lincoln décapotable. Cela permettra à la foule de mieux le voir au cours de ses déplacements. Le véhicule a été trouvé grâce à l'acharnement de Jean O'Keefe, jeune homme débrouillard appelé « Monsieur Urgence », qui éteint tous les feux. « Un logisticien extraordinaire », se souvient Pierre Marc Johnson. En entrevue, O'Keefe dit se rappeler que les constructeurs Citroën et General Motors se disputaient l'honneur de fournir la limousine de De Gaulle. « Les gens de GM ont gagné. Mais ils sont arrivés avec une Cadillac bleu poudre à l'intérieur blanc, dit-il. C'était la voiture la plus quétaine que j'avais jamais vue. Je leur ai dit que ce n'était pas pour une balade à Old Orchard mais pour la visite d'un chef d'État[3]. »

O'Keefe se met donc à la recherche d'une voiture sobre (extérieur et intérieur noirs) et spacieuse. Il déniche ce qu'il cherche chez Ford Canada à Oakville, en banlieue de Toronto. « Je suis parti là-bas avec un policier provincial. Nous avons ramené la Lincoln d'Oakville à Québec, où nous sommes arrivés tard, la veille du passage de De Gaulle. Nous avons changé les plaques, fait poser une barre transversale devant le siège arrière, afin que de Gaulle et Johnson puissent se lever dans la voiture en s'y agrippant, et fait poser les socles et les hampes pour les drapeaux. » Donc, le président de la France, en voyage au Québec, se déplacera dans une voiture américaine dénichée en Ontario. C'est ça, le Canada ! En revanche, plusieurs autres véhicules du cortège sont des Citroën DS. On les aperçoit dans les films et les reportages de l'époque.

Pendant ce temps, chez les dirigeants de la Fédération des SSJB, on est gonflé à bloc. Ceux-ci peuvent dire mission accomplie. La foule sera là, nombreuse, pour accueillir Charles de Gaulle, un homme porteur de l'idéal québécois. À Claude Turcotte, journaliste de *La Presse,* un dirigeant (anonyme) de la SSJB lance : « La société québécoise elle-même a tout intérêt à appuyer ce vaste mouvement qui tend à libéraliser les relations du Québec, enclave francophone dans un immense continent presque entièrement anglophone, si elle veut déboucher naturellement sur le monde et prendre peu à peu une place légitime à la table des nations[4]. »

Au milieu du concert de joie, il y a des appels à la prudence. Comme cet éditorial du *Devoir* où Claude Ryan assure que l'exubérance palpable des Canadiens français à l'approche de la visite de De Gaulle ne leur fera pas oublier que leur demeure est l'Amérique et non la France. Et que leur réalité économique est d'abord conditionnée par leurs relations avec leurs voisins anglophones. Autrement

---

3. Entrevue avec l'auteur.
4. Claude Turcotte, « Québec fait fi des "intentions" prêtées au général de Gaulle », *La Presse,* 22 juillet 1967.

dit, avec le reste du Canada et les États-Unis. Ryan met en garde les élites comme le peuple contre un excès d'ardeur qui risque de leur revenir en plein visage :

> Aussi ne faudra-t-il pas confondre l'enthousiasme et la chaleur de leur accueil à de Gaulle avec un quelconque rêve nostalgique de libération. L'homme qu'ils reçoivent est, pour eux, l'incarnation de la France dans ce qu'elle a de plus élevé. Il est, au surplus, un très grand personnage politique. Tous voudront l'acclamer. Très peu voudront, en retour, lui prêter un quelconque rôle de libérateur que lui-même, dans son grand réalisme, serait le premier à rejeter[5].

Libération, libérateur. Claude Ryan n'a sans doute jamais pensé que ces deux mots employés dans son éditorial se révéleraient prophétiques à peine quarante-huit heures plus tard…

Pierre Bourgault n'a pas la même vision politique du Québec que Ryan. Mais à l'approche de l'arrivée de De Gaulle, il note le très (trop ?) haut degré d'effervescence dans la province. Il s'empresse donc de servir des mises en garde contre la tentation de déifier l'invité. Aux médias montréalais rencontrés le vendredi 21 juillet, le chef du RIN dit encourager les Québécois à faire grand accueil au général. Mais on ne doit pas prendre ce dernier pour le messie. « Nous ne pouvons demander à la France de nous reconnaître en tant que nation si nous ne nous reconnaissons pas nous-mêmes[6] », lance le jeune et fougueux chef du RIN.

S'il y a un Québécois qui doit se préparer à l'arrivée de Charles de Gaulle plus que tous les millions d'autres, c'est Roger Grégoire. Car cet homme dont le métier est de piloter de grands navires sur la voie maritime du Saint-Laurent doit prendre la barre du *Colbert* lorsque celui-ci arrivera à la hauteur des Escoumins, à 250 kilomètres

---

5. Claude Ryan, « La France, le Québec et le Canada », *Le Devoir*, 22 juillet 1967.

6. « Les Québécois ne doivent pas prendre de Gaulle pour un "messie" – Bourgault », *La Presse*, 22 juillet 1967.

au nord-est de Québec, et le conduire jusqu'à l'anse au Foulon, au pied des falaises de la Vieille Capitale. Tous les grands navires doivent ainsi être pris en charge par des pilotes expérimentés sur les eaux du fleuve. Le changement de garde s'opérera aussi sur les NCSM *Terra Nova* et *Skeena* ainsi que sur les trois navires français partis de Brest avec le *Colbert*. D'autres pilotes doivent prendre la relève entre Québec et Trois-Rivières, puis entre Trois-Rivières et Montréal.

Quelques semaines avant l'événement, M. Grégoire est en train de tondre la pelouse chez lui lorsque le téléphone sonne. Un haut fonctionnaire fédéral l'informe qu'il a été choisi pour piloter le *Colbert*. « Pourquoi ne pas désigner un pilote expérimenté ? répond Grégoire, qui n'a que trente-six ans. C'est un grand honneur mais je ne veux pas faire de jaloux. Il y a des gars sur le fleuve qui ont trente-cinq ans d'expérience. » Sur quoi il raccroche et retourne à sa tondeuse. Le téléphone sonne à nouveau.

« Écoute, Grégoire, tu es le président de la Corporation des pilotes du Bas-Saint-Laurent. La GRC a fait une enquête sur toi. Tu es clair. Alors, prends donc le mandat[7]. »

Roger Grégoire n'en revient pas que la GRC se soit penchée sur son cas. Il finit par accepter. Le 5 juillet, le secrétaire-trésorier de la Corporation des pilotes du Bas-Saint-Laurent reçoit une lettre de l'Autorité de pilotage, organisme relevant du ministère canadien des Transports, annonçant que c'est lui, Roger Grégoire, qui a été choisi pour être « pilote spécial » du *Colbert* sur cette portion du fleuve. Natif de Sainte-Pétronille dans l'île d'Orléans, Grégoire compte déjà une dizaine d'années d'expérience sur le fleuve. (Au terme de trente-six ans de carrière, il aura piloté plus de 4 000 navires.)

Là où il possède moins d'expérience, à l'été 1967, c'est avec les médias. Dans les jours suivant l'annonce le concernant, le téléphone sonne sans arrêt à la maison. Tout le monde veut une entrevue. « Je suis parti avec ma famille [il a alors quatre enfants] me reposer à Saint-Sauveur dans les Laurentides. Je n'ai même pas dit à ma mère à quel hôtel j'allais demeurer. » Le samedi 22 juillet, il est de retour,

---

7. Adaptation d'une entrevue avec l'auteur.

prêt pour sa mission. En fin de journée, comme prévu, il est aux Escoumins, sur le point de s'embarquer dans une navette devant le conduire jusqu'aux flancs du *Colbert*, qui croise au large.

À son arrivée sur le pont, M. Grégoire aperçoit Charles et Yvonne de Gaulle qui se dirigent vers lui. « Dans la vedette qui m'a amené au navire, il y avait des gens avec moi. Je croyais qu'ils faisaient partie de la police, mais c'étaient des photographes et des journalistes. Lorsque de Gaulle s'est approché de moi, les flashs ont crépité. Les "gorilles" du général l'ont empoigné pour le protéger. Quant à moi, on m'a pris par les bras pour me conduire à la passerelle. Je ne l'ai pas revu[8]. » Les représentants des médias sont éconduits et quittent le navire illico.

Alors que le croiseur antiaérien remonte le cours d'eau emprunté par Jacques Cartier quatre siècles plus tôt, de grands feux de joie s'allument sur les rives nord et sud du fleuve. Comme prévu, les sociétés Saint-Jean-Baptiste saluent le passage du digne visiteur. Certains marins du *Colbert* croiront que ces feux sont ceux de campements amérindiens, confiera l'un d'eux à Pierre-Louis Mallen plusieurs années après les événements. Le quartier-maître Alain Malardé a souvenir de son côté que des voitures sur la rive faisaient des appels de phares. « Nous étions très impressionnés. Ça nous faisait prendre conscience de l'importance qu'avait ici le général. » La nuit venue, toutefois, la brume tombe sur les eaux du Saint-Laurent. « De ces feux de joie, on n'a pas dû voir grand-chose », croit Roger Grégoire.

Tandis que le pilote prend la barre du *Colbert*, à Québec, Jean-Claude Labrecque et son équipe se préparent fébrilement à l'arrivée du croiseur, attendu devant la capitale autour de 7 h 30 le lendemain matin, et aux cérémonies subséquentes. À l'hôtel Gouverneur de Sainte-Foy, où ils logent, ils se réunissent autour d'une table pour partager un grand repas. En plus de l'équipe technique, Labrecque retrouve Jacques Laurion, son mentor, qui l'a présenté au cabinet de Daniel Johnson et à l'OIPQ, là où il a obtenu les moyens financiers pour tourner son film sur le général. En pleine conversation sur ce

---

8. Entrevue avec l'auteur.

qui va se passer dans les prochaines heures, Labrecque a une idée. Une grande idée. Mais une idée qui est presque insensée de par sa nature et du fait qu'elle émerge à la dernière minute.

Labrecque veut envoyer des membres de son équipe de tournage sur le *Colbert*.

CHAPITRE 14

Des cinéastes sur le Saint-Laurent

« C e serait formidable, dit Jean-Claude Labrecque, d'avoir une caméra à bord du *Colbert*. Mais comment faire ça ? Nous aurions dû y penser avant !

— Attends, lui répond Jacques Laurion, l'œil brillant. J'ai une idée[1]. »

Laurion est un ancien militaire. Il a encore des amis dans l'armée canadienne. Il sait comment aborder des officiers. Il saute sur le téléphone, compose un numéro et réussit à se faire mettre en communication par ondes radio avec le *Colbert*, maintenant bien engagé sur le fleuve.

« Bonsoir ! Ici le bureau du premier ministre Johnson, lance Laurion sans gêne. Une de nos équipes fait un film sur le voyage présidentiel et nous aimerions la faire embarquer sur le *Colbert* par hélicoptère. Est-ce possible ? À vous[2]. »

Les communications sont beaucoup moins perfectionnées à l'époque. Après la demande de Laurion, la réponse en provenance du navire se fait attendre quelques secondes. Dans le groupe de Labrecque, la pression monte d'un cran.

---

1. Adaptation d'une entrevue avec l'auteur ; et Jean-Claude Labrecque, *Souvenirs d'un cinéaste libre*, p. 43.

2. *Ibid.*

« Non. Nous ne voulons pas d'hélicoptère au-dessus du *Colbert*. À vous. »

Grande déception dans l'équipe ! Mais elle est de courte durée. Labrecque et Laurion suggèrent une autre solution : envoyer leurs gars dans une petite embarcation. « Nous avions demandé à ce que trois personnes montent à bord : le directeur photo, Bernard Gosselin, le preneur de son, Serge Beauchemin, et moi[3] », se souvient Pierre Mignot, alors assistant-caméraman. À vingt-trois ans, Mignot est à l'aube d'une brillante carrière de directeur photo qui va s'étendre sur six décennies. Il sera le directeur photo de plusieurs films de Robert Altman (dont *Prêt-à-porter*) et fera la photo de nombreux films québécois, dont *J. A. Martin, photographe* de Jean Beaudin, *Nô* de Robert Lepage, *C.R.A.Z.Y.* de Jean-Marc Vallée ou encore *Les Mauvaises Herbes* de Louis Bélanger.

À la demande de l'équipe de tournage, les gens du *Colbert* répondent par l'affirmative, mais seulement pour deux personnes. « Ça se jouait donc entre Serge et moi pour savoir qui accompagnerait Bernard, poursuit Mignot. Serge ne savait pas comment charger la pellicule dans une caméra alors que j'avais fait un peu de son. La décision a donc été prise : j'accompagnerais Bernard. »

Un rendez-vous est fixé à la pointe est de l'île d'Orléans durant la nuit. Il reste maintenant à trouver un bateau. Or, Bernard Gosselin, qui a travaillé sur le film *Pour la suite du monde* à l'île aux Coudres, connaît une famille riveraine possédant un hors-bord. L'équipe de Labrecque prend contact avec des membres de cette famille, qui acceptent cette singulière aventure.

Vite ! Vite ! Pas une seconde à perdre ! Gosselin et Mignot doivent voir à tout pour leur rencontre historique, dans quelques heures à peine. Il y a de la fébrilité dans l'air. « Nous devions être au rendez-vous avant l'aube, se souvient Pierre Mignot. À titre d'assistant-caméraman, je devais préparer tout l'équipement. Nous sommes partis pour l'aéroport de L'Ancienne-Lorette, où nous attendait un hélicoptère. Nous avons décollé en direction de l'île d'Orléans. »

---

3. Entrevue avec l'auteur.

Lorsque l'appareil s'approche du terrain où il doit se poser, près de la plage, Pierre Mignot aperçoit quelques petites tentes de campeurs plantées à quelques encablures du rivage. Le boucan de l'appareil attire inévitablement l'attention des occupants. « Un des campeurs a eu le malheur de dézipper la porte de sa tente et de sortir pour voir ce qui se passait, dit Mignot. En un instant, le souffle des pales a fait gonfler la tente et le sable s'y est engouffré. C'était comme un gag de bande dessinée. »

Une fois posés, Gosselin et Mignot s'empressent de décharger l'équipement. L'hélicoptère reprend de l'altitude et s'éloigne dans la nuit. Une fois chargé, le petit bateau appareille. Au lieu de rendez-vous, il ne fait pas froid, mais il faut attendre. Le *Colbert* n'est pas encore arrivé. Une bonne heure s'écoule. L'aube n'est pas encore levée. Mais la brume, elle, tombe sur le fleuve et commence à s'épaissir.

Soudain, au loin, un bruit très sourd se fait entendre.

« Voum voum voum voum voum. »

Le son se rapproche, s'amplifie à chaque seconde.

« VOUM VOUM VOUM VOUM VOUM. »

Sur le bateau de Mignot et Gosselin, on entend mais on ne voit rien. La brume est trop épaisse.

« VOUM VOUM VOUM VOUM VOUM. »

Tout à coup, une énorme masse grise, haute comme un immeuble de plusieurs étages, s'extirpe de la brume et apparaît tout près de leur frêle esquif. Pierre Mignot entend des ordres criés depuis le pont. « Stoppez les moteurs ! » « Marche arrière ! » Le *Colbert* s'immobilise. La manœuvre est parfaitement réussie. Cependant, les deux collaborateurs de Jean-Claude Labrecque ne sont pas au bout de leurs peines. Ils doivent maintenant grimper le long d'un des hauts flancs du navire avec tout leur attirail sur le dos. Gosselin, qui, selon Mignot, a le vertige, se fait prophète de malheur : « Tu vas voir, les tab…, ils vont nous faire le coup de l'échelle de corde ! » De fait… Quelques secondes plus tard, une grande échelle de corde est balancée par-dessus bord. Aux deux jeunes hommes de cinéma québécois de montrer leurs habiletés de grimpeurs et de se débrouiller pour monter. La manœuvre est éprouvante, mais ils viennent à bout de ce défi non prévu à l'horaire. Le lourd équipement – caméra Arriflex (Arri 2) de 35 mm, chargeurs, pellicule, trépied, enregistreur Nagra, micros – est hissé à bord. Ils ont à peine le temps de souffler et de se remettre de leurs émotions qu'un officier vient à la rencontre de Bernard Gosselin.

« Le capitaine demande à vous voir. »

« On nous avait aménagé un petit abri sur le pont pour ranger notre équipement. Bernard me dit d'attendre là, se souvient Pierre Mignot. Il me dit qu'il va revenir tout de suite. Une demi-heure passe, puis 45 minutes, puis une heure. » L'humidité s'en mêle… « Je commençais à avoir froid. Personne ne vient me voir. Seul un matelot me salue en passant sur le pont. Bernard n'est revenu qu'au bout de deux heures ! Il s'excuse et me dit qu'il était trop gêné pour parler de moi ! Il avait déjeuné avec le capitaine et l'aide de camp du général. Alors que moi, je suis resté dans mon petit coin à geler ! » Il faut dire que Gosselin s'est fait instantanément un tas de nouveaux amis en lançant aux marins français : « Les gars ! Avec la réputation que vous avez, les filles vous attendent à Québec[4] ! »

Lorsque Gosselin retrouve Mignot sur le pont, le jour s'est levé. Le *Colbert*, qui a mis dix heures pour franchir la distance séparant Les Escoumins de Québec, a de l'avance sur l'horaire. Il se déplace très lentement vers l'anse au Foulon en vue de l'accostage. Les deux cinéastes font leurs derniers préparatifs. Ils prennent des images de marins nettoyant le pont arrière du navire, au centre duquel flotte un grand drapeau de la France. Ce seront les images d'ouverture du film de Labrecque.

Pendant ce temps, le soleil grimpant dans le ciel, des dizaines, voire des centaines de petits bateaux arborant des drapeaux du Québec et de la France vont à la rencontre du *Colbert*. À terre, des centaines de personnes, petits drapeaux en main, se massent aux alentours de l'anse au Foulon. Des cordons de sécurité limitent l'accès

---

4. Entrevue de Jean-Claude Labrecque avec l'auteur ; et Jean-Claude Labrecque, *Souvenirs d'un cinéaste libre*, p. 44.

aux quais. Qu'à cela ne tienne : le peuple est là, enthousiaste. Plusieurs citoyens ont même trouvé une place sur l'escarpement.

À 7 h 30, Gilles Lamontagne, maire de Québec depuis la fin de 1965, fait parvenir au *Colbert* un message en morse envoyé depuis le Château Frontenac : « Vive la France ! Bienvenue à son président, à Mme de Gaulle et à l'équipage du *Colbert*. Ici bat le cœur du Québec et il s'ouvre tout grand à la France, sa mère patrie. Soyez chez vous et soyez chez nous comme chez vous[5] ! » M. Lamontagne réussit ainsi, et sans faire d'éclat, ce que les diplomates fédéraux et provinciaux se disputaient depuis des semaines : être le premier élu à souhaiter la bienvenue à Charles de Gaulle à Québec.

Accompagné par le *Bouvet*, le *Skeena* et le *Terra Nova*, le *Colbert* arrive enfin. Lentement, avec l'aide de deux remorqueurs, les dernières manœuvres d'accostage sont entreprises. Il est 7 h 46 lorsque l'amarrage est complété, note-t-on dans le journal du *Colbert* qui, avec le *Bouvet*, a accosté le premier. Les destroyers *Skeena* et *Terra Nova* vont accoster plus loin. Les contre-torpilleurs *Chevalier Paul* et *Du Chayla* poursuivent leur route jusqu'à Montréal, où ils s'arrêteront au quai Mark-Drouin.

Avant de passer aux affaires du jour, de Gaulle exerce ses fonctions présidentielles. Il signe une dizaine de décrets portant la mention « Fait à bord du *Colbert*, le 23 juillet 1967. C. de Gaulle[6] ». Ces documents portent sur des questions très techniques, notamment la rémunération des magistrats et fonctionnaires dans les territoires d'outre-mer ou encore les indemnités de certaines classes de travailleurs militaires pour l'exécution de travaux dangereux. Ils seront publiés les 28 et 29 juillet dans le *Journal officiel de la République française*. Ils ont ceci de particulier qu'ils sont les premiers décrets de la présidence française à avoir été signés à bord d'un navire.

À 8 h 30, l'ambassadeur de France au Canada, François Leduc,

---

5. Émission radiophonique spéciale sur l'arrivée de Charles de Gaulle, Radio-Canada, 23 juillet 1967.

6. Légifrance, *Journal officiel de la République française*, 23 juillet 1967, p. 7583 et suivantes.

monte à bord. Sur le quai, dignitaires, politiciens et journalistes se rassemblent par dizaines. Un détachement du Royal 22ᵉ Régiment se prépare. De plus en plus de curieux sont massés derrière les barrières érigées en retrait du quai. Michel Brault s'installe sur la falaise afin de prendre des plans larges. Labrecque file à l'aéroport et monte dans un hélicoptère. Il veut capter des images aériennes des cérémonies.

Sur les ondes de la radio de Radio-Canada, l'animatrice Janine Paquet annonce le premier d'une longue série de reportages qui seront consacrés à la visite présidentielle au cours des prochains jours. Elle donne ensuite la parole à son collègue Gérald Lachance. Ce dernier s'emploie à raconter l'accostage en détail. « La marée est pleine. Les manœuvres auraient pu être difficiles, mais tout s'est fort bien déroulé. Il y avait une quantité impressionnante de bateaux à cette heure très matinale, ici à l'anse au Foulon. J'ai dénombré quelque 35 canots automobiles, arborant eux aussi les drapeaux de la France et du Québec[7]. »

Après quelques minutes, Janine Paquet, qui se trouve à l'hôtel de ville de Québec, reprend l'antenne. Elle interroge le journaliste Rosaire Pelletier, habitant de la Vieille Capitale : « Québec vit depuis quelques instants des minutes d'enthousiasme et d'émotion d'une intensité que l'histoire désignera peut-être comme un phénomène sans précédent, affirme Pelletier. Si on veut vraiment établir un point de comparaison, il faudrait paraît-il remonter à 1939 pour retrouver un branle-bas qui s'apparente un peu à celui que connaîtra dans les prochaines heures la cité de Champlain. Cette année-là, Québec avait accueilli avec faste et enthousiasme aussi le roi et la reine d'Angleterre[8]. » Au cours des dernières heures, les rues du Vieux-Québec ont été nettoyées et lavées, ajoute-t-il.

De retour à l'anse au Foulon, Gérald Lachance s'entretient avec Raymond Tortora, correspondant radiophonique de l'ORTF. Ce

---

7. Émission radiophonique spéciale sur l'arrivée de Charles de Gaulle, Radio-Canada, 23 juillet 1967.

8. *Ibid.*

dernier est un des journalistes de la « presse française métropolitaine » accompagnant le général. Les deux hommes échangent sur l'importance du voyage, les dimensions du navire, etc.

Dans son ouvrage *Le Général et le Journaliste*, Jean Mauriac, correspondant de l'AFP qui couvre toutes les activités de De Gaulle depuis la libération de Paris, en août 1944, raconte qu'avant de débarquer, le président français le fait demander dans sa cabine par son aide de camp. Mauriac trouve un de Gaulle détendu et reposé. « Alors, lance le président, que pensez-vous de la situation ? » Mauriac bredouille « quelques banalités sur l'attachement des Québécois à la France ». « Pensez-vous, ces gens-là vont à l'indépendance[9] », l'interrompt de Gaulle, provocateur. Les deux hommes se quittent là-dessus.

Il est tout près de 9 heures. Le moment tant attendu est arrivé. Charles de Gaulle va débarquer au Québec.

---

9.   Jean Mauriac, *Le Général et le Journaliste. Conversations avec Jean-Luc Barré*, p. 215.

CHAPITRE 15

Québec

À la radio, Gérald Lachance annonce que le gouverneur général, Roland Michener, et sa femme, Norah, ont pris place sur l'esplanade durant le premier salut royal. Lachance décrit toute la scène dans ses moindres détails. Bien alignée sur le quai, la fanfare joue les premières notes du *God Save the Queen*. Et soudain…

« Bouh ! Bouh ! »

La foule hurle son mécontentement. Lachance ne relève pas le chahut ; il raconte plutôt platement que quelque 2 000 personnes se trouvent massées près des barrières. Plusieurs autres sont installées au pied et au sommet de la falaise qui domine le quai.

À 9 heures précises, Charles de Gaulle, vêtu de son uniforme de général de brigade, émerge de la cabine du *Colbert* et apparaît sur le gaillard d'arrière. Il est suivi de son aide de camp, François Flohic, tout de blanc vêtu. À quelques mètres en retrait, Bernard Gosselin et Pierre Mignot captent les images du général faisant le salut réglementaire et serrant des mains. Partout sur les ponts du *Colbert*, les marins en uniforme blanc sont au garde-à-vous pendant qu'une fanfare joue *La Marseillaise*. Solennel, de Gaulle descend lentement la passerelle de coupée, sa main droite tenant la rampe. Il pose pied à terre, relève la tête et, conformément aux souhaits d'Ottawa, tend la main au gouverneur général Roland Michener. À cette première poignée de main succéderont celles à Daniel Johnson ainsi qu'aux épouses du premier ministre et du gouverneur général.

Parmi la foule, dans la section réservée aux dignitaires, on reconnaît le secrétaire d'État aux Affaires extérieures, Paul Martin, les ministres provinciaux Jean-Jacques Bertrand et Marcel Masse, l'ambassadeur canadien à Paris, Jules Léger, le chef de l'opposition à Québec, Jean Lesage, le maire de Québec, Gilles Lamontagne, et plusieurs autres. On attendait aussi le ministre fédéral de la Main-d'œuvre et de l'Immigration, Jean Marchand, mais ce dernier brille par son absence. À Sept-Îles, où il se trouve, son avion est cloué au sol par un épais brouillard. Certains médias avaient avancé que Pierre Elliott Trudeau, ministre fédéral de la Justice, serait lui aussi présent. Ce n'est pas exact. L'agenda quotidien de M. Trudeau, consulté aux Archives nationales du Canada, n'indique aucune activité publique pour ce dimanche 23 juillet.

Des cris de joie remplacent les huées d'il y a quelques minutes. C'est au tour de la garde du Royal 22ᵉ Régiment d'entonner *La Marseillaise* et la foule s'enflamme. Cette situation saugrenue étonne les officiels et journalistes français. Jean Mauriac n'en croit pas ses oreilles. Il se précipite sur le premier téléphone. Une fois en communication avec l'AFP, il dicte : « L'hymne anglais est sifflé. *La Marseillaise* est reprise en chœur par la foule[1]. » Décidément, ce début de journée à Québec donne de la bonne copie !

Rendu à terre, Pierre Mignot observe des journalistes verts de jalousie qui l'ont vu travailler près du Grand Charles. Il comprend sa chance. « Aujourd'hui, tout cela serait impensable. Lorsque nous sommes montés à bord du *Colbert*, nous n'avons même pas été fouillés. Notre équipement non plus[2]. »

De Gaulle et Michener marchent côte à côte, suivis de leurs épouses et du couple Daniel et Reine Johnson. Les soldats de la garde d'honneur sont parfaitement alignés. On donne les 21 coups de canon protocolaires. Et Pierre Mignot se fait douloureusement rappeler qu'il n'est pas un spécialiste du son : « J'ai braqué mon micro vers un des canons. L'aiguille de l'enregistreur est allée taper au fond ;

---

1. Jean Mauriac, *Le Général et le Journaliste. Conversations avec Jean-Luc Barré*, p. 217.
2. Entrevue avec l'auteur.

le son a explosé dans mes écouteurs. J'ai tout de suite remis l'appareil sur automatique et visé un peu partout. L'enregistrement sonore de ce passage ne devait pas être très bon », raconte-t-il en riant.

Alors que de Gaulle passe en revue la garde d'honneur, la fanfare joue *La Prière en famille* (que d'autres appellent *Quand notre Laurentie*). Huit avions de chasse CF-101 Voodoo, rattachés au 425e escadron de Bagotville, traversent le ciel en deux formations de quatre appareils. C'est le moment des discours. À côté du lutrin, six chaises sont disposées pour le président, le gouverneur général, le premier ministre du Québec et leurs épouses. En retrait sur leur gauche, les dignitaires s'assoient. Plusieurs en profitent pour mettre leurs lunettes fumées. Le soleil est ardent.

Au lutrin qui arbore une feuille d'érable à l'avant et le logo d'Expo 67 sur les côtés, Roland Michener souhaite au président français la bienvenue au nom de « l'ensemble du Canada ». Il s'adresse à de Gaulle en français, affirmant qu'en dépit de sa joie et de son honneur d'être présent, il aurait souhaité que son prédécesseur, Georges Vanier, y fût. Belle attention de Michener, qui sait que de Gaulle et Vanier étaient amis de longue date.

Au beau milieu du discours de Michener, un hélicoptère survole le quai de l'anse au Foulon. Il fait un bruit épouvantable qu'on entend aisément à la radio de Radio-Canada. Michener se tait, le temps que les choses se calment. À qui l'hélicoptère ? Il y a eu plusieurs interprétations : police, médias québécois, *Paris Match*… Certains y ont vu une conspiration dirigée par le gouvernement du Québec pour gâcher le discours du gouverneur général. Hypothèse farfelue lorsqu'on sait que le lendemain, le long du chemin du Roy, d'aussi bruyants hélicoptères survoleront les lieux où de Gaulle s'arrêtera pour faire des discours.

En fait, l'aéronef transporte Jean-Claude Labrecque, convaincu que des plans aériens donneront une valeur ajoutée à son documentaire. « Nous volions très bas et j'ai aperçu Michener parlant au micro. Il était très fâché ! rigole le cinéaste. À cette époque, c'étaient des hélicoptères français. Ils travaillaient pour Hydro-Québec. Les moteurs étaient ouverts à l'air et bruyants comme ceux d'un camion. Je savais que le *Colbert* avait accosté, mais je ne savais pas où les dignitaires se trouvaient. J'ai cru qu'ils étaient rendus à l'hôtel de ville. » Lorsque l'aéronef repart faire le plein à L'Ancienne-Lorette, trois voitures de police le prennent en chasse, raconte Labrecque. L'intervention de Jacques Laurion, qui signale que cet hélicoptère est rattaché au bureau du premier ministre, permet à Labrecque de ne pas être embêté. En fait, c'est le gouvernement fédéral, responsable du trafic aérien au pays, qui se retrouve dans l'eau chaude. L'affaire aura des répercussions durant des semaines.

Le 18 septembre 1967, au cours d'une réunion du cabinet Pearson, le ministre des Transports, John Whitney Pickersgill, dévoile les grandes lignes d'un rapport dans lequel on dit que ce survol constituait une violation des règles aériennes spéciales émises à l'occasion de la visite. Un avis du ministère de la Justice recommande que des recours légaux soient lancés contre le propriétaire de l'hélicoptère, mais l'idée est abandonnée ; il y a eu trop de brouhaha politique au cours des deux derniers mois, inutile d'en rajouter.

Parmi nous

En réalité, le bruit des pales de l'hélicoptère de Labrecque constitue le moment le plus marquant du discours de Roland Michener, qui est reçu avec une indifférence polie.

Vient le tour du premier ministre Daniel Johnson. Lorsque ce dernier remercie Charles de Gaulle de sa présence « parmi nous », la foule l'acclame. Même réaction enthousiaste lorsque Johnson lance : « Soyez le bienvenu en Nouvelle-France ! »

Enfin, l'invité d'honneur se lève, dépose son képi à deux étoiles sur sa chaise et s'avance au micro pour la première allocution de son voyage. Elle est de courte durée. De Gaulle multiplie les remerciements et rappelle qu'il en est à sa quatrième visite au Canada en vingt-trois ans. Pour le pays hôte, de Gaulle a de bons mots : « Entre le Canada, dans son ensemble, et la France, il n'y a, il n'y a eu et il n'y aura jamais qu'estime et amitié. » Mais lorsqu'il ajoute : « Je me félicite d'aller à Ottawa *saluer* le gouvernement canadien », tout le monde décode que ce saut à Ottawa est bien secondaire dans son esprit.

À Daniel Johnson et aux Québécois, de Gaulle lance :

Monsieur le premier ministre, c'est avec une immense joie que je suis chez vous au Québec, au milieu du Canada français. Pour toutes sortes de raisons qui s'appellent le passé que nous n'oublierons jamais, le présent où le Québec a pris un grand essor, et l'avenir, parce que nous faisons une même œuvre humaine. Cela, tous autant que nous sommes qui pensons et parlons français, nous le sentons jusqu'au fond de nous-mêmes. Aujourd'hui, au milieu de la grande évolution qui entraîne ce pays, de la part de la France je n'ai rien d'autre à dire qu'affection, souvenirs et espérance.

Une fois la cérémonie d'accueil expédiée arrive enfin le moment du départ pour Québec dans la fameuse Lincoln Continental retenue par Jean O'Keefe. Premier arrêt : la Citadelle. Personne n'est surpris que de Gaulle ne s'attarde pas chez le gouverneur général. « La cérémonie s'est déroulée rapidement, froidement et dans une atmosphère de rigidité militaire[3] », constate *La Presse* dans son édition du lendemain. De Gaulle s'entretient une trentaine de minutes avec Roland Michener. Une photo les montre sur les hauteurs de la forteresse, le Château Frontenac en arrière-plan. De Gaulle dépose une gerbe de fleurs sur la tombe de son ami Georges Vanier. Fier fédéraliste, le général Jean-Victor Allard, chef des Forces armées canadiennes, peste contre l'atmosphère lourde du moment. Pour lui, de Gaulle a agi « comme un automate » à la Citadelle et a déposé sa gerbe de fleurs « de la façon la plus froide[4] ».

Le cortège se dirige ensuite vers l'hôtel de ville dans le Vieux-Québec. Ce sera la première grande rencontre entre Charles de Gaulle et le peuple québécois. Une foule, que plusieurs journalistes évaluent à quelque 5 000 personnes, se presse aux abords de l'édifice. Les gens sont heureux, enthousiastes. Plusieurs brandissent des écri-

---

3. « Une visite très protocolaire à la Citadelle, territoire fédéral », *La Presse*, 24 juillet 1967.

4. Jean-Victor Allard, *Mémoires du général Jean V. Allard*, p. 445-446.

teaux et des banderoles avec des slogans nationalistes comme « France libre / Québec libre ». La chaleur est accablante et le public se sert des petits drapeaux qu'on a distribués comme d'éventails, remarque Janine Paquet sur les ondes de Radio-Canada. De gros nuages lourds de pluie s'accumulent dans le ciel de la capitale. Correspondant du *Journal du dimanche*, supplément dominical de *France-Soir*, le journaliste Maurice Delarue cite un citoyen : « "Je remercie la Providence de m'avoir donné de vivre des heures pareilles", m'a dit avec son accent rugueux un vieux Québécois en parlant de la visite du général de Gaulle. Une telle bienvenue, il n'est pas près de revoir ça[5]. »

Avec cette cohue, Gilles Lamontagne peine à se rendre jusqu'à l'entrée de l'hôtel de ville. Sur les photos publiées dans les journaux, on voit le maire se faire bousculer alors qu'il se fraye difficilement un chemin pour aller accueillir son hôte. Heureusement, il y parvient et se trouve au pied du grand escalier lorsque la voiture du président français s'y arrête. Dans sa biographie de Lamontagne, Frédéric Lemieux écrit que le maire, sachant de Gaulle très myope et craignant de le voir trébucher (rappelons-nous le quasi-incident de Brest !), décide de lui prendre le bras.

« Attention, monsieur le président, il y a plusieurs marches.

— Monsieur le maire, laissez-moi tomber seul[6] », réplique l'orgueilleux président.

De Gaulle et les dignitaires s'engouffrent à l'intérieur de l'hôtel de ville et se rendent à la salle du conseil municipal. Au passage, le président serre la main du garçon d'ascenseur. Le geste étonne à ce point que plusieurs médias rapporteront l'anecdote le lendemain. Le grand invité se voit remettre les deux tomes de *La Ville de Québec sous le régime français* de Pierre-Georges Roy, reliés par l'artiste Jacques Blanchet. Puis, de Gaulle ressort et s'adresse à la foule.

Dans son allocution, il insiste, comme un peu plus tôt à l'anse

---

5. Maurice Delarue, « De Gaulle arrive à Québec », *Le Journal du dimanche*, 23 juillet 1967.

6. Frédéric Lemieux, *Gilles Lamontagne. Sur tous les fronts*, p. 280-281.

au Foulon, sur les liens passés, présents et futurs entre la France et le Québec. Lancée spontanément au milieu d'une phrase, son exclamation « Mais on est chez soi ici, après tout ! » fera date. Il conclut en disant : « J'emporterai de cette extraordinaire réunion de Québec un souvenir magnifique. Toute la France en ce moment regarde ici. Elle vous voit, elle vous entend, elle vous aime. »

Présents dans la foule et portant leurs uniformes blancs des grandes occasions, avec épée à la taille et la poitrine bardée de médailles, les commandants ND Brodeur et Keith Lewis, des NCSM *Terra Nova* et *Skeena*, sont très mécontents. Ils estiment que de Gaulle n'a fait que louanger les liens Québec-France, omettant ceux existant entre l'Hexagone et le Canada. Et ils ne sont pas seuls. De retour à bord de son navire, Brodeur voit venir à sa rencontre plusieurs officiers et marins contrariés qui ont écouté le discours à la radio. Le commandant du *Terra Nova* tente de calmer le jeu. Il demande aux membres de son équipage de faire abstraction de leurs opinions politiques et de se concentrer sur leur travail. Dans l'immédiat, cela consiste à quitter l'anse au Foulon, tôt le lendemain matin, pour amener leur navire (avec le *Skeena*) au quai Bickerdike à Montréal.

De Gaulle est attendu à 11 h 30 à la basilique Sainte-Anne-de-Beaupré pour la célébration de la fameuse messe du pèlerin. Le trajet entre le Vieux-Québec et Sainte-Anne donne lieu à des scènes ahurissantes que les journalistes français ne manquent pas de souligner. Car entre la capitale et le lieu de pèlerinage le plus célèbre du Québec, la route traverse une banlieue caractérisée par un développement urbanistique complètement anarchique. Et en ce dimanche beau et chaud, les habitants sont à leur aise. Dans *Le Figaro*, les envoyés spéciaux Nicolas Châtelain et Denis Perier-Daville écrivent : « Les "chars" officiels passent ainsi devant une succession de motels, de piscines. Tous les baigneurs viennent en costume de bain et tout mouillés applaudir le général[7]. » Même constat de Maurice Josco dans *France-Soir* : « Des milliers de Québécois en tenue légère, et

---

7. Nicolas Châtelain et Denis Perier-Daville, *Le Figaro*, 24 juillet 1967.

même en slip et en maillot de bain, s'étaient massés sur les routes pour voir le cortège filant vers Sainte-Anne-de-Beaupré, à 30 kilomètres de Québec, le Lisieux canadien où le général entendit la messe[8]. »

Châtelain et Perier-Daville comparent plutôt Sainte-Anne à Lourdes. Ils constatent que d'innombrables « paralytiques et estropiés » se sont rassemblés pour voir le Grand Charles. Et avec un dédain non dissimulé, les deux journalistes font dans la critique d'art, disant détester l'architecture des lieux. « L'église, mi-romane, mi-gothique, est d'une laideur tout à fait monumentale. L'intérieur est luisant de richesses vernies[9]. » Quoi qu'il en soit, des milliers de personnes attendent les de Gaulle dans la joie. La nef de la basilique est remplie à craquer. Le président et sa femme sont accueillis par le cardinal Maurice Roy. Dehors, la traditionnelle volée de cloches se fait entendre. De Gaulle va communier. Ce geste n'échappe à personne, notamment à sa garde rapprochée. Car le locataire de l'Élysée n'a pas l'habitude de recevoir l'eucharistie durant ses voyages. Autre signe de l'importance qu'il accorde à celui-ci, en terre québécoise.

Le cortège prend ensuite la direction de la ferme du séminaire de Québec, au Petit-Cap, pour une réception offerte par l'Université Laval. Parmi la centaine d'invités, on retrouve Mgr Roy, Mgr Louis-Albert Vachon, recteur de l'université, et plusieurs autres religieux en soutane. À nouveau, Châtelain et Perier-Daville donnent dans le style ampoulé qu'ils affectionnent : « Déjeuner en plein champ, où le président de la République est entouré d'une véritable floralie de soutanes passepoilées de vert et de violet[10]. » Plusieurs médias québécois s'attardent aussi au menu du déjeuner. Selon *Le Journal de Montréal*, celui-ci se compose de hors-d'œuvre appelés « bouchées du Saint-Laurent » (saumon fumé de Gaspé, œufs farcis et olives),

---

8.   Maurice Josco, « De Gaulle à Québec : la foule enthousiaste a rompu les barrages », *France-Soir,* 25 juillet 1967.

9.   Nicolas Châtelain et Denis Perier-Daville, *Le Figaro,* 24 juillet 1967.

10. *Ibid.*

de poussins du Québec avec pain de ménage comme plat de résistance et de crème d'habitant avec sucre du pays en dessert[11].

À 16 h 38, de Gaulle remonte à bord du *Colbert*. Une réception est prévue en fin d'après-midi sur le pont arrière du navire. Dans le souvenir de certains invités, l'événement fut pour le moins… déstabilisant. « Je ne sais pourquoi on avait mal calculé la marée, ce qui mit la passerelle quasiment à la verticale ; plusieurs dames canadiennes, pourvues de hauts talons, se retrouvèrent par terre au pied du général[12] », raconte Xavier de la Chevalerie.

Les de Gaulle accueillent chaque invité. Parmi les dignitaires, on remarque entre autres l'ancien premier ministre canadien Louis St-Laurent. De Gaulle discute avec le général Jean-Victor Allard qui, encore une fois, trouvera matière à râler. Pour lui, l'échange se limite à des banalités. Les dignitaires ne s'attardent pas. Daniel Johnson quitte la réception à 17 h 30. C'est qu'il est temps pour lui et les membres de son entourage d'aller se préparer en vue de la grande soirée que le gouvernement du Québec donnera plus tard au Château Frontenac en l'honneur de ses invités.

Le temps est lourd et humide. Au-dessus de Québec, de gros nuages s'accumulent.

---

11. « Un de Gaulle très détendu mange de la crème d'habitant et du bon sucre du pays », *Le Journal de Montréal,* 24 juillet 1967.

12. Xavier de la Chevalerie, « Le voyage du général de Gaulle au Québec en 1967 – Témoignage », p. 12.

CHAPITRE 16

Un orage se prépare

D ans son édition des dimanche 23 et lundi 24 juillet, le quotidien *France-Soir* publie une caricature de Charles de Gaulle arrivant au Canada. On y voit un président décontracté se présenter devant un douanier.

« Rien à déclarer ? demande ce dernier.

— Vous me connaissez mal… », répond le président.

Voilà qui est bien dit. En France, on connaît de Gaulle pour ses déclarations fracassantes. Depuis son arrivée à Québec, une douzaine d'heures plus tôt, l'homme du 18 juin n'a pas encore fait de coups d'éclat. Les choses vont radicalement changer le soir du 23 juillet, durant le grand dîner officiel que le gouvernement québécois tient en son honneur au Château Frontenac.

Tout le gratin politique de la province est réuni dans la grande salle de bal du célèbre hôtel. Un peu plus de 350 personnes ont été invitées. Au menu : consommé en tasse de Frontenac, queue de homard de Gaspé à la Nouvelle-France, caille au nid à la vigneronne, cœur de filet de bœuf de Champlain, etc. « Le choix des vins était excellent, un bon riesling, un remarquable clos de Vougeot, un très acceptable champagne[1] », écrit le conseiller du premier ministre Jean Loiselle dans ses mémoires. Parlant de vin, aucun toast n'est porté à la reine. La note du banquet, elle, sera royale : 16 668 dollars.

---

1. Jean Loiselle, *Daniel Johnson. Le Québec d'abord*, p. 144.

À l'origine, la réception devait avoir lieu au Café du Parlement. Mais vu le nombre de convives, les autorités l'ont déplacée. En dépit de l'espace ainsi gagné, on n'a pas prévu de place pour un représentant du gouvernement canadien à la table d'honneur. Comme c'est curieux ! Pourtant, le ministre Paul Martin père compte bien parmi les invités. Tout comme son collègue Jean Marchand, finalement revenu sain et sauf des brumes de Sept-Îles. On finit par caser Paul Martin au bout de la table d'honneur, à côté du ministre québécois de la Justice – et futur premier ministre – Jean-Jacques Bertrand. Martin n'est pas content du traitement qu'on lui réserve. Il qualifiera l'événement de « désagréable[2] » dans ses mémoires.

Il n'a sans doute pas non plus apprécié le discours de De Gaulle : « On assiste ici, comme en maintes régions du monde, à l'avènement d'un peuple qui, dans tous les domaines, veut disposer de lui-même et prendre en mains ses destinées. Qui donc pourrait s'étonner ou s'alarmer d'un tel mouvement aussi conforme aux conditions modernes de l'équilibre de notre univers et à l'esprit de notre temps[3] ? » Bang ! Les paroles de De Gaulle résonnent comme autant de coups de canon du *Colbert*. Le discours fait mouche. Les nationalistes sont radieux. Les fédéraux digèrent mal leur queue de homard de Gaspé.

« Aux Français canadiens, de Gaulle suggère l'affranchissement total », titre *La Presse* du lendemain sur toute la largeur de sa une. « Dans un discours retentissant qui a révolté tous les fédéralistes en vue, [de Gaulle] a vu le Québec comme une "entité politique", un peuple qui veut se diriger, prendre en mains ses destinées, relate le journaliste Jacques Pigeon. Plusieurs y ont lu l'indépendance ; d'autres, le statut d'État associé. Chose certaine, des fédéralistes hurlaient de rage. Un chef d'État étranger, disait-on, n'a pas hésité à

---

2. Paul Martin, *A Very Public Life*, vol. 2 : *So Many Worlds,* p. 594.

3. Office de l'information et de la publicité du Québec ; et Jean Tainturier (éd.), *De Gaulle au Québec. Le dossier des quatre journées,* p. 20-24.

prendre parti dans une querelle intérieure, au cours d'un dîner d'État[4]. »

Dans *Le Devoir,* un texte de Jean Tainturier publié à la une affirme que « l'équivoque n'est pas possible » et que de Gaulle, par ses premières paroles prononcées en terre québécoise, « tient par-dessus tout à cautionner de sa présence le rapprochement entre le Québec et la France ». Tainturier enchaîne : « La signification poli-tique de ce voyage n'échappe à personne[5]. » Questionnés à chaud par *Le Devoir,* les ministres Paul Martin et Jean Marchand refusent de commenter. Pierre Marc Johnson se souvient très bien de la réac-tion de Marchand : « Avant le début du dîner, mon père m'avait dit de m'occuper de lui. À la fin de la soirée, j'ai compris pourquoi. Je lisais dans son regard et son langage non verbal qu'il s'arrachait les cheveux. Ce n'était pas de la colère, c'était un : "Mon Dieu, Seigneur, qu'est-ce qui est en train d'arriver !" Je pense qu'il y avait de l'antici-pation. Lui aussi voyait venir la crise[6]. »

Le *Montreal Star* se demande de son côté si les propos de De Gaulle au Château Frontenac ont fait sursauter Lester B. Pearson. Or, il semble que non. C'est du moins ce que laisse entendre son porte-parole. L'article du *Star,* signé par W. A. Wilson, indique que le pre-mier ministre canadien n'a pas l'intention de commenter les propos tenus par le président français. Pearson estime que le discours de la veille s'apparente à des commentaires émis par de Gaulle lors de précédentes visites, selon ce porte-parole jamais nommé. Ce dernier s'empresse toutefois de nuancer : le contexte de 1967 est très diffé-rent[7]. Ah !

Du côté des politiciens provinciaux, le député libéral René Lévesque affirme que ce discours est « un chef-d'œuvre du *brink-*

---

4. Jacques Pigeon, « Aux Français canadiens, de Gaulle suggère l'affranchis-sement total », *La Presse,* 24 juillet 1967.

5. Jean Tainturier, « Accueilli en triomphe, de Gaulle déclare au Québec : "Nous sommes liés par notre avenir !" », *Le Devoir,* 24 juillet 1967.

6. Entrevue avec l'auteur.

7. W. A. Wilson, « PM Won't Comment », *The Montreal Star,* 24 juillet 1967.

manship intercanadien ». *Brinkmanship,* quel joli mot ! Si joli d'ailleurs que plusieurs médias, français comme anglais, le reprennent le lendemain, parfois en titre. Mais que signifie-t-il au juste ? Il s'agit d'une « stratégie du bord de l'abîme » par laquelle on commet une action très dangereuse dans l'espoir de faire reculer son adversaire et d'atteindre le meilleur résultat possible. Aux journalistes recueillant ses commentaires, Lévesque déclare : « Il est exceptionnel qu'un homme de 77 ans [76, en fait] puisse réussir ainsi en quelques phrases à souligner toute l'ambiguïté de notre situation de francophones au Canada[8]. » « Ce qu'il a dit à Québec à l'hôtel de ville et partout ailleurs était presque aussi fort que le "Vive le Québec libre !", se remémore Gilles Loiselle. Pour moi, le cri du balcon n'a donc pas été une surprise[9]. »

Échappée belle

Ce qu'on ne sait pas, ou très peu, c'est que dans la première version de ce discours déjà très percutant, de Gaulle lançait une phrase encore plus sensationnelle : « Que votre révolution soit plus ou moins tranquille[10]. » Xavier de la Chevalerie fait la découverte de ce passage quelques jours avant le début du voyage en relisant les discours écrits par le président. Il manque tomber de sa chaise. Pour le directeur du cabinet présidentiel, ces propos sont explosifs, voire « une incitation à la violence des éléments les plus extrémistes[11] ». Il va donc voir un de Gaulle un peu boudeur et réussit à faire changer ce passage pour une formule signifiant à peu près la même chose mais plus alambiquée :

---

8. « Premières réactions à la visite du général », *Le Devoir,* 25 juillet 1967.

9. Entrevue avec l'auteur.

10. Xavier de la Chevalerie, « Le voyage du général de Gaulle au Québec en 1967 – Témoignage », p. 11.

11. *Ibid.*

Votre résolution de survivre en tant qu'inébranlable et compacte collectivité, après avoir longtemps revêtu le caractère d'une sorte de résistance passive opposée à tout ce qui risquait de compromettre votre cohésion, a pris maintenant une vigueur active en devenant l'ambition de vous saisir de tous les moyens d'affranchissement et de développement que l'époque moderne offre à un peuple fort et entreprenant[12].

Peu de journalistes ont relevé. Ils avaient déjà de quoi se mettre sous la dent avec cet « avènement d'un peuple qui, dans tous les domaines, veut disposer de lui-même ». Xavier de la Chevalerie pousse un soupir de soulagement. On l'a échappé belle.

La soirée s'achève ainsi au Château Frontenac. À l'extérieur, l'orage gronde. Le feu d'artifice préparé en l'honneur du président est devancé de 22 h 30 à 22 heures. La pluie se met à tomber avec force. Tout le monde, dignitaires comme simples citoyens, rentre chez soi. « La fête populaire monstre, préparée pour souligner le passage à Québec du général de Gaulle, hier, s'est soldée par un échec alors qu'un ciel lourd de nuages a déversé des tonnes de pluie sur des milliers de personnes[13] », rapporte *L'Action*.

Peu après 23 heures, Charles et Yvonne de Gaulle retournent sur le *Colbert,* où il a été décidé qu'ils passeront la nuit. Le lieutenant-gouverneur du Québec, Hugues Lapointe, les raccompagne jusqu'au port.

L'orage qui vient d'éclater ne sera pas le dernier.

---

12. *Ibid.*

13. « La pluie atténue le succès des fêtes préparées en l'honneur de De Gaulle », *L'Action,* 24 juillet 1967.

CHAPITRE 17

Un seigneur sur le chemin du Roy

Il pleut sur la vallée du Saint-Laurent. L'orage de la veille a fait place à des averses sur une bonne partie du sud du Québec. Qu'à cela ne tienne : à 9 heures en ce lundi 24 juillet, Charles de Gaulle, Daniel Johnson et tous leurs invités sont prêts pour leur randonnée à travers les villages du Québec par la route 2. La population aussi est prête. Elle sera au rendez-vous. Sur ce chemin du Roy, de Gaulle sera accueilli comme un grand seigneur.

Jean-Claude Labrecque est aussi fébrile que les autres participants. Peut-être même plus. En effet, après avoir réussi à faire monter deux membres de son équipe à bord du *Colbert*, le cinéaste a eu une autre idée audacieuse : passer les premières minutes du voyage dans la voiture transportant de Gaulle et Johnson. Labrecque souhaite seulement prendre quelques images des deux hommes avec le *Colbert* en arrière-plan. Dans son esprit, tout ça peut se faire entre l'anse au Foulon et les plaines d'Abraham. Après, il descend, promis !

Aussi brillante soit-elle, l'idée bute sur le refus catégorique des services de protection du digne invité. Un inconnu dans la voiture du président ? Allons donc ! « Les gens de la sécurité française nous avaient trouvés un peu baveux d'avoir pu monter à bord du *Colbert* sans qu'ils le sachent, rigole Labrecque. Alors, ils nous avaient à l'œil[1]. » À court d'arguments, le cinéaste s'en est remis à Jean Loiselle,

---

1. Entrevue avec l'auteur.

proche conseiller de Daniel Johnson. Ce dernier a été trouver le « boss », qui à son tour a demandé au général de Gaulle s'il était d'accord. « De Gaulle a répondu que ça ne le dérangeait pas du tout. Il voulait juste être avisé au moment où je prendrais du son. Mais comme je tournais en 35 mm, il n'y en avait pas. Je ne pouvais pas travailler en synchro[2]. »

Le cinéaste se présente donc tôt le matin à l'anse au Foulon, bien habillé et chargé de son lourd équipement. Pour cette longue journée, de Gaulle a enfilé son uniforme kaki de général de brigade. Après la cérémonie protocolaire au pied du *Colbert,* c'est le départ. De Gaulle monte à l'arrière de la Lincoln Continental noire, du côté droit ; Daniel Johnson est à sa gauche. L'aide de camp du général, François Flohic, est assis sur la banquette avant à côté du conducteur.

Clac ! Clac ! Clac ! Clac !

Les portières se renferment. Oups ! Il manque un passager. Jean-Claude Labrecque s'approche du véhicule pour signaler sa présence. Ou, plutôt, son absence !

« Je crois que vous m'avez oublié », fait-il en s'avançant, un peu penaud.

Jean Loiselle vole à son secours. « Quand les gardes du corps l'ont vu approcher avec sa caméra et tout son attirail, ils n'ont pas été amusés, écrit-il dans ses mémoires. J'ai dû dédouaner le pauvre Jean-Claude Labrecque auprès d'eux[3]. » Mais avec Labrecque et son équipement, ça va faire beaucoup de monde à l'avant.

« Allez donc vous asseoir dans la DS avec nos épouses », suggère le général à son aide de camp[4].

« Je sens que Flohic n'aime pas beaucoup ça, se souvient Labrecque. Je propose de m'installer entre lui et le chauffeur, qui est de toute façon maigre comme un clou. Ce que nous faisons. Mais en m'installant, j'accroche le bras de vitesse. Le chauffeur avait peur ! » Avec sa caméra, sa ceinture de piles et sa recharge de 120 mètres de

---

2. *Ibid.*
3. Jean Loiselle, *Daniel Johnson. Le Québec d'abord,* p. 142.
4. Adaptation d'une entrevue de Jean-Claude Labrecque avec l'auteur.

film (les films 35 mm roulent à 28 mètres par minute), Labrecque peine à s'organiser. Le voyant un peu empêtré, le premier ministre Daniel Johnson prend son chargeur et le dépose à ses pieds. « J'avais un bon assistant », pouffe le cinéaste.

Le signal du départ est donné. Labrecque se met vite au travail parce que la distance est courte entre l'anse au Foulon et les plaines d'Abraham, moins de trois kilomètres, et il doit suivre son plan de match. « Mais quand un tel cortège s'ébranle, dit-il, on ne peut plus l'arrêter. » Avec pour résultat que ce n'est qu'à Donnacona, premier arrêt prévu du voyage, qu'il va débarquer. Évidemment, avec 120 mètres de pellicule, il ne pourra pas filmer tout ce trajet.

Fanion du Québec au bout de l'aile gauche, fanion de la croix de Lorraine au bout de l'aile droite, la voiture passe sous un arc de triomphe de plantes et de fleurs haut de 16 mètres autour duquel des grappes de Québécois en délire acclament le visiteur. Couché dans le véhicule, Labrecque filme un général de Gaulle debout et souriant au moment où la voiture décapotable passe sous l'arc. A-t-il échangé avec de Gaulle ? « Il m'a simplement demandé combien il y avait de kilomètres entre Québec et Montréal. Je ne savais pas quoi répondre. Je pense lui avoir dit : "Quelques-uns, mon général." »

Sur la route, des fleurs de lys blanches ont été peintes au pochoir sur le bitume, des banderoles et des drapeaux tricolores sont accrochés partout, des blasons du Québec sont cloués à des poteaux. Dès les premiers kilomètres, les signes de bienvenue sont innombrables, immanquables, ostentatoires. Dans le documentaire *Le Chemin du Roy* de Carl Leblanc et Luc Cyr, Jean Lenoir, directeur de la publicité à l'OIPQ, déclare en riant : « J'ai fait peindre des fleurs de lys sur l'asphalte. La peinture devait s'effacer au bout de trois mois ; elle est restée deux ans en place[5]. »

Quelques jours auparavant, à Saint-Augustin-de-Desmaures, premier village en amont de l'agglomération de Québec, le ministère des Transports a fait nettoyer un cimetière de vieilles carcasses de voitures abandonnées au bord de la route. « Le spectacle est vraiment

---

5. Carl Leblanc et Luc Cyr, *Le Chemin du Roy*.

dégoûtant et Dieu merci s'il n'aura fallu que la visite du général de Gaulle pour faire disparaître cette horreur, indique le journal *L'Action* dans son édition du 18 juillet. Il y a longtemps que des mesures auraient dû être prises contre les responsables de ce ramassis de vidanges[6]. » Toutefois, le mauvais temps balayant la vallée du Saint-Laurent, combiné à l'enthousiasme empressé de certains collectionneurs de souvenirs, fait en sorte que plusieurs décorations sont déjà endommagées ou disparues. « On invite la population à attendre que la visite du général ait eu lieu avant de songer à se procurer des souvenirs[7] », suggère un article du *Nouvelliste* de Trois-Rivières paru le matin du 24 juillet. Dans le texte, on fait état d'écussons et de banderoles subtilisés depuis leur installation sur le pont Duplessis et ses abords, le vendredi 21.

Partout, mais davantage à l'approche des agglomérations, des gens sont alignés sur les côtés, debout sur des charrettes, juchés sur des toits pentus. On envoie la main, on crie « Vive de Gaulle ! », on agite de petits drapeaux du Québec et de la France. Pour l'occasion, Québec en a fait distribuer des dizaines de milliers (les estimations varient de 15 000 à 300 000). Le général aperçoit aussi quelques tableaux typiques du Québec rural. Ici, un panneau annonce du miel pur ; là, un autre propose du « pain à fesse ». Dans un champ, sur un immense panneau horizontal soutenu par des balles de foin, on lit : « Chaleureux accueil au général de Gaulle ». « À voir ainsi rutiler la campagne, les poteaux, les fermes, les maisons, j'avais l'impression de traverser un de ces dessins de Hansi[8] qui révélèrent à mon enfance l'Alsace comme un village pavoisé où chaque clocher, chaque fenêtre, chaque personnage n'avait pas d'autre raison d'être que d'acclamer la patrie[9] », écrit Pierre-Louis Mallen, de l'ORTF. Ce dernier s'amuse

---

6.   « Une horreur à faire disparaître », *L'Action*, 18 juillet 1967.

7.   Georges Lamon, « De Gaulle à Trois-Rivières aujourd'hui », *Le Nouvelliste*, 24 juillet 1967.

8.   Jean-Jacques Waltz (1873-1951), alias Hansi, était un illustrateur français.

9.   Pierre-Louis Mallen, *Vivre le Québec libre*, p. 148.

en outre d'un panneau sur lequel on lit « Bonjour chère Yvonne ». Cela a plu à l'épouse du président, ajoute-t-il.

France-Soir rapporte que le lundi est normalement jour de lessive au Québec et que les gens ont l'habitude de suspendre leur linge au bord de la route pour le faire sécher. « Cette fois, ils ont avancé la lessive d'une journée [le dimanche], afin que le président de la République de la Vieille France puisse voir une contrée d'une propreté impeccable[10]. » Chaque village traversé a son groupe de notables, ses majorettes et sa fanfare aux cuivres bien astiqués. Autre initiative, signée OIPQ, plusieurs panneaux font des liens entre des familles implantées dans les agglomérations et les régions de France d'où elles proviennent à l'origine.

Le convoi arrive à Donnacona, premier arrêt du parcours, autour de 10 h 30. Jean-Claude Labrecque peut finalement descendre. La pluie tombe toujours. Sur les ondes de Radio-Canada, le journaliste Gilles Loiselle rapporte que c'est sous un véritable déluge que Charles de Gaulle fait son entrée dans le village. Mais bien sûr, un général deux étoiles fait fi des éléments. Le toit de la voiture reste donc rabattu. Les cloches de l'église résonnent. Sur le parvis, où a été installée l'estrade, de Gaulle se présente aux gens nu-tête. Son habit de militaire est trempé. Jean O'Keefe, le « Monsieur Urgence » du protocole québécois, fait ouvrir un commerce de l'endroit pour distribuer le plus de parapluies possible aux dignitaires. « Il y en avait de toutes les couleurs[11] », s'esclaffe-t-il. Le maire de Donnacona, J.-Raoul Mathieu, et le député de Portneuf à l'Assemblée législative, Marcel-R. Plamondon, se chargent de l'accueil. Dans la foule, on reconnaît le député fédéral de Portneuf, Roland Godin, « fier créditiste[12] », précise *Le Nouvelliste*.

Dans son premier discours de la journée, de Gaulle déclare : « Et puis maintenant je vois le présent, le présent du Canada français,

---

10. *France-Soir,* 26 juillet 1967.

11. Entrevue avec l'auteur.

12. Pierre Baril et Jean-Pierre Gagnon, « On veut voir le général au moins une fois dans notre vie », *Le Nouvelliste,* 25 juillet 1967.

c'est-à-dire un pays vivant au possible, un pays qui est en train de devenir maître de lui-même, un pays qui prend en mains ses destinées[13]. » *Le Soleil* a le temps de rapporter l'essence de l'allocution dans son édition de l'après-midi. L'article de La Presse canadienne publié à la une est coiffé du titre « Votre peuple ne doit dépendre que de lui-même ».

Après quelques minutes, tout le monde remonte en voiture et on repart, direction Sainte-Anne-de-la-Pérade. Entre deux arrêts, le cortège ralentit dans les villages qu'il traverse. Ainsi, entre Donnacona et Sainte-Anne-de-la-Pérade, les chauffeurs des véhicules lèvent le pied en passant au cœur de Cap-Santé, Portneuf, Deschambault et Grondines.

À Sainte-Anne, on prend un peu de retard. Mais de Gaulle est heureux. Les gens l'accueillent et l'acclament. Il s'accorde un grand bain de foule, une foule qu'il domine du haut de son mètre quatre-vingt-treize. Et la pluie s'est calmée. Gilles Loiselle commente : « Eh bien, encore une fois, le général de Gaulle a réussi à tromper la vigilance de ses gardes du corps et il est au beau milieu de la foule de Sainte-Anne-de-la-Pérade. Je ne l'ai pas vu encore, depuis le début de son voyage en terre française d'Amérique, être aussi près du peuple qu'il l'est ici à Sainte-Anne-de-la-Pérade[14]. » Ici, la foule chante *Ô Canada* pour la première fois depuis l'arrivée de De Gaulle, la veille. À qui revient cette initiative ? Au député provincial de Champlain et ministre du Travail, de l'Industrie et du Commerce, Maurice Bellemare. Ce dernier entonne ce chant « de sa belle voix de jubé d'église de village », écrit Jean-V. Dufresne dans *Le Devoir*. « De quoi faire sauter les fusibles de l'amplificateur, ce timbre de ténor[15]. »

De Sainte-Anne-de-la-Pérade, on prend la direction de Trois-

---

13. Office de l'information et de la publicité du Québec ; et Jean Taiturier (éd.), *De Gaulle au Québec*, p. 33.

14. Émission radiophonique spéciale sur le parcours du général de Gaulle sur le chemin du Roy, Radio-Canada, 24 juillet 1967.

15. Jean-V. Dufresne, « Un triomphe en province », *Le Devoir*, 25 juillet 1967.

Rivières. Avant d'entrer dans la ville, le cortège fait un crochet par le sanctuaire de Notre-Dame-du-Cap, lieu de pèlerinage dédié à la Vierge Marie. Selon Jean Loiselle, cet accroc à l'horaire est encore dû à l'influence de Maurice Bellemare[16]. Les voitures s'engagent par la suite sur le pont Duplessis, qui mène au centre-ville de Trois-Rivières, où l'on arrive à 12 h 50, soit avec une cinquantaine de minutes de retard sur le programme. Enfin, on s'arrête dans la cour du séminaire Saint-Joseph, rue Laviolette. Quelque 5 000 personnes enthousiastes attendent avec, à leur tête, le maire René Matteau, le député du comté et secrétaire général de la province, Yves Gabias, les ministres Clément Vincent, Maurice Bellemare, Marcel Masse et plusieurs autres. Au seigneur de Colombey-les-Deux-Églises, les Trifluviens souhaitent la plus cordiale bienvenue dans la « capitale mondiale du papier ». Ici, la pluie a complètement cessé. Les parapluies sont secoués, repliés et rangés. Les dignitaires prennent place sur l'estrade d'honneur.

Comme partout, des manifestants agitent des pancartes aux slogans nationalistes ou indépendantistes. La présence des militants du RIN, peu importe leur nombre, est observée et notée grâce à ces pancartes bien visibles. Les membres des sociétés Saint-Jean-Baptiste, aiguillonnés par leur fédération, sont aussi de la partie. « Mon rôle et celui de mon groupe étaient d'inviter les gens de la région de Lanaudière à se rendre à Trois-Rivières pour accueillir le général de Gaulle, dit René Charrette, à l'époque directeur général de la section diocésaine de Joliette. Notre point de rendez-vous était donné par la Fédération. Certains ont par la suite suivi le cortège jusqu'à Montréal. C'était laissé à la liberté de chacun[17]. » Pourquoi Trois-Rivières et non Louiseville, Berthier ou Repentigny, plus près de Joliette ? « C'est à Trois-Rivières que la Fédération nous a demandé de nous rendre », répond Charrette.

Ici, au confluent du Saint-Maurice et du Saint-Laurent, comme à Donnacona et à Sainte-Anne-de-la-Pérade, les paroles de De

---

16. Jean Loiselle, *Daniel Johnson,* p. 146.

17. Entrevue avec l'auteur.

Gaulle retentissent. Les mots choisis sont sans équivoque : « Nous sommes maintenant arrivés à une époque où le Canada français devient maître de lui-même » dit-il tout en promettant l'aide de la France au développement du Québec. « C'est le génie de notre temps, l'esprit de notre temps qui veut que chaque peuple, où qu'il soit, doive disposer de lui-même. Je suis convaincu que c'est ce qui est en train de se passer ici. [...] On ne peut justifier son existence et son droit que si on est en progrès, et c'est ce que vous êtes. » Daniel Johnson, attentif, se tourne vers un de ses proches conseillers : « Si ça continue comme ça, à Montréal, on sera séparés[18] ! » fait-il en riant.

Après les discours, le repas. Les dignitaires se rendent au réfectoire du séminaire. Les journalistes sont invités au grand buffet de la marina, gracieuseté de la Fédération des SSJB. Laissons les scribes entre eux et suivons plutôt Ernest Lamy, reporter à la station de radio locale CHLN, qui a la chance d'être du déjeuner des dignitaires. Comme il le racontera à la journaliste Claire Roy, du *Nouvelliste*, le repas mitonné par le personnel du Café de l'Assemblée législative est servi dans des assiettes de porcelaine marquées de fleurs de lys. Sous ses yeux défilent des plats qu'il qualifie de typiquement canadiens : saumon de Gaspé, puis bison sauce grand veneur (« excellent » dans le souvenir de François Flohic), pommes noisette et carottes à l'étuvée. Pour dessert, une douceur de la Belle Province : de la glace tricolore dans le creux d'un cantaloup, le tout couronné de bleuets du Saguenay. « Pour rappeler au général qu'il est un fervent [partisan] du Marché commun, on a servi un vin allemand, Liebfraumilch Madonna, un vin du Rhin, et un vin français, un clos-vougeot[19]. »

Constamment sollicité, le général n'est pas attentif à tous. Yves Gabias tente de lui parler de ses aïeux, arrivés au Québec depuis l'Ardèche en 1886, mais de Gaulle a la tête ailleurs. « J'ai bien vu que ça ne l'intéressait pas », confiera le secrétaire général de la province

---

18. Jean Loiselle, *Daniel Johnson*, p. 146.
19. Claire Roy, « Simplicité et cordialité », *Le Nouvelliste*, 25 juillet 1967.

au *Nouvelliste* au 30ᵉ anniversaire de l'événement, en 1997[20]. Il aurait sans doute été surpris d'apprendre que dans les notes biographiques transmises à de Gaulle, le ministère français des Affaires étrangères avait pris soin d'écrire : « M. Gabias n'est pas descendant d'une vieille famille canadienne-française mais de famille ardéchoise immigrée au début du siècle[21]. » Une étoile pour le corps diplomatique français !

Les autorités locales sont fières de faire cadeau au président d'un émail sur cuivre de l'artiste Mariette Cheney-Piché. Plus long que les autres, l'arrêt à Trois-Rivières permet aussi à Yvonne et Charles de Gaulle de se reposer un peu au séminaire avant de reprendre la route.

Est-ce ce petit répit qui allait inspirer le président de la République ? Toujours est-il que Charles de Gaulle réserve une surprise de taille aux habitants de Louiseville, la prochaine étape.

20. Réjean Martin, « Secrétaire général de la province à l'époque, Yves Gabias se souvient… », *L'Hebdo Journal,* 20 juillet 1997.
21. Archives de la Fondation Charles-de-Gaulle, Paris.

CHAPITRE 18

« On va chanter le *Canada* ! »

L e cortège de voitures officielles, motos, véhicules de police et des médias fonce vers Louiseville, petite municipalité de quelques milliers d'âmes sise à une trentaine de kilomètres au sud-ouest en amont de Trois-Rivières, sur le lac Saint-Pierre.

Comme la radio transmet en direct ce qui se passe, l'effervescence entendue sur les ondes depuis le départ de Québec en matinée se propage. De sorte que plus le cortège se rapproche de Montréal, plus la population s'enthousiasme. Et plus elle s'enthousiasme, plus la foule grossit. En écoutant la radio, Claude Charron, futur ministre du Parti québécois, alors étudiant, sent que quelque chose de grandiose se prépare. « Le droit à l'autodétermination du peuple québécois a été reconnu quelque part entre Trois-Rivières et Yamachiche, dit-il. On se disait vraiment qu'une bombe allait sortir ce soir-là à Montréal[1]. »

Aux abords de Louiseville, la foule est en délire. Il y a des enfants. Il y a la fanfare. Il y a des chorales. On chante que le général, « il est en or, il est en or ! ». Les voitures s'arrêtent au parc du Tricentenaire, au centre de la bourgade. Il est environ 15 h 45. À la radio de Radio-Canada, le journaliste Camille Chouinard décrit le pavoisement des lieux. Et il fait un très curieux constat : « Malheureusement, les grands drapeaux suspendus par la Ville elle-même au-dessus de la

---

1. Carl Leblanc et Luc Cyr, *Le Chemin du Roy.*

rue Principale ne comprennent aucun tricolore. On n'aperçoit que
des drapeaux fleurdelisés du Québec et des unifoliés canadiens. On
donne comme explication que les autorités municipales n'ont pu se
procurer des drapeaux français[2]. »

Jean-Claude Labrecque et son équipe sont dans la foule. Avec
une caméra, un des membres de l'équipe précède constamment le
cortège. « Nous avions deux ou trois voitures avec des chauffeurs,
raconte Labrecque. Nous nous sommes aussi servis d'un hélicoptère
pour faire des relais. » Pierre Mignot a précédé le défilé présidentiel.
C'est là qu'il voit de près les « gorilles » du président entrer en action
quand un individu un peu trop insistant s'approche de leur patron.
« Partout où la voiture des chefs d'État allait, il y en avait au moins
une autre avec les gardes du corps de De Gaulle, raconte Mignot.
L'un d'eux avait les épaules tellement larges qu'on l'appelait entre
nous Lino Ventura. Lorsque son veston était ouvert, on voyait son
arme de service. À Louiseville, un individu s'est précipité vers de
Gaulle avec son appareil photo tout en prenant des clichés sans arrêt.
Notre Lino Ventura l'a empoigné sans ménagement et l'a relancé au
bout de ses bras comme si c'était un ballon[3] ! »

Qui est ce garde du corps sans manières ? Vraisemblablement
Paul Comiti ou Roger Tessier. Tous deux font partie du Service d'action civique (SAC), une sorte de police de l'ombre dont les membres
non seulement servent de boucliers humains au président mais lui
vouent une obéissance sans bornes. Dans les milieux bien renseignés
sur l'Élysée, on dit qu'ils ne se privent pas, lorsqu'il le faut, de tordre
des bras – un euphémisme – pour la gloire du gaullisme. Quatre
d'entre eux, menés par Comiti, servent de Gaulle dans tous ses
déplacements. Sur plusieurs photos de la visite du général au Québec, on les reconnaît aisément à leur costume sombre.

S'il y a une chose contre laquelle Comiti ne peut rien, c'est la
fatigue qui gagne le général. Tout le monde s'en rend compte à

---

2. Émission radiophonique spéciale sur le parcours du général de Gaulle sur
le chemin du Roy, Radio-Canada, 24 juillet 1967.

3. Entrevue avec l'auteur.

Louiseville, où son discours est entrecoupé de plusieurs quintes de toux. Il prononce une phrase ou deux, tousse un bon coup, et le manège recommence. Au-dessus de sa tête, un hélicoptère fait un boucan d'enfer, ce qui ne l'aide pas à se faire entendre ! Au terme de son allocution, fidèle à son habitude, il demande à la population de se joindre à lui pour chanter *La Marseillaise*. Les gens s'y mettent avec joie. Les applaudissements fusent.

On croit que l'étape de Louiseville s'achève et qu'on va remballer les décorations. Mais non. Dans un geste tout à fait inusité, le président français enjoint aux gens d'entonner une autre chanson. « On va chanter le *Canada*[4] », lance-t-il en laissant tomber le Ô. Quoi ? L'homme qui, depuis son arrivée au Québec, multiplie les déclarations incendiaires favorables à l'émancipation du peuple de la province invite les gens à chanter *Ô Canada* ? C'est bien le cas. Dans une émission spéciale diffusée le soir du 26 juillet 1967 pour faire le bilan de la visite, Radio-Canada en repasse d'ailleurs l'extrait. L'animateur Guy Lamarche et les deux analystes, Gilles Loiselle et Claude Jean Devirieux, proposent comme explication qu'après avoir entendu Maurice Bellemare entonner l'hymne national canadien à Trois-Rivières, de Gaulle a été incité à faire de même un peu plus loin…

Le quotidien *Le Monde* a lui aussi été témoin de la scène : « Et [de Gaulle] articule lui-même les premières phrases. » Même affirmation dans *Le Journal de Montréal*, qui assure que le général a chanté l'hymne en entier. Pierre-Louis Mallen fait le même constat dans son ouvrage *Vivre le Québec libre*. Cela nous paraît exagéré. Les images de Radio-Canada montrent plutôt un de Gaulle hésitant, balbutiant, marmonnant les paroles. En commentant l'extrait, Claude Jean Devirieux lance d'ailleurs : « Il demande aux gens qui sont à côté de lui de l'entonner parce que, visiblement, il ne le connaît pas très très bien[5]. »

---

4. Émission télévisuelle spéciale sur le parcours du général de Gaulle sur le chemin du Roy, Radio-Canada, 24 juillet 1967.

5. Émission télévisuelle spéciale faisant le bilan du voyage du général de Gaulle au Québec, Radio-Canada, 26 juillet 1967.

Curieusement, cet épisode a été pratiquement oublié, sinon omis, dans les innombrables récits de ce voyage. La transcription officielle des discours prononcés par de Gaulle durant son séjour québécois ne fait pas mention de cet appel inusité. La requête du président ne se trouve pas non plus dans *Le Canada français d'aujourd'hui,* revue du ministère des Affaires culturelles du Québec dont l'édition d'octobre 1967, en bonne partie consacrée aux événements de juillet, publie tous les discours donnés par de Gaulle au Québec. Quel drôle de silence autour de cet événement singulier ! Comme si on le trouvait trop discordant. Comme si on avait préféré oublier que de Gaulle avait – si, si ! – incité les Canadiens français à chanter l'hymne national de leur pays…

Quoi qu'il en soit, le voyage se poursuit. À Berthierville, c'est au parc municipal qu'on s'arrête vers 17 heures. Dans la foule, un homme brandit une pancarte sur laquelle est écrit « Vive Charlemagne II ». Encore ici, la jeunesse s'exprime à travers ses groupes musicaux et dansants. « Le général ne dédaigne pas les majorettes, lance le journaliste Paul Racine sur les ondes de Radio-Canada. Il a été les féliciter personnellement ce matin à Donnacona, et toutes les fois qu'il en a l'occasion, il les salue[6]. »

Dernière étape sur le chemin du Roy, Repentigny est en liesse lorsque le cortège s'arrête aux abords de l'hôtel de ville en fin d'après-midi. Des milliers de personnes sont massées le long de la rue Notre-Dame. Répondant à l'appel que leur a fait par lettre le maire et député unioniste Robert Lussier, les dignitaires sont venus des villes et villages des comtés de L'Assomption, Montcalm et Rouville. Le Dr Lussier n'est pas peu fier. Dans son discours, il salue tant l'homme du 18 juin que le leader incontesté de la francophonie : « Chez nous, personne n'a oublié votre valeureux appel aux énergies décimées de 1940, personne n'a oublié votre refus de capituler devant le conquérant. […] Vous incarnez parfaitement, monsieur le président,

---

6. Émission radiophonique spéciale sur le parcours du général de Gaulle sur le chemin du Roy, Radio-Canada, 24 juillet 1967.

le rôle qui vous échoit tout naturellement : celui de chef de file de toutes les communautés françaises à travers le monde[7]. »

Dans sa réponse, de Gaulle déclare notamment : « J'ai pu voir aussi dans tout le Québec un essor moderne, magnifique, par lequel vous êtes en train de prendre en mains, en tant que peuple, vos destinées. À votre essor, la France est résolue à contribuer. Elle a commencé à le faire, elle va poursuivre. Tous les jours, vous sentirez un peu plus le vieux pays parmi vous et inversement, à mesure du temps, la France vous sentira en elle[8]. » En bruit de fond, on entend des gens crier : « Le Québec aux Québécois ! » Après un moment, ces cris faiblissent puis cessent. Malheureusement pour la foule, une défectuosité technique de dernière minute empêche la diffusion du discours par les haut-parleurs. Selon l'hebdomadaire *Le Portage,* ce pépin est imputable aux journalistes des grands médias qui, sans scrupule, ont débranché l'installation en place pour alimenter leur propre matériel. *La Presse* rapporte aussi l'incident, évoquant le travail de « techniciens nerveux » qui ont en vain essayé de rebrancher le système. Voyant la foule s'impatienter, de Gaulle prend les choses en mains en criant plusieurs paroles réconfortantes et en faisant chanter *La Marseillaise* (mais pas *Ô Canada*).

Danielle Lussier, une des filles du maire, confie que sa mère, Ginette Bruneau, lui a souvent raconté qu'à Repentigny, de Gaulle aurait lancé un « Vive le Québec libre ! » tombé dans l'oubli[9]. Ce souvenir recoupe ce qu'écrit Pierre Godin dans sa biographie de Daniel Johnson : Robert Lussier a toujours affirmé que de Gaulle avait fait un appel au Québec libre d'abord dans sa ville[10]. L'écoute de la bande du discours ne permet toutefois pas de confirmer ces souvenirs.

---

7. « De Gaulle a conquis Repentigny », *Le Portage,* 27 juillet 1967.

8. Jean Tainturier (éd.), *De Gaulle au Québec. Le dossier des quatre journées,* p. 39.

9. Entrevue avec l'auteur.

10. Pierre Godin, *Daniel Johnson,* t. 2 : *1964-1968, la difficile recherche de l'égalité,* p. 225, note 21.

Ici, le couple présidentiel a droit à des cadeaux reprenant la forme toute canadienne-française de la feuille d'érable. « Pour Mme de Gaulle, on avait choisi une feuille d'érable en or massif montée sur broche et exécutée par l'artiste Delrue, rapporte *Le Portage*. Le même emblème était répété sur des boutons de manchettes offerts au général[11]. »

Le cortège repart en direction du pont Le Gardeur (à ne pas confondre avec le pont de l'autoroute 40, qui sera baptisé Charles-de-Gaulle le 5 septembre 1985) et de Montréal. Ce pont, qui fait partie de la route 2, relie directement la rue Notre-Dame à Repentigny à la rue Notre-Dame sur l'île de Montréal. Robert Lussier monte dans une des voitures des dignitaires. Des dizaines de véhicules et de motocyclettes de la police de Pointe-aux-Trembles et de Montréal se joignent alors au cortège, en route pour la septième et dernière étape de cette longue journée.

Il est alors près de 18 h 45, la soirée est magnifique et Charles de Gaulle vient d'entrer dans l'île de Montréal...

---

11. « De Gaulle a conquis Repentigny », *Le Portage*, 27 juillet 1967.

CHAPITRE 19

Du pont jusqu'au balcon

Au printemps 1967, à peu près tout le monde au Québec souhaitait que le Canadien de Montréal remporte la coupe Stanley, ce qui eût été de mise pour souligner l'ouverture de l'Exposition universelle de Montréal. Mais les Maple Leafs de Toronto avaient brouillé les cartes et gagné la finale en six rencontres. Pas de parade de la coupe Stanley, donc. Qu'à cela ne tienne : les Montréalais vont s'en donner une d'un autre genre. Une parade intense, électrisante, surdimensionnée, en l'honneur de Charles de Gaulle.

Après avoir traversé le pont Le Gardeur, le cortège transportant le président s'engage sur la longue rue Notre-Dame et file vers l'hôtel de ville de la métropole. Mais avant d'arriver à destination, il fait un dernier crochet par Tétreaultville et la rue Lebrun. Car en plus de vouloir découvrir la campagne québécoise, le président a demandé à traverser un quartier populaire de la métropole.

Aujourd'hui secteur de l'arrondissement Mercier–Hochelaga-Maisonneuve, l'ancienne municipalité de Tétreaultville se trouve juste à l'est de l'autoroute 25, qui traverse l'île du nord au sud jusqu'au pont-tunnel Louis-Hippolyte-La Fontaine. Depuis la rue Notre-Dame Est, le défilé tourne à droite sur l'avenue Lebrun, qu'il remonte vers le nord jusqu'à la rue Sherbrooke. L'accueil populaire dépasse toutes les attentes. « Autour de la traverse de chemin de fer, près de l'avenue Souligny, adultes et enfants attendent avec impatience, lit-on dans un document des Archives de Montréal. Du côté ouest de la rue, tous agitent de petits drapeaux du Québec alors que, du côté est, ce sont ceux de la France. Le passage du cortège ne dure que quelques secondes[1]. » La voiture file au nord jusqu'à la rue Sherbrooke Est, qu'elle emprunte sur dix kilomètres jusqu'à la rue Saint-Denis avant de virer au sud vers le Vieux-Montréal et l'hôtel de ville en passant par les rues Craig (devenue Saint-Antoine), Gosford et Notre-Dame.

La foule, compacte, est en délire. Charles de Gaulle est accueilli en héros, en souverain, pour ne pas dire en libérateur. Dans une des voitures, Pierre-Louis Mallen se tourne vers ses compagnons : « On se croirait dans un char de Leclerc[2] ! »

Des enfants, chevauchant leur bicyclette, suivent hardiment les voitures de fonction sur quelques dizaines de mètres avant d'abandonner. « C'était proprement indescriptible, dit François Flohic dans le documentaire *Le Chemin du Roy*. Nous avions déjà une heure de retard sur l'horaire. J'étais donc à côté du chauffeur. La voiture tournait, marchait au tour de roue, et je passais mon temps à dire au chauffeur : "Ne vous arrêtez pas, ne vous arrêtez pas ! Car si nous nous arrêtons, nous ne repartons pas." On avait le sentiment qu'on allait être submergé par la population, par la liesse extraordinaire dans les quartiers est de Montréal[3]. » On se plaît à imaginer la situation inverse : si de Gaulle était d'abord passé par Ottawa et était entré dans Montréal en traversant en voiture l'ouest anglophone de l'île, aurait-il eu droit à un accueil aussi fou ? Poser la question, c'est y répondre !

L'arrivée devant l'hôtel de ville de Montréal se fait dans une grande cohue et une atmosphère de kermesse. Lorsque les premières motocyclettes de la police passent devant l'escalier central de l'édifice, il est 19 h 33 à la grande horloge aux chiffres romains qui trône

---

1. Mario Robert, « Le général de Gaulle à Montréal, 1967 : Le balcon ».

2. Pierre-Louis Mallen, *Vivre le Québec libre,* p. 160. Il fait référence au général Philippe Leclerc de Hauteclocque, qui marcha sur Paris pour libérer la ville le 25 août 1944. Quelques minutes plus tard, sur le balcon de l'hôtel de ville de Montréal, de Gaulle fera aussi référence à la libération de Paris.

3. Carl Leblanc et Luc Cyr, *Le Chemin du Roy.*

au-dessus du balcon. Les gens, dont certains attendent depuis quelques heures, sont massés en face, du côté sud de la rue Notre-Dame. D'autres sont agglutinés, du côté nord, sur la mince bande de terrain entre la rue et l'édifice. La plupart des comptes rendus de l'époque évaluent la foule à 15 000 personnes.

Le boxeur et militant Reggie Chartrand et son groupe des Chevaliers de l'indépendance sont présents. Plusieurs militants nationalistes et indépendantistes brandissent des pancartes où on lit « RIN », « Québec = pays français », « Au Québec tout en français », « Autodétermination pour tous les peuples opprimés », « Vive la France ». D'autres écriteaux portent des messages plus insolites. Sur l'un d'eux est écrit : « Général de Gaulle aidez-moi à délivrez [sic] Haïti de Duvalier l'anthropophage ».

À la radio de Radio-Canada, la journaliste Janine Paquet relate ce qu'elle lit sur les écriteaux : « Il y a aussi dans l'assistance des personnes qui portent des bannières et sur ces bannières, il y a des inscriptions "Vive le général de Gaulle", "Vive la France". Il y a aussi quelques bannières insolites écrites RIN, mais il y en a encore davantage marquées "Bienvenue au général de Gaulle". »

Gérald Lachance, qui se trouve à l'intérieur de l'hôtel de ville, rapporte à la radio de Radio-Canada que le maire Drapeau n'a pas chômé durant la journée, travaillant à son bureau et recevant divers invités. « On dira que le maire Drapeau est peut-être loin de tout ça. Non. J'ai vu son honneur le maire venir sur la terrasse avec des contremaîtres, des ouvriers, s'occuper personnellement des derniers préparatifs[4]. »

À la télévision de Radio-Canada, Nicole Germain et Henri Bergeron décrivent les événements en voix hors champ. Leurs interventions sont plus détachées, plus protocolaires, que celles de leurs collègues de la radio. Avec une voix ensoleillée, rieuse, Nicole Germain lance : « Il faut avouer que notre hôtel de ville a vraiment grande allure. Par son style Renaissance, il ressemble à celui de Paris, même

---

4. Émission radiophonique spéciale sur l'arrivée du général de Gaulle à Montréal, Radio-Canada, 24 juillet 1967.

s'il est plus petit[5]. » Il est vrai que l'édifice de la rue Notre-Dame resplendit. Un tapis rouge est déroulé sur le grand escalier. Le beau temps étant revenu, le maire Drapeau a donné l'ordre d'enlever la marquise qui protégeait les marches des intempéries. Des fleurs décorent les balustrades, des écus parent toutes les fenêtres. Sur ces écus sont accrochés des drapeaux de la France, du Québec, de la Ville de Montréal et, contrairement à ce qu'on a vu ailleurs excepté Louiseville, du Canada. Des banderoles tricolores ornent le grand balcon au-dessus de l'entrée.

Le soleil descend lentement sur l'horizon lorsque les voitures officielles et les véhicules de police apparaissent à l'intersection des rues Saint-Antoine et Gosford. Sagement rangée jusque-là des deux côtés des rues, la foule s'agite. Des gens courent pour se rapprocher le plus possible des voitures. À certains endroits, il n'y a pas de clôture. Et pas beaucoup de contrôle non plus. Le cortège arrive au cœur d'une marée humaine. Les policiers forment des cordons que la pression constante des gens menace de faire céder. Des gens scandent des slogans nationalistes. Des centaines d'autres, à la recherche d'un précieux souvenir à mettre dans leur album, brandissent leur appareil photo au bout de leurs bras comme dans un concert rock. « Il y avait une confusion, une cohue populaire qui entourait les voitures, dit Marcel Masse. Tout le monde s'est précipité dans les escaliers. Il n'y avait plus aucun protocole. Il n'y avait plus rien qui tenait. On était dans la pagaille la plus totale[6]. »

Jean-Claude Labrecque et Michel Brault sont dans cette foule immense, filmant chacun de leur côté. Leurs collègues Bernard Gosselin et Pierre Mignot devaient les rejoindre par hélicoptère, mais le pilote a reçu l'ordre d'aller se poser à l'aéroport de Dorval au lieu du centre-ville. Les deux hommes arriveront à la toute dernière minute. « Michel a pris les beaux plans qu'on voit dans le film lorsque la voiture de Charles de Gaulle tourne à l'intersection Sherbrooke et

---

5. Émission télévisuelle spéciale sur l'arrivée du général de Gaulle à Montréal, Radio-Canada, 24 juillet 1967.

6. Carl Leblanc et Luc Cyr, *Le Chemin du Roy*.

Saint-Denis, raconte Labrecque. Par la suite, il s'est rendu à pied jusqu'à l'hôtel de ville[7]. »

Les deux jeunes cinéastes ne sont pas seuls à prendre des images en vue d'en faire un film. Claude Fournier est aussi là, parmi la foule, avec deux autres caméramans, Paul Vézina et Charles Desmarteau. La veille, M. Fournier, qui travaille à son compte chez Onyx Films, entreprise qu'il a fondée, a reçu une proposition de l'Office du film du Québec. Les dirigeants de cet organisme qui, quelques semaines auparavant, avaient refusé le projet de Jean-Claude Labrecque se sont réveillés devant l'ampleur que prenait l'événement. Claude Fournier se remémore : « L'Office avait fait prendre des images par un caméraman [Paul Vézina, dans son souvenir] la veille à Québec, et les responsables avaient trouvé ça très bon. Ils m'ont demandé d'en faire un film et de m'assurer que celui-ci sorte avant le film officiel [celui de l'OIPQ réalisé par Labrecque]. J'utilisais une caméra 16 mm en couleurs mais le son n'était pas synchronisé[8]. »

Au pied de l'hôtel de ville, le grondement de la foule est devenu assourdissant. À tel point que Jean-Claude Labrecque n'entend plus le moteur de sa bruyante caméra. « Les décibels sont palpables[9] », écrit Jean Loiselle dans sa biographie de Johnson. Flanqué du premier ministre du Québec, Charles de Gaulle est debout, à l'arrière, du côté droit de la voiture, dont le toit est rabattu. Les deux chefs saluent de tous les côtés. Le véhicule s'arrête au pied de l'escalier, où Jean Drapeau et son épouse, Marie-Claire Boucher, attendent les invités. Autour d'eux, au garde-à-vous, une haie de policiers en habits d'apparat.

Charles et Yvonne de Gaulle montent quelques marches, se retournent et saluent la foule, avec les Drapeau et les Johnson. Le président lève bien haut le bras droit pour saluer ; dans sa main gauche, il tient ses lunettes. Jean Drapeau et Daniel Johnson applaudissent pendant que les gens l'acclament. En son for intérieur, le

---

7. Entrevue avec l'auteur.
8. Entrevue avec l'auteur.
9. Jean Loiselle, *Daniel Johnson. Le Québec d'abord*, p. 147.

maire de Montréal caresse le souhait que de Gaulle profite de sa visite pour annoncer que la France fera don de son pavillon de l'Exposition universelle à la Ville de Montréal[10]. La fanfare des pompiers joue *La Marseillaise*. De Gaulle chante. On enchaîne avec *Ô Canada*. Drapeau et Johnson chantent ; de Gaulle essaie de s'y mettre.

Ici, comme la veille à l'anse au Foulon, la foule hurle son mécontentement. Les gens étaient plus polis à Louiseville, quelques heures plus tôt. Jean Drapeau n'est pas heureux. Au moins, les dernières paroles de l'hymne national canadien sont accueillies par des exclamations joyeuses. Au bout d'un court moment, les dignitaires entrent dans l'hôtel de ville.

Qu'ils écoutent la radio ou la télévision, les auditeurs et les téléspectateurs de Radio-Canada ont droit à un premier commentaire fort différent quant aux dernières minutes qui viennent de se dérouler.

« *Ô Canada* a été entonné par les uns, apprécié par les autres et, [accueilli] par un silence un peu moins discret par d'autres. Ceux qui protestaient, c'étaient des porteurs de pancartes marquées RIN[11] », propose Janine Paquet à la radio de Radio-Canada. « Le président de la République française, après avoir salué la foule massée sur le Champ-de-Mars [en fait, le Champ-de-Mars se situe à l'arrière du bâtiment], monte maintenant l'escalier d'honneur, se dirigera au deuxième étage de l'hôtel de ville pour ensuite paraître au balcon, saluer de nouveau la foule, et se dirigera ensuite vers le bureau du maire[12] », narre de son côté Nicole Germain, qui se garde de mentionner les huées entendues. On remarquera aussi que dans le programme lu par Mme Germain, il n'est pas question d'un discours au balcon...

---

10. Document n° 101, dans Ministère des Affaires étrangères, *Documents diplomatiques français. 1967*, t. 2 : *1ᵉʳ juillet-29 décembre*.

11. Émission radiophonique spéciale sur l'arrivée du général de Gaulle à Montréal, Radio-Canada, 24 juillet 1967.

12. Émission télévisuelle spéciale sur l'arrivée du général de Gaulle à Montréal, Radio-Canada, 24 juillet 1967.

De Gaulle et Drapeau pénètrent côte à côte à l'intérieur de l'hôtel de ville. Tout en marchant, le président français retire son képi et cherche François Flohic, qui arrive précipitamment derrière lui pour le saisir. Pendant que le maire, la mine sérieuse, lui explique le déroulement des prochaines minutes, de Gaulle passe ses mains sur son visage et dans ses cheveux. Les deux hommes montent dans l'ascenseur.

Au même moment, à la radio, Gérald Lachance, qui fait la navette entre le hall d'entrée et la terrasse arrière, où attendent les invités à qui de Gaulle doit s'adresser, lance une phrase lourde de sens : « C'est sans doute Janine Paquet [postée au château Ramezay, du côté sud de la rue Notre-Dame] qui pourra tout à l'heure vous décrire le choc, l'impact que produira son arrivée sur ce balcon. On ne peut présumer de ce qui se passera devant l'hôtel de ville[13]. »

Sur la terrasse arrière, celle donnant sur le vrai Champ-de-Mars, les dignitaires sont regroupés devant des postes de télévision installés à la hâte. Parmi eux, on trouve plusieurs députés de l'Assemblée législative, dont René Lévesque, Robert Bourassa et Yves Michaud, du Parti libéral du Québec. À l'avant, la foule réclame de Gaulle de plus en plus fort. À l'intérieur, on discute quelques instants. Dans le souvenir de François Flohic, le maire propose alors au général de se faire photographier par un portraitiste dont il a retenu les services. « À ma grande surprise, le général, qui a horreur de poser, accepte aussitôt ; dans le studio improvisé, il se prête de bonne grâce aux exigences multiples de l'artiste, sans manifester la moindre impatience[14]. »

Mais Charles de Gaulle a très hâte de se présenter au balcon, d'où provient une clameur de plus en plus forte. Dès qu'il en voit la porte, il s'y précipite. Drapeau et quelques autres dignitaires le suivent. Lorsque la porte s'ouvre, de Gaulle, souverain, s'avance sous la clameur. Dans un coin du balcon, à sa gauche, le micro est encore là…

---

13. Émission radiophonique spéciale sur l'arrivée du général de Gaulle à Montréal, Radio-Canada, 24 juillet 1967.

14. François Flohic, *De Gaulle intime*, p. 68.

CHAPITRE 20

« C'est une immense émotion... »

À la vue du général, le grondement de la foule s'amplifie. Il est 19 h 42 à l'horloge de l'hôtel de ville.

« Et le voici, Henri. Le voici. Dans les fleurs… », s'exclame Nicole Germain à la télévision[1]. De Gaulle salue la foule une première fois. Il va jusqu'au bout du balcon sur sa droite. Il fait le chemin inverse sur sa gauche. Il s'arrête au milieu et salue les milliers de gens rassemblés, les bras en corbeille, comme s'il voulait d'une seule brassée les prendre et les serrer sur sa poitrine. Puis, il s'immobilise. Durant quelques instants, le temps est suspendu. Qu'arrivera-t-il maintenant ? Une courte discussion s'amorce entre le président français, le maire Drapeau et quelques autres personnes.

De Gaulle insiste pour prendre la parole. Jean Drapeau plaide qu'il n'y a pas de micro.

« Et là, dans le coin, ce n'est pas un micro ? demande le président qui, très myope, s'est fait souffler à l'oreille la présence du précieux objet.

— Ah si, c'est un micro. Mais c'est bien de valeur, mon général, il ne fonctionne pas », répond le maire.

Un individu s'interpose.

---

1. Émission télévisuelle spéciale sur la visite de Charles de Gaulle à l'hôtel de ville de Montréal, Radio-Canada, 24 juillet 1967.

« Je vais vous le rebrancher, moi, votre micro[2]. »

De Gaulle jubile. Drapeau écume.

Sur les images qui nous sont restées, on voit quelqu'un pointant vers l'extrémité gauche du balcon. Jean Drapeau lève la main droite et, balançant son pouce par-dessus son épaule, semble indiquer qu'il faut retourner à l'intérieur et aux invités qui attendent sur la terrasse. Il échange un mot avec de Gaulle puis, de guerre lasse, se penche et aide lui-même une autre personne à transporter le micro jusqu'au centre du balcon. En deux temps trois mouvements, celui-ci est rebranché.

« On lui signifie sans doute qu'il y a là un microphone, qu'il peut l'utiliser à volonté, et il semble que le général va maintenant adresser la parole [à la foule] », fait Henri Bergeron hors champ. « Il ne demande que ça », ajoute Nicole Germain en riant. « Il a accepté de dire un petit mot, poursuit Bergeron, comme il l'a fait d'ailleurs toute la journée dans toutes les villes visitées par le cortège présidentiel[3]. » À la radio de Radio-Canada, Janine Paquet décrit ainsi ces moments : « On ne sait pas si le président adressera la parole [à la foule], mais nous semblons en douter un peu. Il salue de la main, de ses grands bras paternels comme on a dit, toute cette foule. On crie "On veut de Gaulle !". De Gaulle hésite et voilà que des microphones sont hissés sur le balcon principal de l'hôtel de ville, que des projecteurs arrivent sur le président et l'auréolent, et dans quelques secondes, c'est certain, le président va parler[4]. »

Sur la terrasse arrière de l'hôtel de ville, René Lévesque et Yves Michaud sont accroupis devant un téléviseur. Lévesque a le menton dans sa main droite. Robert Bourassa n'est pas loin d'eux. Tout comme l'éditorialiste Claude Ryan et un jeune professeur de droit de trente-six ans, Jacques-Yvan Morin, président des États généraux

---

2.   Adaptation à partir de nombreux témoignages de mémorialistes.

3.   Émission télévisuelle spéciale sur la visite de Charles de Gaulle à l'hôtel de ville de Montréal, Radio-Canada, 24 juillet 1967.

4.   Émission radiophonique spéciale sur la visite de Charles de Gaulle à l'hôtel de ville de Montréal, Radio-Canada, 24 juillet 1967.

du Canada français. Pierre Marc Johnson, qui avait la tâche d'accompagner Maurice Couve de Murville jusqu'à l'escalier de l'hôtel de ville, demeure debout dans le cadre de la porte principale, d'où il regarde la foule. Il y reconnaît de nombreux militants du RIN avec leurs pancartes.

Lester Pearson est à Ottawa et suit l'affaire à la télévision. Paul Martin se trouve dans un wagon de train immobilisé près de l'hôtel Le Reine Elizabeth. Il écoute le discours à la radio. Il doit rester à Montréal, car le lendemain soir, il doit prendre part à un autre repas honorant le président français. « À cette époque, les gouvernements bénéficiaient de wagons privés pour travailler, comme il y a des avions Challenger aujourd'hui, nous a expliqué Paul Martin fils en entrevue. Ces wagons comptaient quelques chambres, une salle à manger et un petit salon. »

Pierre Bourgault est avec les militants de son parti, au milieu des spectateurs. La foule scande : « Un discours ! Un discours ! » Le calme revient. Un calme tout relatif. Le moment est solennel. Toujours stoïque, François Flohic est au côté de son président. De Gaulle, dont les paroles ont été entrecoupées de quintes de toux dans ses interventions de l'après-midi, a repris de sa superbe. Il empoigne les deux branches du micro de ses grandes mains et clame : « C'est une immense émotion qui remplit mon cœur en voyant devant moi la ville de Montréal française. Au nom du vieux pays, au nom de la France, je vous salue de tout mon cœur. Je vais vous confier un secret que vous ne répéterez pas [la foule s'esclaffe]. Ce soir, ici, et tout au long de ma route, je me suis trouvé dans une atmosphère du même genre que celle de la Libération ! »

Sous le balcon, la foule crie son approbation. Sur la terrasse, certains invités échangent des regards. De Gaulle y va un peu fort, murmure-t-on. À Ottawa, Pearson est furieux. Qu'est-ce que cette longue parade gaullienne a à voir avec la Libération ? De quoi les Québécois ont-ils besoin d'être libérés ?

« Et tout au long de ma route, outre cela, j'ai constaté quel immense effort de progrès et par conséquent d'affranchissement vous accomplissez ici. Et c'est à Montréal qu'il faut que je le dise, parce que s'il y a eu au monde une ville exemplaire pour ses réussites modernes, c'est la vôtre ! Je dis : c'est la vôtre, et je me permets d'ajouter : c'est la nôtre ! »

Après quelques phrases supplémentaires[5] consacrées au progrès du Québec et aux liens l'unissant à la France, de Gaulle saisit à nouveau le microphone et lance :

« Vive Montréal ! »

Nouveaux cris.

« Vive le Québec ! »

« Libre ! » ajoutent quelques personnes en contrebas. Concentré sur son message, de Gaulle ne leur prête pas attention. Un instant plus tard, il reprend :

« Vive le Québec libre ! »

La foule éclate de joie. Un élan formidable, colossal, électrisant, la traverse de part en part. Immense, le cri se prolonge et déferle comme un tsunami, une secousse sismique, une avalanche. Tout n'est plus que cohue et commotion. Sur la terrasse à l'arrière, René Lévesque se retourne vers Yves Michaud : « Baptême qu'y va vite[6] ! »

« Moi, je n'ai rien dit, se remémore Michaud. J'étais complètement estomaqué, époustouflé, médusé, tétanisé, figé [il mime le souffle coupé]. C'était tellement gros que tu n'es plus capable d'analyser. C'est tellement porteur[7]… »

Lévesque est lui aussi témoin du spectaculaire fossé qui s'est instantanément creusé entre les invités rassemblés sur la terrasse, selon qu'ils sont francophones ou anglophones :

C'est dans cette pose [accroupi devant un téléviseur] que le « Vive le Québec… libre » nous garda paralysés quelques instants. Puis, entendant le silence de mort qui régnait dans notre dos, nous nous retournâmes vers l'assistance. Rares sont les instants où l'on reconnaît assez clairement les deux Montréal. En état de choc, figé dans une furie qui n'émettait encore que des grondements annonciateurs : le Montréal

---

5. L'intégralité du discours se trouve à l'annexe 1.

6. Entrevue d'Yves Michaud avec l'auteur.

7. *Ibid.*

anglophone. Quant au Montréal français, sauf pour les gens à qui statut ou accointances imposaient le devoir de réserve, il ne cachait ni les grands sourires complices ni même, dans les coins, des gestes d'un enthousiasme plus discret mais tout aussi réel que celui de la foule populaire[8].

Le premier ministre Daniel Johnson va voir un groupe de ses conseillers :

« On va avoir des problêêêêêêmes[9] ! »

Lorsqu'on lui rapporte l'anecdote, Pierre Marc Johnson dit qu'il « ne serai[t] pas étonné » que son père ait prononcé cette phrase. « Il voyait venir la tempête. C'était sûr que le Canada anglais n'allait pas laisser faire ça », dit-il. Lui, justement, n'a pas entendu de Gaulle lancer son VLQL (« Vive le Québec libre ! »). « J'étais sous le balcon, se souvient-il. Mais je ne l'entends pas bien. Le système de son n'est pas adéquat. Il y a comme un écho. Je n'entends pas "Vive le Québec libre !" mais je vois la réaction de la foule qui était déjà en liesse. »

Certains témoins, dont Jacques-Yvan Morin, affirment que le slogan soulève même l'enthousiasme du jeune député de Mercier, Robert Bourassa. « Il l'a dit ! Il l'a dit[10] ! », ne cesse-t-il de répéter.

« Tous les gens qui étaient là n'en revenaient pas, dit Pierre Bourgault dans le documentaire *Le Chemin du Roy*. Ç'a été une ovation sans fin, on le sait. Et dans la foule, tout ce qu'on se disait, c'était : "Il l'a dit ! Il l'a dit ! Il l'a dit !" On n'en croyait pas nos oreilles[11]. »

« Je n'en revenais pas », dit Claude Fournier qui, comble de malheur, arrive au bout de la bande de son enregistreuse Nagra juste avant les célèbres quatre mots (un ami de Radio-Canada le dépannera au montage). « La foule a tellement éclaté de joie qu'il était

---

8. René Lévesque, *Attendez que je me rappelle…*, p. 278.

9. Plusieurs mémorialistes ont rapporté ces paroles, dont Claude Morin, *Mes premiers ministres. Lesage, Johnson, Bertrand, Bourassa et Lévesque*, p. 284.

10. Entrevue de Jacques-Yvan Morin avec l'auteur ; et Pierre-Louis Mallen, *Vivre le Québec libre*, p. 175.

11. Carl Leblanc et Luc Cyr, *Le Chemin du Roy*.

difficile de ne pas ressentir d'émotion, peu importe si on était indépendantiste ou non[12]. »

« Partout autour de nous, c'était l'euphorie, se remémore Pierre Mignot, arrivé juste à temps de l'aéroport pour être emporté par l'émotion. J'étais indépendantiste. Alors d'entendre de Gaulle pousser ce cri, je me suis dit : ça y est, on va devenir indépendants. Mais le soir même et le lendemain, les gens ont commencé à en parler comme le fait d'un accident diplomatique[13]. »

À Ottawa, Lester B. Pearson est bouche bée. Dans son wagon privé, Paul Martin fulmine. « Mon père, je le sais, était furieux de la déclaration du général, raconte son fils. Il a téléphoné à M. Pearson pour lui en parler[14]. » Pearson somme son secrétaire d'État aux Affaires extérieures de rentrer à Ottawa illico. Martin passe d'abord un autre coup de fil, cette fois-ci à l'ambassadeur du Canada en France, Jules Léger.

« Je veux obtenir des explications de Couve de Murville[15]! »

Après sa déclaration retentissante et les réactions instantanées qu'elle provoque, de Gaulle s'empresse de conclure : « Vive le Canada français! Et vive la France! » Il demeure ainsi, quelques instants, face à la foule en liesse, les bras en V, les poings serrés, alors que quelques mètres plus bas, c'est le délire. Puis, le président se tourne et rentre dans l'hôtel de ville, essuyant son front de sa main droite.

Rue Notre-Dame et place Vauquelin, les gens continuent à hurler de joie et d'émotion. On crie « Vive de Gaulle! » sans arrêt. D'autres scandent « Le Québec aux Québécois! ». Avec son « Vive le Québec libre! », Charles de Gaulle vient de faire une entrée fracassante et impériale dans l'histoire du Québec contemporain.

---

12. Entrevue de Claude Fournier avec l'auteur.

13. Entrevue de Pierre Mignot avec l'auteur.

14. Entrevue de Paul Martin fils avec l'auteur.

15. Paul Martin, *A Very Public Life*, vol. 2 : *So Many Worlds*, p. 595.

CHAPITRE 21

Retour sur un micro

Jamais microphone n'aura autant fait parler.
Que faisait-il là, ce micro, au juste ? Et pas seulement un micro, mais tout un système d'amplification. Encore aujourd'hui, difficile d'y voir clair. Le système a-t-il été installé par la garde rapprochée de De Gaulle, favorable à ce qu'il prenne la parole ? Par des indépendantistes québécois ? Par les médias présents ? Reste que le maire Drapeau a fini par le repérer. Il aurait demandé à un employé de l'enlever, mais ce dernier s'est contenté de débrancher le microphone. Dans la fébrilité des derniers préparatifs, le maire aurait oublié de vérifier que ses ordres avaient été correctement exécutés.

Ensuite, qui a signalé la présence du micro au président ? Certains affirment que de Gaulle lui-même l'a aperçu. Quoiqu'avec sa myopie, on peut sérieusement en douter. Dans la myriade d'ouvrages qui ont évoqué l'affaire, plusieurs autres noms ont été avancés : Bernard Dorin, Pierre-Louis Mallen, un technicien de Radio-Canada, un technicien de l'ORTF ou même Paul Comiti, le garde du corps du SAC qui aurait fait un mauvais parti à un photographe trop zélé à Louiseville. Dernière hypothèse en date : il s'agirait de Roger Tessier, un autre garde du corps, comme il l'a lui-même affirmé en novembre 2015[1].

---

1. Hugo Lavoie, « Le secret du "Vive le Québec libre !" de De Gaulle », *Gravel le matin,* Radio-Canada, 8 novembre 2015 [ici.radio-canada.ca/emissions/gravel_le_matin/2015-2016/archives.asp ?date=2015-11-09].

Une certitude : c'est bien un technicien de Radio-Canada qui a rebranché le micro. Et, ce qui ne gâte rien, ce technicien était un organisateur politique du député libéral d'Ahuntsic, Jean-Paul Lefebvre. Après le discours du président, le technicien en question a remis son enregistrement du discours à M. Lefebvre. C'est en tout cas ce que celui-ci affirme dans une lettre datée du 6 avril 1998 :

> En 1967, lors de la mémorable visite du général à Montréal, j'étais député d'Ahuntsic à l'Assemblée nationale [*sic*] du Québec. L'un de mes organisateurs politiques était un technicien du son à Radio-Canada. Il était de service sur le balcon de l'hôtel de ville de Montréal le jour du fameux discours. [...] En constatant que le micro était « mort », le général se serait tourné vers les gens qui étaient derrière lui en disant ostensiblement « ce truc-là n'est pas branché ». Saisi par la dimension du personnage et le regard foudroyant du général, mon organisateur-technicien s'est empressé de faire le raccord[2].

L'explication de Jean-Paul Lefebvre trouve un écho dans l'autobiographie de René Lévesque, *Attendez que je me rappelle...* Ce dernier relate que « l'ami Bouchard, technicien toujours dévoué qui accompagnait l'équipe de Radio-Canada », s'est empressé de proposer de rebrancher le micro avec sa « gentillesse coutumière[3] ». On sait que René Lévesque connaissait bien les gens de Radio-Canada pour y avoir travaillé durant plusieurs années.

En entrevue avec Fernand Seguin le 13 novembre 1967 à l'émission *Le Sel de la semaine* de Radio-Canada, Jean Drapeau offre un témoignage qui recoupe ceux de Lefebvre et Lévesque : « Il y a un représentant de Radio-Canada qui était là et, voyant les yeux du

---

2. Archives de la Ville de Montréal. À noter que l'enregistrement se trouve dans le fonds d'archives de Jean-Paul Lefebvre, à l'Université du Québec à Montréal. La lettre, quant à elle, a été écrite le jour où le Service des archives de l'UQAM a remis une copie de cette bande sonore au Service des archives de la Ville de Montréal.

3. René Lévesque, *Attendez que je me rappelle...*, p. 277.

général, a branché le fil au fil d'alimentation. C'est pas plus difficile ni compliqué que ça. Et voilà comment s'écrit l'histoire », conclut le maire en s'esclaffant[4]. L'expression « les yeux du général » correspond bien au « regard foudroyant du général » évoqué par Jean-Paul Lefebvre dans sa lettre de 1998.

Mais que veut dire Lefebvre lorsqu'il affirme que le micro était « mort » ? Là-dessus, tous les témoins, français comme québécois, s'entendent pour dire que Jean Drapeau, redoutant une envolée oratoire de son illustre invité au balcon, avait ordonné le débranchement du microphone plusieurs heures avant son arrivée. Certains affirment que le maire avait carrément ordonné le retrait du micro mais que, dans le brouhaha de cette journée complètement folle, il avait oublié de vérifier si sa demande avait été exaucée.

De l'avis général, pour ne pas dire unanime, s'il y a une personne au monde qui ne voulait pas que de Gaulle s'adresse directement aux Montréalais, c'était Drapeau, le seigneur des lieux. C'est ce qu'a laissé entendre la rumeur dès les jours et les semaines qui ont suivi l'événement. Dans son entrevue avec Fernand Seguin, Drapeau se défend d'avoir voulu museler de Gaulle. Il déclare : « Tout le programme de la visite du général de Gaulle était préparé avec l'assentiment des gens de l'Élysée. Et il a été convenu à ce moment-là que le général devait monter au balcon saluer. Mais il n'y a pas eu de démarches pour empêcher le général de parler. C'était prévu qu'il ne parlait pas[5]. »

Dans *De Gaulle et le Québec*, Alain Peyrefitte réfute cette allégation. Lors de sa visite à Montréal en septembre 1967 (il n'était pas du voyage de juillet), Drapeau lui a fait visiter l'hôtel de ville. Revenant sur les événements du 24 juillet, le maire aurait confié au ministre de l'Éducation nationale : « J'avais insisté, quand les envoyés de l'Élysée étaient venus préparer le voyage, pour qu'il n'y ait pas de discours

---

4. *Le Sel de la semaine* (émission télévisuelle), Radio-Canada, 13 novembre 1967.

5. *Ibid.*

au balcon[6]. » Qui croire ? Drapeau assurant qu'il n'y a pas eu de « démarches pour empêcher » de Gaulle de parler, ou Peyrefitte citant Drapeau affirmant qu'il a « insisté » pour qu'il n'y ait pas de discours ?

Sur la terrasse

Chose certaine, sur la terrasse, on s'attend à ce que le général parle. Parce qu'après le balcon à l'avant de l'hôtel de ville, il reste la réception et les mondanités à l'arrière. Pendant que Drapeau, de Gaulle et tous leurs proches qui les ont accompagnés au balcon se dirigent vers la terrasse, les journalistes des médias diffusant les événements en direct ont quelques minutes pour y aller de leurs commentaires.

Or, à la télévision de Radio-Canada, Henri Bergeron ne fait aucune allusion aux paroles prononcées sur le balcon. Une des caméras montre les gens se dispersant lentement devant l'hôtel de ville. On voit les reflets orangés du soleil couchant dans les flaques d'eau et la fontaine de la place Vauquelin. À la radio au contraire, Gérald Lachance s'intéresse à l'affaire. Il rapporte comment les paroles du président français ont été accueillies par les dignitaires rassemblés sur la terrasse. Il dit : « Tous ces gens se sont tous groupés autour de l'appareil de télévision tout en écoutant les haut-parleurs qui ont été disposés ici sur la terrasse de façon à connaître le discours que le général a prononcé, discours fort intéressant qui a suscité ici des sourires, des exclamations, mais enfin personne n'est resté indifférent aux paroles qui ont été prononcées par le président de Gaulle[7]. »

Jean-Claude Labrecque s'est précipité à l'intérieur de l'hôtel de ville et tourne de nouvelles images. « À un moment donné, assure-t-il, j'ai entendu Drapeau dire à de Gaulle : "Vous savez, mon général,

---

6. Alain Peyrefitte, *De Gaulle et le Québec*, p. 102.

7. Émission radiophonique spéciale sur la visite de Charles de Gaulle à l'hôtel de ville de Montréal, 24 juillet 1967.

que *Vive le Québec libre !* est un slogan employé par les séparatistes au Québec." Il [de Gaulle] l'a interrompu et répliqué : "Mais on s'en fout, monsieur le maire."[8] »

Sur la terrasse, on a installé une estrade en bois. Sachant que la cérémonie se poursuit à cet endroit, des curieux se rassemblent en contrebas, place Vauquelin, dans l'espoir d'apercevoir quelque chose. Mais cette réception-là, retransmise à la télévision, se déroule à l'abri des regards des passants. Il y a du monde ! Ministres, députés, ecclésiastiques, conseillers et administrateurs municipaux, consuls de plusieurs pays ayant une antenne montréalaise. Un gratin d'invités sagement assis sur de petites chaises en rangées. Le maire s'avance au micro (déjà branché, celui-là) et revient sur les événements des dernières minutes. À sa façon, il signale à Charles de Gaulle que Montréal est bien plus qu'un nid de séparatistes : « C'est tout Montréal qui vous accueille, Excellence ; non seulement le Montréal francophone que vous connaissez si bien, mais le Montréal cosmopolite qui aimerait vous saluer aussi, chacun dans sa langue. » Drapeau annonce aussi qu'il répondra plus longuement au discours du balcon à l'occasion du déjeuner qu'offrira la Ville en l'honneur de son visiteur le mercredi 26 juillet.

Son tour venu, le président français répond :

> Monsieur le maire, ayant eu à l'instant même le plaisir et l'honneur de m'adresser à la grande foule des habitants de Montréal, qui m'a fait un accueil vraiment inoubliable, je dois maintenant saluer les personnalités que vous avez bien voulu convier ce soir autour de moi. J'ai dit et je pense que Montréal est la ville des réussites. Cela tient, sans aucun doute, à la base. C'est-à-dire aux sentiments profonds de la masse des habitants de cette grande ville. Cela tient aussi, je le sais et je le dis, à la qualité des élites, des diverses élites, qui y ont déployé et y déploient leur activité.

---

8. Entrevue de Jean-Claude Labrecque avec l'auteur. D'autres mémorialistes rapportent que de Gaulle a demandé à Daniel Johnson s'il l'avait embarrassé. Ce à quoi le premier ministre aurait répondu : « Vous avez utilisé le slogan des séparatistes mais, rassurez-vous, je vais m'arranger. »

De Gaulle descend de l'estrade. Jean Drapeau lui tient le bras gauche (cette fois, le président ne bronche pas) et l'invite à s'asseoir à une table pour signer le livre d'or. Ce que de Gaulle fait, suivi de son épouse Yvonne. Leurs signatures suivent celles du prince Rainier de Monaco et de son épouse Grace, venus pour Expo 67 une semaine plus tôt.

Cette cérémonie est bénigne en comparaison de ce qui s'est passé sur le balcon. « Le général est venu nous voir, tous les députés, les sénateurs, les ministres, le gratin politique. Il nous a donné la main. C'était protocolaire. Ça ne voulait plus rien dire. Il venait de faire l'histoire[9] », philosophe Yves Michaud. François Flohic dit à peu près la même chose dans ses mémoires : « Je note, le soir même, que ce qui s'est passé sur la terrasse n'a été qu'une formalité sans importance après l'événement que nous venions de vivre[10]. » Flohic observe la « mine contrite » des gens autour de lui. Il aperçoit Couve de Murville et va vers lui :

« Avez-vous entendu les paroles du général ?

— Oui, il a eu tort de parler[11] », répond le ministre, les dents serrées.

Le chef de la diplomatie française sait trop bien que les prochaines heures, les prochains jours, seront douloureux. De Gaulle, encore une fois, n'en a fait qu'à sa tête, et tout le monde autour de lui va devoir ramer pour limiter les dommages.

Les de Gaulle s'apprêtent à quitter leurs hôtes pour se rendre à la résidence de Robert Bordaz, commissaire général de la France à Expo 67. Celle-ci est située rue Redpath-Crescent, à l'ouest du campus de l'Université McGill. C'est là que le couple présidentiel va dormir les deux prochaines nuits. Dans le brouhaha du départ, Janine Paquet et Gérald Lachance sont, à la radio de Radio-Canada, engagés dans un dialogue animé sur le sens à donner aux paroles du balcon.

---

9. Entrevue d'Yves Michaud avec l'auteur.

10. François Flohic, *De Gaulle intime,* p. 69.

11. *Ibid.*

Ils se demandent qui a influencé qui dans cette histoire. Le général a-t-il fait sa déclaration en voyant des pancartes avec l'inscription « Québec libre » ? Prudent, Gérald Lachance conclut : « Écoutez, Janine, moi, je crois qu'il est de notre devoir, qu'il est très important de souligner ces paroles, enfin cette similitude d'expression [sur] les pancartes et [dans] le discours du général. Mais comme les Français le font, ils accordent toujours… ils engagent toujours… ils mettent toujours assez de temps [pour] analyser les discours que prononce le président. Nous laisserons ça aux analystes[12]. »

De Gaulle descend les marches à l'avant de l'hôtel de ville, ses lunettes repliées dans sa main gauche. Jean Drapeau, le visage fermé, se tient à sa droite ; Daniel Johnson, à sa gauche. La voiture de fonction s'avance. La foule réclame à nouveau de Gaulle, qui la salue une dernière fois en souriant. Retourné sur la rue Notre-Dame, Jean-Claude Labrecque filme le président français descendant prudemment les marches. « Il faut voir la tête de Drapeau. Il n'a pas digéré ça ! » s'amuse-t-il. Le cinéaste ne s'attarde pas. Il ne sent plus le besoin d'emmagasiner des images. Tout a été dit !

Lorsque la Lincoln décapotable quitte les abords de l'hôtel de ville, c'est sous les vivats d'une foule compacte. La police est nerveuse et serre les rangs. Joseph-Adrien Robert, directeur général de la Sûreté provinciale du Québec (qui deviendra la SQ l'année suivante), mène les opérations. Tout se passe sans heurts. La foule aura su, tout au long de ces heures, manifester sa joie dans le calme, dit Maurice St-Pierre, directeur adjoint de la police de Montréal, au journaliste du *Toronto Star*. « Ce fut une démonstration très enthousiaste et la foule était très sympathique[13]. »

---

12. Émission radiophonique spéciale sur la visite de Charles de Gaulle à l'hôtel de ville de Montréal, Radio-Canada, 24 juillet 1967.

13. Irwin Block, « Chanting Separatists Mob de Gaulle », *Toronto Star*, 25 juillet 1967.

« *Deeply concerned* »

Les effets négatifs appréhendés par Couve de Murville ne mettent pas de temps à se concrétiser. À Ottawa, l'entourage du premier ministre est sur les dents. La déclaration du général suscite déjà une avalanche de réactions et il faut réagir vite, car de Gaulle sera dans la capitale fédérale dans moins de quarante-huit heures.

La journée même, l'attaché de presse de Lester Pearson rencontre les médias pour communiquer une première réaction. Le premier ministre est très préoccupé (« *deeply concerned* »), dit-il. « Pearson est profondément inquiet », titre *La Presse* dans un article publié le lendemain au bas de la une. Le journaliste Florian Bernard relate qu'en quelques minutes, le gouvernement canadien a reçu d'innombrables appels de citoyens en colère ou inquiets. Le texte cite également Jean Marchand, qui déclare : « Je crois, personnellement, que le général de Gaulle se mêle un peu trop des affaires intérieures du Canada[14]. »

Une réunion du conseil des ministres du gouvernement fédéral est annoncée pour le lendemain, mardi 25 juillet. En plus des élus, plusieurs conseillers de Pearson sont invités à rentrer à Ottawa. C'est le cas de Marc Lalonde. Ce dernier, qui entrera en politique active seulement en 1972, est alors conseiller du premier ministre canadien sur les questions fédérales-provinciales. « Mon anniversaire est le 26 juillet », résume M. Lalonde, qui était sur le point de célébrer son 38e anniversaire de naissance. « Je passais quelques jours de vacances dans un chalet que nous avions loué à l'île Perrot. Dans cette journée du 24 juillet, nous nous étions baignés et avions fait du bateau avec nos quatre enfants. En revenant à la maison, je m'assois pour regarder les nouvelles et j'entends de Gaulle lancer son cri. Je me suis dit : "Mais il est complètement fou, ce gars-là ! Qu'est-ce qui lui prend ?"[15] » Ébranlé, Lalonde compte quand même poursuivre

---

14. Florian Bernard, « Pearson est profondément inquiet », *La Presse*, 25 juillet 1967.
15. Entrevue avec l'auteur.

ses vacances. Mais le téléphone sonne à la maison. Il doit partir pour la capitale fédérale.

Avenue d'Oxford, dans Notre-Dame-de-Grâce, Daniel Johnson réunit lui aussi ses plus proches conseillers dans le salon de la résidence familiale. Son fils Pierre Marc est présent et ressent toute la tension du moment :

> Jean Loiselle, Paul Gros d'Aillon, Mario Beaulieu, Paul Chouinard et, je pense, André Patry étaient là. Papa s'assoit au salon dans un sofa qui est assez creux. Son bras est sur l'accoudoir et il lance : « Bon ! Alors ! Je vous écoute. » [...] De Gaulle avait utilisé un slogan du RIN, ce qui n'était pas neutre. C'était sûr qu'Ottawa prendrait ça comme un affront. Monsieur Drapeau, comme fédéraliste convaincu, allait aussi réagir. Monsieur Lesage [le chef de l'opposition officielle à Québec] probablement aussi. On entendrait sans doute dire que c'était inapproprié, que de Gaulle se mêlait des affaires internes du Canada. Avec tous ces éléments, il fallait que le premier ministre du Québec gère ça. Je pense que les meilleurs conseils que mon père a eus, c'est d'y aller graduellement et lentement, en prenant, comme hôte, une attitude de défense de son invité qui allait être critiqué. Et, par la suite, de laisser le calme revenir[16].

À la résidence de Robert Bordaz, les de Gaulle peuvent enfin dîner tranquillement. Le président reçoit néanmoins Couve de Murville et l'ambassadeur François Leduc pour discuter en privé de la situation. Au terme de ces entretiens, François Flohic va reconduire jusqu'au portail Leduc et Couve de Murville, qui logent à l'hôtel. Lorsqu'il revient à l'intérieur, de Gaulle l'aborde :

« Que pensez-vous de tout cela ?

— Mon général, répond l'aide de camp, étant donné ce à quoi j'ai assisté aujourd'hui, vous avez été le catalyseur des sentiments du peuple canadien-français. Il a soudainement pris conscience qu'il lui appartient de régler ses rapports avec les anglophones, rapports qui

---

16. Entrevue avec l'auteur.

lui sont défavorables depuis deux siècles. Vous ne pouviez dire aux Canadiens français que ce que vous leur avez dit. Ils l'attendaient de vous[17]. »

La nuit est maintenant tombée sur Montréal, Québec et Ottawa. L'adage veut qu'elle porte conseil. Mais pour plusieurs acteurs des mondes politiques québécois, canadien et français, elle sera longue…

---

17. François Flohic, *De Gaulle intime,* p. 70.

TROISIÈME PARTIE

Gérer la crise

CHAPITRE 22

Un jour, un jour…

Tôt le matin du mardi 25 juillet, Xavier de la Chevalerie téléphone à la réception du Reine Elizabeth, où il loge avec une partie de la délégation française. Il demande à être mis en communication avec Paris.

« Bonjour monsieur. Vive le Québec libre[1] ! » lui lance la téléphoniste.

Le ton est donné. Le chef de cabinet du président mesure tout à coup l'effet qu'a eu la déclaration faite la veille par son patron. Au même moment chez Robert Bordaz, rue Redpath-Crescent, Charles de Gaulle exprime pour une rare fois un peu d'appréhension.

« Le programme de la journée tient-il toujours[2] ? » demande-t-il à François Flohic.

L'aide de camp répond par l'affirmative. Ce programme est, à nouveau, fort chargé. Le président doit d'abord rencontrer quelques centaines de membres de l'imposante communauté française établie à Montréal. Par la suite, il doit se rendre au site de l'Exposition universelle, où il passera plusieurs heures. C'est d'ailleurs la journée nationale de la France (chaque pays participant à Expo 67 a ainsi sa journée) et il en est bien sûr l'invité d'honneur. Enfin, en soirée, de Gaulle sera de nouveau dans l'île Notre-Dame pour présider, au

---

1. Xavier de la Chevalerie, « Le voyage du général de Gaulle au Québec en 1967 – Témoignage », p. 12.
2. François Flohic, *De Gaulle intime*, p. 70. Adaptation de l'auteur.

pavillon de la France, un dîner protocolaire en l'honneur du premier ministre Daniel Johnson. Ce dîner doit permettre au président de rendre la politesse au gouvernement québécois pour la soirée tenue en son honneur le 23 juillet au Château Frontenac.

De Gaulle n'est pas dupe. Il sait très bien que ce n'est pas sa visite des pavillons à l'exposition qui retiendra l'attention des médias, mais bien les secousses secondaires de son coup d'éclat de la veille. Son entourage n'a qu'à regarder les journaux du matin pour s'en convaincre. Aux innombrables textes de nouvelles s'ajoutent les premiers éditoriaux, qui oscillent entre appui poli, tentative d'explication et condamnation lapidaire.

Le Soleil de Québec est de cette dernière catégorie : « Ce qu'on craignait sans trop le manifester ouvertement, parce qu'on espérait que rien de tel ne se produise, est malheureusement arrivé. La visite du général de Gaulle, au lieu de rapprocher davantage nos deux pays, les aura éloignés l'un de l'autre, parce que le président de la France aura tenu des propos déplacés sur les problèmes de politique intérieure canadienne, en particulier sur les relations entre le Québec et le Canada[3]. »

À la une du *Devoir*, Claude Ryan demande en titre : « Qu'a voulu dire le général ? » Il trouve que le président a employé des « formules ambiguës » qui, si elles sont prises au pied de la lettre, « l'engagent de plain-pied dans les débats de politique intérieure les plus délicats ». Ryan suggère une interprétation plus large : « De Gaulle a sans doute voulu parler d'affranchissement et de libération pour le Québec au sens le plus général, le plus élevé qu'on puisse donner à ces expressions. Il n'a probablement pas voulu cautionner de quelque manière que ce soit des courants d'opinion particuliers auxquels certaines formules qu'il a employées l'associaient pourtant assez directement. » Il n'empêche que le président doit « clarifier sa pensée[4] », ajoute-t-il. Sinon, il risque de compromettre les bénéfices que les Canadiens français espéraient tirer de sa visite.

---

3. « Vive le Québec libre », *Le Soleil,* 25 juillet 1967.

4. Claude Ryan, « Qu'a voulu dire le général ? », *Le Devoir,* 25 juillet 1967.

« De Gaulle a été plébiscité », titre l'éditorialiste de *La Presse*, Guy Cormier. « La vie et la liberté étant les deux plus grands biens de ce monde, on pourrait se demander où exactement réside le scandale dans une exclamation comme "Vive le Québec libre!" », même si « dans certains milieux » l'exclamation, associée à une forme d'ingérence dans les affaires intérieures du Canada, sera accueillie avec nervosité. De Gaulle souhaite simplement que le Québec « développe au maximum sa personnalité propre », sans pour autant se cloisonner du reste de l'Amérique. « Tous ceux qui, depuis quelques années, à Ottawa comme ailleurs, nous ont encouragés à rester différents des autres pourraient difficilement se chagriner quand une voix prestigieuse invite le Québec à se donner les moyens d'une personnalité distincte[5] », conclut Cormier.

Dans *Le Nouvelliste* de Trois-Rivières, Sylvio St-Amant croit aussi qu'il « serait peut-être exagéré » de voir dans ces propos un « encouragement au séparatisme ». De Gaulle, croit-il, a voulu encourager les Canadiens français « à prendre conscience de leur valeur, à devenir maîtres d'eux-mêmes pour organiser en conjonction avec les autres Canadiens les moyens de sauvegarder leur substance et leur indépendance[6] ».

Certaines stations de radio ont aussi leur éditorial, comme à CKVL, où le journaliste Michel Roy met en garde contre une polarisation des opinions :

> Comment les Canadiens français ne seraient-ils pas sensibles à ces propos du général de Gaulle ? Celui-ci a résumé tous nos problèmes en quelques formules et il a dit, en somme, que le Québec avait raison d'aspirer à la maîtrise complète de son destin. Il n'a pas dit qu'il fallait se séparer ni couper le Canada en deux. […] Et il faut dès maintenant se méfier des interprétations tendancieuses que nos compatriotes anglophones tenteront de donner aux paroles du général de Gaulle.

---

5. Guy Cormier, « De Gaulle a été plébiscité », *La Presse*, 25 juillet 1967.
6. Sylvio St-Amant, « Les lendemains d'une visite historique », *Le Nouvelliste*, 25 juillet 1967.

> Encourager le Québec à occuper toute sa place en Amérique ne signi-
> fie pas qu'on veuille affaiblir le Canada. Au contraire, celui-ci, enrichi
> de sa réalité française, n'en sera que plus fort, plus riche[7].

Dans les journaux anglais du pays, le rejet est total. Aux éditoriaux outrés s'ajoutent les caricatures mordantes dépeignant de
Gaulle cloué au pilori. En marge de ce concert de frustrations, la
journaliste Pat Pearce du *Montreal Star* dénonce toutefois les réseaux
de télévision anglais qui n'ont même pas eu l'obligeance de couvrir
en direct la visite du président français, notamment son arrivée la
veille à Montréal. Sous le titre « English Networks Missed the Boat »,
la chroniqueuse s'offusque de la décision de CTV et de CBC d'avoir
diffusé des émissions de variétés – un épisode de la série *Lucy* dans
le premier cas, l'émission musicale *Singalong Jubilee* dans le second –
alors même que de Gaulle enflammait la métropole. « C'est absurde,
juge-t-elle. La CBC envoie du personnel et de l'équipement à Win-
nipeg pour couvrir les Jeux panaméricains, un événement divertis-
sant. Mais il semble qu'elle ne puisse se départir du précieux temps
consacré à l'émission *Singalong Jubilee* pour partager avec le reste du
pays quelque chose d'important qui s'y passe[8]. »

Aux États-Unis, où les émeutes raciales de Detroit font les manchettes de tous les quotidiens, la nouvelle est néanmoins rapportée
et commentée sur un ton tout aussi cinglant qu'au Canada anglais.
Ainsi, le *New York Times* rapporte que le président français a lancé
son cri devant une foule « dominée par des extrémistes canadiens-
français ». Un éditorial cinglant qualifie de Gaulle de « fauteur de
troubles au Canada ». « Le général est trop intelligent pour ne pas
réaliser qu'il intervient directement dans les affaires intérieures du
Canada. » Ses politiques d'obstruction persistantes, au Canada
comme en Europe et au Moyen-Orient, pourraient bien se retourner

---

7. Michel Roy, CKVL, 25 juillet 1967. Texte de l'éditorial trouvé dans le fonds
Jean-Lesage, Bibliothèque et Archives nationales du Québec, Québec.

8. Pat Pearce, « English Networks Missed the Boat », *The Montreal Star,*
25 juillet 1967.

contre la France, ajoute le texte, qui assimile le gaullisme à une forme d'isolationnisme[9].

Après avoir fait un rapide tour d'horizon des médias, l'ambassadeur de France à Washington, Charles Lucet, envoie un câble au Quai d'Orsay. Il n'est pas encourageant ! « Que le président l'ait [le slogan] délibérément repris à son compte, comme on le croit à Washington, est jugé tout à la fois comme un acte désobligeant à l'égard des autorités fédérales canadiennes et de la Grande-Bretagne et comme une ingérence surprenante dans les affaires d'un pays tiers, par surcroît allié à la France », analyse-t-il. Il mentionne l'éditorial du *New York Times*, qui est « particulièrement acide[10] ».

Décalage médiatique

Comme il était près de deux heures du matin en France lorsque de Gaulle a lancé son VLQL, les éditions du matin de la presse parisienne ne relaient pas la nouvelle. Elles en sont encore à rapporter ce qui s'est déroulé le soir du 23 à Québec ou, dans le meilleur des cas, l'après-midi du 24 sur le chemin du Roy. Ce décalage médiatique atteint des proportions inusitées dans le quotidien *Le Monde*, qui propose à ses lecteurs trois pages d'articles de fond visiblement rédigés à l'avance et glorifiant les relations entre la France et le Canada. Le moment choisi pour publier ces textes n'est pas des plus heureux. Il suffit d'en relire quelques passages pour s'en convaincre.

Un des textes est signé Maurice Couve de Murville. Le chef de la diplomatie française dit évidemment souhaiter une accentuation des échanges (culturels, sociaux, économiques) entre la France et le Canada. La conclusion se situe toutefois en porte-à-faux par rapport aux événements des dernières heures :

> Sur un plan plus général, et compte tenu des relations particulières qu'elle a nouées avec le Québec pour des raisons qui sont évidentes,

---

9. « Mischief-Maker in Canada », *The New York Times*, 25 juillet 1967.
10. Document n° 46, dans Ministère des Affaires étrangères, *Documents diplomatiques français. 1967*, t. 2 : *1er juillet-29 décembre*.

la France est heureuse de constater l'excellence des rapports qui existent entre elle et le Canada. Tout invite les deux pays à coopérer dans le domaine politique. Non seulement rien ne les oppose, mais encore ils sont unis par beaucoup de conceptions et d'idéaux semblables, et d'abord par leur souci du respect de l'indépendance de chacun, par leur désir de paix et par une attitude semblable quant à leurs devoirs vis-à-vis de la communauté internationale[11].

À côté du texte de Couve de Murville paraît une lettre de Lester B. Pearson. « Formé de deux souches, une francophone et l'autre anglophone, le Canada cherche à créer dans la diversité une nouvelle unité », affirme le premier ministre canadien. Il dit souhaiter que les deux nations mères, la France et la Grande-Bretagne, l'appuient dans cet idéal.

En marge de la partie rédactionnelle, ces pages comportent des publicités au but bien précis : attirer des Français au Canada. Ainsi, un encadré du ministère canadien de la Main-d'œuvre et de l'Immigration lance un appel aux travailleurs spécialisés français à venir s'établir au Canada, dont la population « demeure insuffisante pour garantir la poursuite de l'expansion sensationnelle de ce pays ». Le Québec n'est pas en reste avec cet encadré publicitaire loufoque du ministère de l'Industrie et du Commerce : « Le saviez-vous ? Au Québec, on peut s'aventurer hors des grandes villes sans mousquet ou arbalète. Ni les loups ni les Indiens ne vous dévoreront[12]. »

Vive le Canada !

Laissant tomber la vareuse, de Gaulle a revêtu ses habits civils pour entreprendre cette journée du 25 juillet. Il prend d'abord la direction de l'hôtel Ritz-Carlton pour la rencontre avec les expatriés. Organi-

---

11. Maurice Couve du Murville, « Des idéaux semblables », *Le Monde,* 25 juillet 1967.
12. *Le Monde,* 25 juillet 1967.

sée par le consulat de France à Montréal, la rencontre rassemble les représentants de dix-sept organisations, rapporte La Presse canadienne : Union nationale française, anciens combattants, enseignants, Amicale France-Canada, etc.

Dans l'entourage immédiat de De Gaulle, cet événement protocolaire, comme la visite à Expo 67, est toutefois relégué au second plan. Car on fait de la gestion de crise et du *damage control*. Certains membres de la garde rapprochée du président abordent les journalistes québécois pour tenter de les convaincre que leur patron n'a pas voulu encourager la sécession du Québec. Le journaliste Jean Tainturier le rapporte dans *Le Devoir*. Citant des sources anonymes dans l'entourage présidentiel, il écrit que « Québec libre » ne signifierait pas libéré mais affranchi, dans le sens de « disposant de lui-même et prenant en mains ses destinées[13] ». Jean Mauriac, un inconditionnel de De Gaulle en dépit de son poste de journaliste, fulmine. Ces vaines tentatives pour éteindre les feux lui donnent de l'urticaire. Il y voit l'ombre du Quai d'Orsay, toujours empressé de s'aligner avec la presse française – laquelle, effectivement, lapidera le président – et avec les Anglo-Saxons[14].

Après le Ritz-Carlton, de Gaulle prend la route du site d'Expo 67, où il est attendu à 10 h 15. Dans la voiture qui le conduit à la place des Nations, sur l'île Sainte-Hélène, il est accompagné de Lionel Chevrier. Selon le biographe de Chevrier (son fils Bernard), de Gaulle, durant le trajet, n'a d'intérêt que pour sa déclaration de la veille. Lorsque le commissaire chargé des visites d'État pour le gouvernement canadien lui dit que ses propos seraient acceptés dans la perspective où le Québec demeurerait à l'intérieur de la fédération, le président français aurait répliqué : « Mais, monsieur, il ne peut en être question[15]. » Qu'a voulu dire de Gaulle ? Qu'il ne peut être ques-

---

13. Jean Tainturier, « Il n'a jamais été question de remettre le moindrement en cause l'unité du Canada », *Le Devoir*, 26 juillet 1967.

14. Jean Mauriac, *Le Général et le Journaliste. Conversations avec Jean-Luc Barré*.

15. Bernard Chevrier, *Lionel Chevrier. Un homme de combat*, p. 177.

tion que le Québec reste dans la fédération ou qu'il ne peut être question qu'il la quitte ? Lionel Chevrier s'est longuement demandé ce qu'il en était, sans trouver de réponse, ajoute son biographe. Chose certaine, le commissaire n'est pas très emballé par l'attitude de son digne visiteur.

À l'Expo, la foule est imposante. Le décompte du jour fera état de 396 664 visiteurs, soit la journée la plus achalandée des dix derniers jours du mois de juillet. Quelque 7 000 personnes sont massées à la place des Nations pour assister à la cérémonie d'accueil en l'honneur du président français. Lorsque ce dernier s'apprête à passer en revue la garde d'honneur du Royal 22e Régiment, un quidam crie « Vive de Gaulle ! » et la foule réagit en applaudissant. De quoi faire rager Yves Jasmin, directeur des communications de l'Exposition universelle. « Chaque fois qu'il s'approchait de l'estrade, la foule applaudissait, manquant ainsi au protocole[16] », note-t-il dans son journal de bord.

Le commissaire de l'événement, Pierre Dupuy, Jean Drapeau et Daniel Johnson accompagnent de Gaulle sur l'estrade. Paul Martin père brille par son absence ; il est à Ottawa pour la réunion d'urgence du conseil des ministres. Dans son mot de bienvenue, Pierre Dupuy insiste sur la réussite canadienne derrière l'exposition. Puis vient cette transition : « *I have no hesitation switching to English since the president and his delegation are bilingual*[17]. » De Gaulle écoute sans broncher. Lorsque vient son tour, il s'en tient à un discours aseptisé et centré sur la chaleur de l'accueil et le grandiose de l'exposition. « Combien est impressionnante cette imposante et magnifique réception à l'Exposition universelle canadienne de Montréal[18] », dit-il en guise d'introduction. Énumérant quelques-uns des lieux qu'il s'apprête à visiter, il évoque des « pavillons d'un certain nombre des pays du monde qui, même quand ils se trouvent en apparence plus ou

---

16. Yves Jasmin, « Au jour le jour », *Expo 67*, jour 89 (25 juillet 1967).

17. Émission télévisuelle spéciale sur la visite de Charles de Gaulle à Expo 67, Radio-Canada, 25 juillet 1967.

18. *Ibid.*

moins dans des camps séparés, sont tous les amis de la France, et c'est son honneur à elle de le dire et de l'avoir voulu[19] ». Voilà du de Gaulle pur jus ! S'exprimant depuis une île entre les deux rives du Saint-Laurent, le président des Français veut faire de la France une puissance qui mène sa propre barque dans la géopolitique mondiale entre les deux grands blocs occidental et soviétique. En guise de finale, l'homme du 18 juin lance : « Vive le Canada et vive le Québec ! »

À peu près au même moment, pas très loin des îles, dans le port de Montréal, les capitaines ND Brodeur et Keith Lewis se rendent, de très mauvaise humeur, auprès de leur officier supérieur, le commodore Ian Morrow. Les commandants du *Terra Nova* et du *Skeena*, arrivés la veille dans le port de Montréal, sont furieux. Pour eux, le VLQL est la goutte d'eau qui fait déborder le vase. Eux qui, à Québec, avaient ordonné à leur équipage de ne pas se mêler de politique ne veulent plus donner l'exemple.

« Nous allons refuser toutes les invitations de nos collègues de la marine française », annoncent-ils en faisant allusion au *Colbert* et à ses trois navires d'escorte, eux aussi amarrés à Montréal.

Le commodore Morrow, désespéré, se prend la tête.

« Oh, non ! Pas vous aussi ! »

De Gaulle n'est visiblement pas populaire auprès des marins canadiens. C'est à ce moment que, sur le pont du *Skeena*, un visiteur inattendu s'annonce. C'est le capitaine de vaisseau Delahousse, du *Colbert* ! « Sommes-nous encore amis ? » demande-t-il, penaud. Il sait bien que le cri du général n'a pas reçu un écho favorable chez les militaires canadiens. Delahousse tend une boîte à Ian Morrow. Elle est remplie de bouteilles de champagne. « C'est le champagne du général de Gaulle. Il n'a plus besoin de ça. » Face à ce geste amical et ce signe d'apaisement, ND Brodeur et Keith Lewis se radoucissent : « Finalement, nous allons accepter les invitations de nos homologues[20]. »

---

19. *Ibid.*

20. Entrevue de ND Brodeur avec l'auteur ; et Nigel D. Brodeur, « *Vive le Québec libre* remembered – Escorting the President of France : General Charles de

Il est vrai qu'à cet instant précis, de Gaulle n'a pas besoin de champagne. L'ivresse que procure la foule d'Expo 67 lui suffit amplement. Sur les terrains de l'exposition, des milliers de curieux le suivent d'un endroit à l'autre. Certains montrent les journaux du jour avec leur manchette sensationnelle. D'autres agitent une bannière nationaliste. En guise de réplique, d'autres encore brandissent l'unifolié. Le président et sa délégation sont précédés d'un cordon de policiers de la GRC en uniforme rouge. Le Grand Charles s'arrête constamment pour serrer les mains tendues des deux côtés des allées empruntées.

Tout en prenant des notes sur l'aspect populaire de la visite, les journalistes retiennent ce « Vive le Canada ! », plus exception que règle, que de Gaulle a daigné lancer à la fin de son discours à la place des Nations. On flaire le rattrapage politique. Si c'est le cas, c'est plutôt raté. « Ce "Vive le Canada", de Gaulle l'a prononcé comme s'il avait été obligé de le faire[21] », écrit Jacques Pigeon dans *La Presse*. Pour les fédéralistes anglo-canadiens, ce gentil petit clin d'œil est trop peu, trop tard. Ils grondent, vocifèrent, beuglent, s'égosillent. Impatients, ils ont les yeux rivés sur Ottawa, dont ils attendent une réaction énergique.

Gaulle – 1967 ». Adaptation de l'auteur.

21. Jacques Pigeon, « Vive le Canada ! dit de Gaulle à la place des Nations », *La Presse*, 26 juillet 1967.

CHAPITRE 23

Ottawa sous haute tension

L a colère des Anglo-Canadiens se traduit par des mouvements de protestation quasi spontanés à plusieurs endroits au pays. Devant le consulat de France dans la Ville reine, par exemple, des étudiants de l'Université de Toronto se rassemblent le 25 juillet vers midi en brandissant des pancartes en anglais et en français dénonçant le discours du balcon.

À Ottawa, toute la colline parlementaire est sous haute tension. Les bureaux du premier ministre Pearson, des ministres et de tous les parlementaires croulent sous une avalanche de télégrammes furieux provenant des quatre coins du pays. Plus la journée avance et plus ils s'accumulent au bureau du chef du gouvernement fédéral. Un employé en fait le décompte. À 15 h 30, on en a reçu 679 ; à 16 h 15, 838 ; à 17 h 5, 888 ; à 17 h 45, 938, dont 449 proviennent du Québec. « *Kick de Gaulle out of the country* », écrit un homme de Vancouver. Cette injonction revient fréquemment. On demande à Pearson de ne faire ni une ni deux et de mettre son invité à la porte[1]. « Comme de nombreux autres anglophones, je trouve les remarques du général de Gaulle hautement insultantes », écrit une Montréalaise. « S'il vous plaît, répondez à cet homme insupportable et dangereux qui met en péril l'unité et la sécurité de l'Occident », supplie un habitant d'Edmonton.

---

1. Fonds Lester B. Pearson, Bibliothèque et Archives Canada. Les commentaires subséquents proviennent du même fonds d'archives.

Comme Pearson ne réagira qu'aux alentours de 18 heures, certains Canadiens lui ayant écrit dans le courant de la journée s'impatientent de son silence. Un Montréalais anglophone le relance : « Je vote libéral depuis des années et je dois vous dire franchement que j'ai hâte à l'élection de M. Stanfield [candidat à la direction du Parti conservateur], qui n'aurait pas eu la même hésitation que vous à faire annuler le reste de la visite du général de Gaulle. » Un télégramme envoyé par Fred W. Arenburg, directeur général de la station de radio CHNS de Halifax, rassemble les noms de 2 257 auditeurs qui, en seulement trois heures, ont communiqué avec cette station afin de s'associer à une lettre d'appui au premier ministre. « Ces mots, y dit-on à propos des déclarations du président français, reflètent le fait déplorable que la France, qui a deux fois invité des Canadiens à mourir pour sa survie et son honneur, a maintenant sombré dans un profond degré de déshonneur. De Gaulle a trahi non seulement ses alliés mais aussi son propre pays[2]. »

De nombreuses associations réagissent avec autant de hargne. Dans cette constellation hétéroclite d'indignés, on trouve l'Alberta United Services Institute, la Chambre de commerce de l'Okanagan, des professeurs du département de chimie de l'Université de Toronto, le syndicat des travailleurs de l'énergie atomique, la Fédération des Ukrainiens du Canada, le club Kiwanis de Williams Lake en Colombie-Britannique, la Légion de Verdun et même des rédacteurs en chef de journaux ayant accroché leur neutralité au clou.

Même quelques Français écrivent à Pearson. « Le général de Gaulle s'est conduit de façon scandaleuse dans votre pays, lit-on dans une lettre postée de l'Hexagone. Il a été insultant et odieux comme d'habitude. » Une autre lettre en provenance de Nîmes dit : « Nous ne comprenons pas que ce vieil homme qui nous a été imposé, non content d'avoir accumulé de vaines politiques économiques et sociales, puisse maintenant profiter des lois de l'hospitalité pour se conduire en trublion de basse catégorie. » Un illuminé écrira aussi, le 31 juillet, pour faire part au premier ministre de sa vérité :

---

2. Fonds Lester B. Pearson, Archives nationales du Canada.

Le général de Gaulle a sûrement reçu ses instructions du Vatican avant de venir au Québec. Les protestants ne se méfient pas assez du pape. [...] quoique d'une façon moins spectaculaire, plutôt sournoise, Johnson n'est qu'un pantin tout dévoué à la cause du clergé. Le mouvement des séparatistes a origine dans l'esprit des jésuites. Les chefs séparatistes reçoivent leur solde directement d'eux. Ne vaudrait-il pas mieux étouffer la révolution dans l'œuf ? Envoyer l'armée pour s'emparer du pouvoir comme le fit Naguib en Égypte ? [...] Le pur Évangile pourrait enfin être prêché publiquement. Ce qui serait le meilleur mode d'affranchissement, vous ne pensez, pas M. Pearson[3] ?

C'est dans ce contexte survolté qu'à midi les ministres fédéraux se réunissent en conseil à Ottawa. À l'ordre du jour du procès-verbal rédigé uniquement en anglais, un seul article : *General de Gaulle*. Les membres du cabinet sont unanimement renversés par la déclaration. En revanche, ils ont des opinions variées quant à la riposte à donner. Le président étant attendu dans moins de trente heures dans la capitale nationale, plusieurs concèdent que la situation doit être abordée avec un mélange de tact et de fermeté.

Tout le monde, c'était unanime, trouvait que c'était inacceptable, que la conduite de De Gaulle était totalement irrecevable, se remémore Marc Lalonde. On s'amusait à dire : qu'est-ce qu'il aurait dit si le premier ministre du Canada était allé dire « Vive la Corse libre ! » en France ? La question était de savoir comment le dire. Est-ce qu'on devait dire à M. de Gaulle qu'on lui interdisait de se montrer à Ottawa ou si on devait adopter une ligne plus diplomatique, moins radicale ? Monsieur Pearson a toujours été un homme de compromis. C'était un diplomate de carrière et il n'aimait pas briser formellement les ponts. Il avait appris, à travers des décennies de vie diplomatique,

---

3. Cette lettre, envoyée à Pearson et à plusieurs personnalités, a été retrouvée dans le fonds Jean Lesage, Bibliothèque et Archives nationales du Québec, Québec.

qu'on est toujours mieux de conserver des portes de sortie ou de conversation plutôt que de claquer la porte dans quelque domaine que ce soit. Il n'aimait mettre personne dans une situation de non-retour[4].

Le cabinet doit aussi tenir compte d'une opinion publique polarisée. Car les lettres et les télégrammes dénonçant de Gaulle qui s'empilent sur le bureau de Pearson ne disent pas tout. Au Québec, des milliers de nationalistes sont en liesse. Adopter une position trop ferme risque de se les mettre à dos et d'allumer la mèche, déjà courte, du baril de poudre.

« Selon le programme, de Gaulle doit déposer une gerbe de fleurs au cénotaphe, fait savoir le ministre associé de la Défense nationale, Léo Cadieux. Mais plusieurs hauts gradés des forces armées m'ont signalé qu'ils préfèrent démissionner plutôt que de participer à une telle cérémonie !

— De Gaulle essaie de diviser le pays et le gouvernement ne peut pas agir comme si de rien n'était », renchérit le Néo-Écossais Allan MacEachen, ministre de la Santé nationale et du Bien-être social.

Son collègue au Commerce, Robert Winters, estime de son côté qu'on ne peut pas demander à de Gaulle de quitter le pays.

« Mais nous pourrions ne plus le recevoir », suggère-t-il.

À cela, Paul Martin répond que l'idée d'annuler la portion fédérale de la visite lui a également effleuré l'esprit, mais il suggère plutôt que le premier ministre accueille de Gaulle dans une cérémonie exempte de chaleur. Selon lui, le discours du balcon ne comporte aucune ambiguïté. Il informe ses collègues qu'il a eu des échanges avec son homologue Maurice Couve de Murville et que ce dernier reconnaît que la situation embarrasse jusque dans l'entourage du président[5]. L'ancien premier ministre Paul Martin fils précise :

---

4. Entrevue avec l'auteur.

5. *Conclusions du Cabinet,* documents disponibles sur le site internet de Bibliothèque et Archives Canada. Traduction et adaptation de l'auteur.

Couve de Murville était un grand ami de mon père. Ils s'entendaient très bien et se parlaient. Mon père était bien au fait des tensions existantes. Mais ces tensions étaient entre le général de Gaulle et Ottawa, non entre la France et Ottawa. Dans l'esprit de mon père, il fallait donc éviter de créer davantage de tensions, car de Gaulle était le seul concerné. Mon père savait que de Gaulle ne serait pas là pour l'éternité et que le rôle primordial qu'il pouvait jouer était de calmer le jeu, de s'assurer de ne pas envenimer les choses[6].

Effectivement, selon le procès-verbal de la réunion, M. Martin met ses collègues en garde contre une trop forte riposte.

« Non seulement le gouvernement doit prendre en considération l'opinion publique québécoise, mais il doit aussi évaluer les conséquences à long terme d'une éventuelle rupture des relations diplomatiques avec la France, lance-t-il. Un geste aussi brutal resterait dans l'esprit des Québécois durant des années. »

À cela, Lester B. Pearson réplique cependant que plusieurs personnes garderaient aussi en mémoire l'attitude du gouvernement canadien s'il ne répondait pas adéquatement à cette provocation. Il jongle avec l'idée d'accueillir de Gaulle en modifiant le programme de la visite à Ottawa pour éviter des manifestations. Il croit que le président français ne devrait plus rencontrer les membres du cabinet comme prévu.

Chez les Québécois, le ministre de la Justice, Pierre Elliott Trudeau, souligne qu'une absence de réaction d'Ottawa serait perçue comme un signe de faiblesse en France où, ajoute-t-il, de Gaulle a peu sinon pas d'appuis chez les intellectuels et dans les médias. Le jeune député Jean Chrétien, ministre sans portefeuille, affirme que dans son comté de Saint-Maurice–Laflèche, le gouvernement provincial (il n'évoque pas la Fédération des SSJB) a nolisé des autobus pour transporter des gens – dont beaucoup d'enfants – vers Trois-Rivières afin de participer à l'accueil de De Gaulle. « Nous ne devons montrer aucune faiblesse », dit-il.

---

6. Entrevue avec l'auteur.

Après avoir écouté l'ensemble des points de vue, Pearson suggère la rédaction d'une réponse écrite à de Gaulle. Jean Marchand, ministre de la Main-d'œuvre et de l'Immigration, lui conseille la plus grande prudence. En aucun cas la missive ne doit être perçue comme étant antifrançaise ou antiquébécoise. Ottawa devrait exprimer sa joie face à l'accueil reçu par de Gaulle au Québec. Et s'il y a condamnation, elle doit viser expressément le président français, sans y associer la France ou le Québec[7].

Le temps passe. Dans l'esprit de Pearson, ce tour de table n'a pas permis de vider la question. Il propose une pause pour l'heure du lunch, ce qui permettra à chacun de réfléchir de son côté. Il demande à quelques ministres de l'accompagner à son bureau afin de réfléchir aux termes d'une déclaration. La proposition est acceptée. On se reverra dans quelques heures.

De pavillon en pavillon

La tension régnant au cabinet Pearson à Ottawa tranche avec l'espèce d'atmosphère de kermesse entourant la visite touristique du général de Gaulle à Expo 67. En trois heures et demie, le locataire de l'Élysée visite neuf pavillons : ceux de la France, du Québec, du Canada, des États-Unis, de l'URSS, de l'Italie, de l'Allemagne fédérale et de la Grande-Bretagne ainsi que la place d'Afrique. Aux abords des pavillons, ceux du Québec et de la France notamment, les policiers forment un cordon autour de la délégation. La foule est dense. On pousse, on crie, on veut voir. Il y a quelques incidents. Vingt-cinq personnes sont arrêtées, dont treize seront accusées d'avoir troublé la paix. L'une d'elles, d'origine algérienne, crie « Assassin ! » au passage du président. Cet homme connaîtra une gloire éphémère dans les journaux du lendemain.

Personne n'est surpris de voir les journalistes, montres et chronomètres en main, calculer le temps consacré par de Gaulle à chaque

---

7. *Conclusions du Cabinet.* Traduction et adaptation de l'auteur.

pavillon visité. Bien entendu, c'est à celui de la France qu'il s'attarde le plus longuement, soit 55 minutes. Quand il en ressort, il s'empresse de féliciter ses concepteurs, les architectes français Jean Faugeron (lauréat du prix de Rome) et André de Mot ainsi que le Montréalais André Blouin. « Le pavillon français est une grande réussite nationale[8] », dit-il. Le président ne se doute pas qu'un jeune stagiaire du nom de Jacques Mesrine, futur ennemi public numéro un en France, a travaillé à la maquette du pavillon lorsqu'il était employé dans une agence d'architecture à Paris. Il se doute encore moins que le bâtiment deviendra, un quart de siècle plus tard, le Casino de Montréal. Casino qui, une fois agrandi, englobera aussi… l'ancien pavillon du Québec.

C'est d'ailleurs au pavillon québécois que de Gaulle accordera le plus de temps après celui de la France, soit une trentaine de minutes. Accompagné par le commissaire du pavillon, Jean Octeau, il visionne un film sur les richesses naturelles et les travaux hydroélectriques de la province. Ses autres visites sont plus expéditives : une quinzaine de minutes dans la section des arts du pavillon canadien (un document officiel français rédigé avant le voyage prévoyait vingt-cinq minutes au pavillon canadien et vingt à celui du Québec), une dizaine de minutes dans chacun des autres, sauf au pavillon de la Grande-Bretagne : cinq petites minutes.

Le général entrecoupe ses visites d'un lunch au restaurant Hélène de Champlain et d'un saut à Habitat 67, plus précisément à l'appartement mis à la disposition du commissaire Pierre Dupuy. Dans ses mémoires, ce dernier relate cette visite avec chaleur : « J'eus l'honneur de le recevoir sous mon toit où il avait manifesté le désir de venir se reposer. Il ne semblait pas fatigué du tout. C'était plutôt une attention, à laquelle je fus particulièrement sensible[9]. »

---

8. Marcel Adam, « Le général est accueilli sur la Terre des Hommes par une foule enthousiaste », *La Presse*, 26 juillet 1967.

9. Pierre Dupuy, *Expo 67 ou la découverte de la fierté*, p. 158.

Cabinet, prise 2

À Ottawa, le cabinet se réunit de nouveau, à 15 h 45. Le premier ministre lit l'ébauche de la réponse qu'il entend faire au VLQL et qu'il a écrite avec ses ministres Martin, Marchand, MacEachen et Drury. Une fois terminée la lecture du court texte, Pearson lève les yeux vers ses ministres.

« Cette version vous apparaît-elle trop forte ?

— C'est loin de l'être », répond Paul Martin.

Certains ministres croient que de Gaulle ne viendra pas à Ottawa après avoir reçu pareil message. Plusieurs estiment qu'il faut mettre la pédale douce. La déclaration, arguent-ils, doit être ferme mais montrer l'ouverture d'esprit d'Ottawa en rappelant au célèbre visiteur qu'il est toujours attendu dans la capitale nationale. « Il ne faut pas donner l'impression qu'Ottawa montre la porte au président français », dit le ministre du Commerce, Robert Henry Winters, qui craint que de Gaulle riposte en rompant les relations diplomatiques avec le Canada et en resserrant davantage les liens entre la France et le Québec. Il suggère que de Gaulle soit reçu à Ottawa, qu'une franche discussion ait lieu entre les parties et qu'une déclaration soit faite par la suite. Si, à ce moment, de Gaulle abrège son séjour, il en portera l'entière responsabilité. Ce qui ne serait pas le cas avec la publication d'une déclaration robuste avant même qu'il ait mis les pieds dans la capitale. Jean Marchand penche lui aussi pour la prudence, d'autant plus que 90 % des Québécois n'ont pas fait de lien entre les discours du général et le séparatisme, soutient-il. « Les gens ont applaudi de Gaulle parce qu'il est un grand homme. S'il quitte le pays en disant y avoir été forcé, les Québécois ne comprendraient pas et Ottawa en subirait les conséquences. »

Devant ces appels à la pondération, Pearson accepte de modifier la déclaration. Mais il se dit tout de même sceptique quant à la venue de De Gaulle à Ottawa. Les ministres finissent par s'entendre sur le contenu. Ils conviennent aussi de maintenir une partie du programme de la visite. Le passage du président sur la colline parlementaire est annulé, tout comme sa rencontre avec les membres du conseil des ministres. Mais la réception prévue à Rideau Hall est maintenue. Des dispositions sont prises afin d'informer illico l'ambassade de France de ces changements[10].

Sa déclaration en main, Lester B. Pearson part à la rencontre des journalistes.

---

10. *Conclusions du Cabinet.* Traduction et adaptation de l'auteur.

CHAPITRE 24

« Inacceptables »

En fin d'après-midi, Lester B. Pearson est assis, seul, à une table devant les représentants des médias. Adossé à un grand rideau noir, il lit dans un français laborieux la déclaration rédigée, retouchée et corrigée au cours des dernières heures :

Je suis sûr que les Canadiens d'un bout à l'autre du pays se sont réjouis du chaleureux accueil que le président de la France a reçu au Québec.

Cependant, certaines déclarations faites par le président ont tendance à encourager la faible minorité de notre population qui cherche à détruire le Canada et, comme telles, elles sont inacceptables pour le peuple canadien et son gouvernement.

Les habitants du Canada sont libres. Toutes les provinces du Canada sont libres. Les Canadiens n'ont pas besoin d'être libérés. En vérité, des milliers de Canadiens ont donné leur vie durant deux guerres mondiales pour libérer la France et d'autres pays d'Europe.

Le Canada restera uni et rejettera toute tentative visant à détruire son unité.

Le Canada a toujours eu des relations spéciales avec la France, pays d'origine d'un si grand nombre de ses citoyens. Nous attachons la plus grande importance à notre amitié envers le peuple français. Le gouvernement du Canada dans le passé comme maintenant a toujours eu le vif désir de renforcer cette amitié. J'espère que mes entretiens avec le général de Gaulle, plus tard cette semaine, montreront qu'il partage ce désir[1].

« Inacceptables », le mot est lancé. Tous comprennent que le « Vive le Québec libre ! » prononcé par Charles de Gaulle est au cœur des « certaines déclarations [...] inacceptables » que lui prête Pearson. Au passage, on remarque qu'aux yeux du premier ministre, les désirs d'émancipation des Québécois prêts à faire la souveraineté sont des tentatives pour « détruire » le Canada, rien de moins. Pearson prononce le nom du Québec une seule fois, au début du texte. Il affirme aussi que les Canadiens – et non les Canadiens français ou les Québécois – sont libres et n'ont pas besoin d'être affranchis. Il ne prononce le nom de De Gaulle qu'à la fin du texte, mais il souligne bien que ce dernier est toujours attendu dans la capitale nationale.

Les journaux du 26 juillet feront tous écho à ce discours qui, après celui du balcon, est sans doute le plus retentissant de toute cette saga. Au Québec, la une de *La Presse* est barrée du titre « C'est inacceptable », et on ajoute que de Gaulle « poursuit sa tournée triomphale ». Le journaliste Jacques Pigeon, correspondant à Ottawa, souligne qu'à quelques heures de son arrivée dans la capitale fédérale, le gouvernement Pearson espère que de Gaulle profitera de ses activités publiques prévues dans la matinée du 26, notamment son passage à l'Université de Montréal où il doit prononcer un important discours, pour « atténuer la portée de ses déclarations[2] ».

À l'intérieur, le journal consacre plusieurs autres articles aux réactions et à la visite qui se poursuit. Une page complète avec photos est consacrée au passage du président à Expo 67. Le général a « volé le show » aux autres chefs d'État qui ont visité l'Exposition universelle jusqu'à présent, estime le journaliste Marcel Adam[3].

---

1. Jean Tainturier (éd.), *De Gaulle au Québec. Le dossier des quatre journées,* p. 68.

2. Jacques Pigeon, « "C'est inacceptable" – De Gaulle poursuit sa tournée triomphale dans la province », *La Presse,* 26 juillet 1967.

3. Marcel Adam, « Le général est accueilli sur la Terre des Hommes par une foule enthousiaste », *La Presse,* 26 juillet 1967.

En page éditoriale, Roger Champoux signe par ailleurs un texte faisant contrepoids à celui de Guy Cormier (« De Gaulle a été plébiscité ») publié la veille. Il met en garde le président français quant à son interprétation de l'accueil reçu le 24 juillet : « Un salut cordial ne doit pas être autre chose qu'une attestation de courtoisie : lui donner une signification politique, chavirer dans les extravagances de prises de position définitives – dans le style de "Québec libre" notamment –, c'est atteindre l'outrance dont on sait qu'elle ne se maîtrise guère une fois que son flot nous emporte[4]. » Cormier invitait le président français à ne pas se mêler des affaires intérieures du Canada : « Appartient-il à un homme venu de France, serait-il le plus prestigieux de l'époque, de nous entraîner vers l'affrontement total ? » Visiblement pas, selon Champoux, qui ajoute : « La route a été triomphale, l'accueil au général Charles de Gaulle a atteint le paroxysme, l'événement rejoint une dimension historique. Fort bien ! Mais que des déclarations intempestives, des mots flamboyants, des slogans de style martial nous lancent dans le cauchemar… à cela nous disons : NON[5]. »

À CKVL, le commentateur Claude La Vergne s'en prend au premier ministre du Québec, grand responsable, selon lui, de ce qui vient d'arriver. « Si Daniel Johnson peut revendiquer la paternité du passage du général chez nous, doit-il également accepter celle de son cri "Vive le Québec libre !", qui fait d'ailleurs si bien écho à son "Égalité ou indépendance" ? » La Vergne, qui, rappelons-le, s'était prononcé contre la création d'un réseau radiophonique sous l'autorité de l'OIPQ pour la durée de la visite présidentielle, ajoute : « À semer le vent on récolte la tempête. C'est justement l'attitude qu'a choisi de prendre le premier ministre du Québec depuis quelques semaines, il moissonne maintenant le fruit de sa politique faite de négativisme et de révolte[6]. » Le premier ministre canadien ne s'en tire guère

---

4. Roger Champoux, « Fierté, OUI ; agitation, NON », *La Presse*, 26 juillet 1967.

5. *Ibid.*

6. Claude La Vergne, CKVL, 26 juillet 1967. Texte de l'éditorial trouvé dans

mieux. Contrairement à d'autres collègues, La Vergne est peu impressionné par le message de riposte de Pearson. Il le qualifie de « faible » et « peu persuasif ».

Dans *Le Devoir*, l'éditorial de Claude Ryan, intitulé « Les leçons d'une journée historique », dénonce les écarts faits de part et d'autre. Écarts du président français, dit Ryan, qui a émis des propos « excessifs », « déplacés », dans une « escalade du verbe ». En se laissant emporter par la foule alors qu'il se trouvait sur le balcon de l'hôtel de ville, de Gaulle a fait preuve d'« un manque de connaissance de la réalité locale ». Mais écarts également dans le reste du Canada. « Autant les applaudissements prodigués à de Gaulle exprimaient un sentiment profond des Canadiens français, autant la colère des Canadiens anglais exprime un ressentiment secret qui est loin d'être le signe d'une attitude adulte[7]. » Ryan déplore par ailleurs en partie la réplique de Lester B. Pearson. Le premier ministre canadien se devait de réagir fermement au coup d'éclat de De Gaulle, mais il est allé trop loin en employant le mot *inacceptables*. « Cela veut-il dire que le gouvernement canadien exige une rétractation formelle ? » s'interroge-t-il. Et pourquoi Pearson a-t-il apostrophé de Gaulle au sujet du sacrifice de milliers de jeunes soldats canadiens dans la libération de la France ? « Comment la fierté du président de la France réagira-t-elle à ce rappel humiliant ? Nous aurions préféré une déclaration moins brutale[8]. » La visite du général aura causé un « électrochoc » dans le Canada anglais qui, depuis quelques mois, semblait prendre à la légère les désirs d'émancipation des francophones. Les deux parties feraient mieux d'en discuter franchement, conclut le directeur du *Devoir*.

---

le fonds Jean-Lesage, Bibliothèque et Archives nationales du Québec, Québec.

7. Claude Ryan, « Les leçons d'une journée historique », *Le Devoir*, 26 juillet 1967.

8. *Ibid.*

Un dîner d'État presque parfait

Quelques heures après le point de presse de Pearson, Charles de Gaulle reçoit à dîner au pavillon de la France d'Expo 67. Compte tenu de tous les événements survenus dans les vingt-quatre dernières heures, ce dîner en l'honneur de Daniel Johnson restera dans les mémoires davantage en raison de l'absence de nombreux dignitaires et politiciens que par la qualité des plats ou l'éloquence des discours.

Il y a des « trous » dans la liste des invités et les organisateurs doivent refaire les plans de table à la hâte. « Nombre d'invités canadiens, et pas seulement anglophones, s'étaient récusés, et aucun protocole n'était plus possible, raconte Xavier de la Chevalerie. Nous étions conduits à placer auprès du général, qui cette fois ne réagit point, des personnalités qui normalement n'auraient pas pu être au rang où nous les placions[9]. » Parmi ces absents, on note entre autres Louis J. Robichaud, premier ministre du Nouveau-Brunswick. L'éditorialiste Claude La Vergne, qui a jugé molle la position de Lester Pearson, se réjouit de cette décision. Pour lui, Robichaud « garde le nord » en refusant de s'« avilir » à un dîner aussi « malaisant ». Paul Martin père aussi est absent. Parti à Ottawa le matin même pour le conseil des ministres, le secrétaire d'État aux Affaires extérieures n'est pas revenu à Montréal.

La soirée a néanmoins lieu dans la bonne entente. Dans son toast porté à Daniel Johnson, de Gaulle revient en termes à peine voilés sur sa déclaration de la veille. « Monsieur le premier ministre, dit-il, je vous remercie également et par-dessus tout de m'avoir donné l'occasion de cette visite au Québec. Je crois que ni vous ni moi, pendant ce temps, n'aurons perdu nos heures. Peut-être s'est-il passé quelque chose ? Si dans cette occasion le président de la République française a pu, qui sait, être utile aux Français du Québec, il s'en réjouira profondément et la France aussi, croyez-le bien. »

---

9. Xavier de la Chevalerie, « Le voyage du général de Gaulle au Québec en 1967 – Témoignage », p. 12.

Au tour de Daniel Johnson : « La langue et la culture ne sont pas les seuls dons que nous ait légués la France. Il en est un autre auquel nous attachons le plus grand prix : c'est le culte de la liberté. Nous ne serions plus français si nous n'étions épris de libertés : pas seulement de libertés personnelles, mais aussi de libertés collectives. Pour un Français, où qu'il soit dans le monde, une patrie ne peut être qu'une terre de liberté. » Le lendemain, cette méditation sur « le culte de la liberté » est reprise dans les titres ou les premiers paragraphes de nombreux articles.

Durant le dîner, Xavier de la Chevalerie reçoit une note urgente. C'est le communiqué de presse d'Ottawa faisant état de la déclaration de Pearson qui qualifie d'« inacceptables » certains propos de son patron. Le chef de cabinet de De Gaulle fait passer le communiqué à François Flohic. Plus tard durant la soirée, l'aide de camp le remet en main propre au général. À sa lecture, celui-ci est ébranlé, choqué.

Lorsque la délégation française rentre à la résidence de Robert Bordaz autour de minuit, de Gaulle rassemble ses plus proches conseillers. Xavier de la Chevalerie, Maurice Couve de Murville et l'ambassadeur François Leduc sont présents. Furieux, Couve de Murville apostrophe la Chevalerie.

« Pourquoi avoir montré la déclaration ? Vous avez allumé l'incendie !

— Tôt ou tard, le président en aurait été informé[10] », réplique le chef de cabinet.

De Gaulle, lui, veut discuter de la stratégie à adopter. La lecture des propos de Pearson lui a laissé un goût amer. Son idée semble arrêtée : il veut partir une fois complété le programme du séjour montréalais. Ses trois interlocuteurs ont des réactions différentes, selon le témoignage de la Chevalerie. « M. Couve de Murville resta silencieux. Pour ma part, j'étais enclin à penser qu'il valait mieux, en effet, ne pas se rendre dans la capitale fédérale où l'atmosphère risquait d'être glacée, car on ne pouvait concevoir que le général revînt

---

10. *Ibid.* Adaptation de l'auteur.

sur les propos tenus à Montréal, écrit-il. Avec beaucoup de courage, notre ambassadeur plaida pour le maintien de la visite à Ottawa en raison des risques que pouvait comporter une rupture avec le gouvernement fédéral[11]. »

Au téléphone, de Gaulle s'entretient aussi avec le premier ministre Georges Pompidou, resté à Paris. La tension est forte dans la maison de Bordaz. Que fera le général ?

Finalement, ce dernier met fin aux échanges et se range derrière une opinion : la sienne. Charles de Gaulle n'ira pas à Ottawa.

---

11. *Ibid.,* p. 12-13.

CHAPITRE 25

De Gaulle s'en va

À partir de 1 h 30, la nuit du 26 juillet, tout déboule. Maurice Couve de Murville téléphone à Jules Léger, ambassadeur du Canada en France, afin de l'informer de ce qui vient de se passer et de la décision de son patron. Protocole oblige, Léger est à Montréal pour accompagner le président français dans tous ses déplacements. Il transmet donc la nouvelle à Marcel Cadieux, sous-secrétaire des Affaires extérieures, qui, à son tour, prévient Mary Elizabeth Macdonald, chef de cabinet de Pearson. Cette dernière décide de laisser dormir le premier ministre. Durant la nuit, on communique aussi avec l'équipage de l'avion présidentiel, qui est déjà arrivé à Ottawa : qu'ils fassent chauffer les moteurs et ramènent l'appareil à Montréal.

À son réveil, vers 6 heures du matin, Pearson apprend la décision du président de la République française. Dès 9 heures, son cabinet est de nouveau réuni. La nouvelle n'a pas encore été rendue publique mais des murmures commencent à se faire entendre. Plusieurs sujets sont à l'ordre du jour de la rencontre. L'affaire de Gaulle vient en tête de liste.

Paul Martin fait part à ses collègues des derniers développements. Il leur explique avoir dit à Jules Léger qu'il n'y avait rien à ajouter à cette décision de compétence strictement française. Il ajoute s'être entretenu un peu plus tôt avec Maurice Couve de Murville, selon qui aucune intervention politique ou diplomatique ne ferait changer d'avis le président de Gaulle et qu'il valait mieux laisser les choses suivre leur cours.

Une discussion s'ensuit. Les ministres débattent de l'opportunité d'une nouvelle déclaration de Pearson. Certains croient qu'il est préférable de laisser les Français s'arranger tout seuls. On estime par ailleurs inconvenant d'envoyer un membre du cabinet à Montréal pour assister au départ de De Gaulle, prévu en fin d'après-midi. La tâche incombera au commissaire général des visites d'État, Lionel Chevrier. Il sera accompagné de Jules Léger. Toutefois, en contravention avec une autre règle du protocole, l'ambassadeur canadien ne retournera pas en France avec le président. À la demande de Paul Martin, il restera quelque temps au pays. Façon de signifier au général que son attitude n'a pas été appréciée[1].

À partir du moment où le cabinet fédéral prend fait de la décision de De Gaulle, la préparation de toutes les activités prévues à Ottawa et à Hull est annulée. À commencer par le dîner officiel que devait offrir le soir même le gouverneur général Roland Michener à Rideau Hall. Il faut dire que, comme la veille au dîner offert au pavillon de la France, certains invités ont commencé à se décommander des réceptions inscrites au programme du jour. C'est le cas du docteur Wilder Penfield, célèbre neurologue montréalais. Le matin, le docteur Penfield a envoyé un télégramme à Ottawa annonçant qu'à regret, lui et son épouse annulent leur venue parce que de Gaulle, « que nous admirons », s'est transformé en « leader du mouvement séparatiste canadien-français[2] ».

Le cabinet du premier ministre décide enfin de préparer un communiqué de presse où on prend acte de la décision de De Gaulle. Mais il n'y aura pas de commentaires de Pearson. Une fois le sujet

---

1. *Conclusions du Cabinet,* documents disponibles sur le site internet de Bibliothèque et Archives Canada ; et Paul Martin, *A Very Public Life,* vol. 2 : *So Many Worlds,* p. 596. Traduction et adaptation de l'auteur.

2. Jefferson Lewis, *Something Hidden : A Biography of Wilder Penfield,* Halifax, Formac, p. 291 ; et « Le Dr Penfield a refusé de dîner avec le général », *La Presse,* 27 juillet 1967.

épuisé, le ministre associé de la Défense nationale, Léo Cadieux, exprime une inquiétude soudaine :

« Qu'est-ce qu'on fait avec Dieppe ?

— Dieppe ?

— Je dois me rendre dans cette ville normande, en France, le 19 août, dans le cadre de la cérémonie commémorative entourant le 25ᵉ anniversaire du débarquement de Dieppe. Avec tout ce qui vient de se passer, dois-je continuer les préparatifs de ce voyage[3] ? »

Le raid sur Dieppe est une bataille de la Deuxième Guerre mondiale au cours de laquelle des troupes canadiennes et britanniques, traversant la Manche, ont pris d'assaut ce port de la Haute-Normandie. Les soldats ont buté contre la féroce défense côtière allemande. Des 5 000 Canadiens ayant participé à l'assaut, 916 ont été tués et 1 946 faits prisonniers. D'aucuns prétendent qu'au-delà de l'échec, ce raid a permis de tirer de précieux enseignements qui ont été appliqués dans la préparation du débarquement de Normandie, le 6 juin 1944. Mais ailleurs, chez plusieurs Canadiens français, on a gardé l'impression d'avoir servi de chair à canon.

Avec ce qui s'est passé au cours des quarante-huit dernières heures, et vu le peu de cas qu'a fait de Gaulle des cérémonies commémoratives de la bataille de Vimy, trois mois plus tôt, Cadieux a toutes les raisons de s'interroger. Pearson lui demande de poursuivre ses préparatifs à moins que les Français annoncent des changements dans la cérémonie. Il demande toutefois de pouvoir jeter un coup d'œil sur le discours que M. Cadieux fera à Dieppe avant son départ.

Le cabinet passe ensuite aux affaires courantes[4].

Un (faux) *scoop* dans le métro

De Gaulle a peut-être annulé sa visite à Ottawa, mais il n'a pas modifié son programme montréalais. En ce matin du mercredi 26 juil-

---

3. *Conclusions du Cabinet.* Traduction et adaptation de l'auteur.
4. *Ibid.*

let 1967, sa tournée comprend une visite du métro de Montréal, une autre de la Place des Arts, un discours à l'Université de Montréal, un saut au belvédère du mont Royal et une réception offerte par Jean Drapeau à l'hôtel de ville.

La visite du métro doit commencer vers 9 h 45. En sortant de la résidence de Robert Bordaz, le président porte à nouveau ses habits civils. Le maire de Montréal est là pour l'accueillir et il n'est pas d'humeur à rire. « M. Drapeau me laissa entendre qu'il considérait que le général avait été trop loin en donnant une caution aux séparatistes », écrit Xavier de la Chevalerie[5]. La visite du métro est un passage obligé car ce gigantesque projet, inauguré quelques mois plus tôt, a bénéficié de l'expertise d'ingénieurs français. C'est le président de la Commission de transport de Montréal, Lucien L'Allier, qui s'en charge. De Gaulle et sa cohorte visitent d'abord le centre de contrôle Providence, situé à l'intersection des rues Sherbrooke et Berri. De là, le groupe se rend à l'entrée de la station Berri-de-Montigny (aujourd'hui Berri-UQAM) à l'intersection des rues Sainte-Catherine et Berri. Invités et journalistes descendent sous terre et grimpent dans les trois premiers wagons d'une rame de la ligne 1 (verte) en direction ouest. Le président fait un saut dans la cabine du chauffeur du train. Il est pris en photo avec ce dernier, Edgar Nobert, et le surveillant Édouard Petit[6]. « C'est, je crois bien, la première fois depuis 1936 que je prends le métro[7] », lance-t-il à la ronde.

À l'intérieur des wagons, la chaleur est accablante et le président sue à grosses gouttes, remarque Xavier de la Chevalerie. Néanmoins, de Gaulle n'a que de bons mots pour le métro.

---

5. Xavier de la Chevalerie, « Le voyage du général de Gaulle au Québec en 1967 – Témoignage », p. 13.

6. Commission de transport de Montréal, *Promenade* (publication interne), septembre-octobre 1967, p. 4. Document trouvé dans les archives de la STM.

7. Anne et Pierre Rouanet, *Les Trois Derniers Chagrins du général de Gaulle*, p. 146.

« Votre métrobus, c'est le plus moderne… C'est colossal[8]. »

Deux stations plus loin, tout le monde descend. Direction : la Place des Arts, inaugurée en 1963. L'essentiel de la visite est consacré à la grande salle Wilfrid-Pelletier.

Entre deux stations, l'attaché de presse de l'Élysée, Gilbert Pérol, s'approche discrètement du journaliste de l'AFP Jean Mauriac et lui glisse à l'oreille : « Jean, le général interrompt sa visite. Il ne va pas à Ottawa parce que Pearson a qualifié son discours d'"inacceptable". Nous rentrons tout à l'heure directement à Paris[9]. » Mauriac est fou de joie mais se garde d'être démonstratif. « Quel cadeau me faisait là Gilbert ! Quel *scoop,* pour parler le langage d'aujourd'hui ! Je descendis à la station suivante, riche d'une information qui, dans quelques minutes, allait faire le tour du monde[10] », écrit-il dans ses mémoires.

Mauriac a-t-il raison de s'attribuer la primeur de cette bombe ? Pour l'Europe, sans doute. Mais au Québec, non. Gilles Loiselle, de Radio-Canada, semble bien avoir été le plus rapide. « Pendant que le groupe était dans le métro, je passais en ondes, se souvient le journaliste. Ayant eu vent de la nouvelle, j'ai appelé à l'aéroport de Dorval, où on m'a confirmé que l'avion de De Gaulle était revenu d'Ottawa à Montréal. » À l'époque, l'information circulait plus librement, sans toujours être filtrée. Loiselle n'a donc eu aucun mal à obtenir une confirmation. En revanche, il éprouve des difficultés à convaincre ses supérieurs d'« aller en ondes ». « Mes patrons, sur instruction de la haute direction de Radio-Canada, me demandaient de retenir l'information à la demande du gouvernement, lequel, comprenant l'importance de ce geste du général dans le contexte politique, ne savait sans doute pas encore comment réagir… espérant aussi, sans

---

8. « "Votre métro est le plus moderne" », *Le Journal de Montréal,* 27 juillet 1967.

9. Jean Mauriac, *Le Général et le Journaliste. Conversations avec Jean-Luc Barré,* p. 220.

10. *Ibid.*

doute, amener le général à changer d'avis[11]. » Après avoir accumulé d'autres preuves tangibles, Loiselle convainc finalement ses supérieurs. La nouvelle fait vite le tour du Québec.

Pierre-Louis Mallen, de l'ORTF, est lui aussi mis au parfum et fait confirmer son histoire par « un des hauts fonctionnaires venus de Paris pour accompagner le président de la République[12] ». Descendu avec le reste de la délégation à la station Place-des-Arts, il s'empresse de téléphoner à Paris alors que de Gaulle visite la salle Wilfrid-Pelletier. « On venait d'apprendre la nouvelle et on me questionna avidement sur le sens d'une décision qui, de loin, semblait déroutante. » Mallen bricole une réponse à chaud : « Le général de Gaulle juge inacceptable qu'on déclare inacceptable ce qu'il fait[13] », lance-t-il sur les ondes de l'ORTF.

En France, cette nouvelle jette de l'huile sur un feu déjà vif. Car les journaux français du matin, en mode rattrapage sur le VLQL, se sont déchaînés à propos du discours du balcon. Dans *Le Monde*, un commentaire éditorial, sans doute écrit par le directeur Hubert Beuve-Méry, homme très critique de De Gaulle, est publié à la une. Son titre : « L'excès en tout… » « Depuis qu'il a posé le pied, dimanche matin, sur la terre canadienne, le général de Gaulle semble avoir entrepris une de ces escalades oratoires dans lesquelles il est passé maître. Mais s'il compose, selon son habitude, par touches successives en utilisant d'abord l'allusion, puis la répétition, enfin l'hyperbole, une sorte de symphonie de sa façon, il a carrément renoncé cette fois à recourir à l'euphémisme et à la litote. » L'auteur est irrité du manque de diplomatie du VLQL qui, selon lui, est en porte-à-faux avec l'ensemble de la politique étrangère gaullienne :

> Comment ne pas s'interroger et s'inquiéter pourtant de cette brutale irruption dans les affaires intérieures d'un État ? Toute la doctrine gaulliste de la non-ingérence, si souvent et si hautement invoquée,

---

11. Entrevue avec l'auteur.

12. Pierre-Louis Mallen, « Souvenirs sur la visite du général ».

13. *Ibid.*

tout récemment encore dans la crise du Moyen-Orient et depuis des années au sujet du Vietnam, ne serait-ce donc qu'affaire de circonstances ? L'exaltation du nationalisme, la phobie anti-américaine, la glorification de la « francité » atteignent une sorte de paroxysme et semblent presque relever, il faut le dire, de la provocation[14].

Un point de vue différent est exprimé en page 6 du quotidien sous la plume d'Henri Frenay. Résistant et proche, un temps, du général, Frenay fut ministre dans le Gouvernement provisoire de la République française, à la fin de la Deuxième Guerre mondiale. Il accueille l'exclamation gaullienne comme une bouffée de fraîcheur, l'associant à un pas dans la bonne direction, celle d'un… nouvel empire français. « Avec cette intrépidité qui le caractérise, son mépris de fer pour la diplomatie, mais ses talents bien connus pour les larges horizons de la grande politique, de Gaulle, de discours en discours, est en train de redonner le Québec à la France, se réjouit-il. […] N'avait-on pas une revanche à prendre pour effacer la défaite des plaines d'Abraham et venger la mort de Montcalm ? Voilà qui est en bonne voie[15] ! »

Dans *Le Figaro,* Jacques M.-J. Ogliastro signe un texte intitulé « Dissiper l'équivoque ». Ses réflexions se rapprochent de celles de son homologue du *Devoir* Claude Ryan. Il écrit : « Il faut espérer que les prochaines déclarations qui seront faites de part et d'autre dissiperont toute équivoque, effaceront tout malentendu et permettront de renforcer l'amitié franco-canadienne[16]. »

Dans *France-Soir,* on indique que de Gaulle a reçu un « fantastique accueil » à Montréal. « L'accueil triomphal du général de Gaulle dans la deuxième ville de langue française du monde s'est transformé, devant l'hôtel de ville, en une tumultueuse manifestation

14. « L'excès en tout… », *Le Monde,* 26 juillet 1967.

15. Henri Frenay, « Vers un nouvel empire français », *Le Monde,* 26 juillet 1967.

16. Jacques M.-J. Ogliastro, « Dissiper l'équivoque », *Le Figaro,* 26 juillet 1967.

séparatiste des Canadiens français[17] », affirme-t-on.

À la Place des Arts, de Gaulle, accompagné entre autres de Jean-Noël Tremblay, ministre québécois des Affaires culturelles, poursuit sa visite comme si de rien n'était. Il est guidé par le directeur, François Mercier. Après la salle Wilfrid-Pelletier, il jette un coup d'œil aux salles Maisonneuve et Port-Royal (aujourd'hui la salle Jean-Duceppe).

« Un vrai palais[18] ! » lance-t-il aux journalistes.

Les Montréalais que la délégation croise sur son chemin lancent : « Vive de Gaulle ! Vive la France ! Vive le Québec libre ! »

Une fois cette visite terminée, on se met en route vers l'Université de Montréal, où le général doit prononcer ce qui est déjà annoncé comme un important discours. Profitera-t-il des quelques heures qu'il lui reste en sol montréalais pour tenter de rebâtir les ponts avec Ottawa ? Tous les regards sont maintenant tournés vers le flanc nord du mont Royal.

---

17. *France-Soir,* 26 juillet 1967.

18. Urgel Lefebvre, « La Place des Arts : un palais ! », *Montréal-Matin,* 27 juillet 1967.

CHAPITRE 26

Quand l'UdeM reçoit en grand

C e n'est pas tous les jours qu'on reçoit un président français en exercice sur le campus ! Pour la venue de Charles de Gaulle, l'Université de Montréal décide donc de faire les choses en grand. On fait le ménage, on sort les toges du placard, on lance des centaines d'invitations à la ronde. Et on bat le rappel des professeurs qui, pour la très grande majorité, profitent de leurs vacances estivales. Dans ses préparatifs, la direction jongle même avec l'idée de décerner un doctorat honorifique au dirigeant français. Un document d'archives l'atteste[1]. La cérémonie, y lit-on, aurait lieu à l'auditorium du pavillon principal et serait suivie d'une allocution du célèbre invité. Après des échanges avec le consulat et l'ambassade, ce projet est abandonné. Une note manuscrite, également retrouvée dans les archives de l'université, se lit ainsi : « De Gaulle : doctorat ? Prend note – généralement n'accepte pas. »

Mais allocution à l'auditorium il y aura ! Les centaines de places disponibles sont vite réservées. Dans la quinzaine de jours avant la visite du 26 juillet, le directeur de l'information de l'établissement, Jean Cloutier, signe plusieurs lettres d'excuses à des collèges laissés sur la touche. Pour tenter de satisfaire tout le monde, l'université fait

---

1. Archives de l'Université de Montréal. La majorité des informations de ce chapitre proviennent des fonds du Secrétariat général (D35) et du Bureau de l'information (D37).

installer des télévisions en circuit fermé dans plusieurs autres salles et des haut-parleurs à l'extérieur.

Lorsque le cortège présidentiel arrive, vers 11 h 10, devant le pavillon principal, tout est impeccable. L'institution a loué, pour deux jours, 250 pieds (72 mètres) de cordon de velours rouge au coût de 0,75 dollar le pied linéaire et 36 poteaux à 3 dollars chacun (pour un total de 319,14 dollars, taxes incluses). La location d'un balai de rue pour sept heures de travail le 25 juillet lui a coûté 145 dollars et celle d'un arrosoir de rue pour quatre heures a nécessité une autre dépense de 85 dollars. À cela et à l'achat d'autre équipement, il faut additionner les centaines de dollars déboursés pour les heures supplémentaires de plusieurs employés.

De Gaulle est accueilli avec chaleur par le recteur, Roger Gaudry, et le chancelier, le cardinal Paul-Émile Léger. Autour d'eux, la foule est très dense. Dans *Le Devoir* du lendemain, le journaliste Jean-V. Dufresne l'estime à 2 000 personnes. De part et d'autre du grand escalier, on aperçoit de jeunes adultes en cravate, des religieux et des enfants. Portant gants blancs et casquettes, des policiers forment une haie d'honneur. Quelques affiches du RIN sont brandies parmi les nombreux curieux. En guise de réponse, trois jeunes individus tiennent une banderole où il est écrit en lettres majuscules « Canada pour tout Canadien » [*sic*] et en dessous « *Canada for Canadians* ».

Une fois à l'intérieur, de Gaulle est accueilli au salon de réception jouxtant le grand hall. Muni de ses lunettes, il signe les livres d'or sous l'œil de nombreux dignitaires, dont Léon Lortie, secrétaire général (en toge) de l'université, le ministre Marcel Masse, l'éditorialiste Jean-Marc Léger, présent à titre de secrétaire général de l'Association des universités partiellement ou entièrement de langue française, Couve de Murville et d'autres. Du salon de réception, on passe à l'auditorium de 1 461 places. Parmi les invités se trouvent, outre les membres de la haute direction, les gouverneurs de l'université, les doyens des facultés et écoles, des représentants d'associations universitaires, les dirigeants de tous les services de l'établissement ainsi que des dignitaires de l'extérieur, notamment des représentants de l'université McGill. Le rappel des professeurs en vacances a trouvé un écho favorable, car la moitié du corps professoral a répondu présent. Sur la liste des invités figurent les noms de personnes connues ou appelées à le devenir dans la société québécoise, par exemple Jean Doré (Jean-Claude dans les registres du temps), alors président de l'Association générale des étudiants de l'Université de Montréal (AGEUM), et Jean Papineau-Couture, musicologue et compositeur, alors secrétaire de la faculté de musique. Les dirigeants de l'UdeM ont bien fait de se démener pour que cette activité soit grandiose. Car de l'autre côté de l'Atlantique, on était au départ, disons… sceptique. Dans un document préparatoire du gouvernement français, on avait écrit, à propos du passage à l'Université de Montréal : « Sous réserve que les étudiants, qui sont actuellement en vacances, puissent être rassemblés en nombre suffisant pour donner à cette visite le caractère qu'elle doit avoir. Dans le doute, il conviendrait de supprimer cette partie du programme et de ne prévoir qu'un bref passage au rectorat, sans allocution[2]. »

Après l'interprétation des hymnes nationaux (personne ne hue, ici), Roger Gaudry, premier recteur laïque de l'institution, prend la parole :

> Monsieur le président, l'Université de Montréal apprécie hautement l'honneur de la visite que vous avez voulu lui faire. Elle vous est reconnaissante de l'avoir ainsi distinguée. Je suis heureux et fier de vous accueillir dans cette institution d'enseignement supérieur qui est un des exemples les plus saisissants de l'existence et du progrès du fait français en Amérique. Nous transmettons et nous voulons enrichir le précieux héritage d'humanisme et de science que nos ancêtres français nous ont légué.

Il évoque aussi le passé militaire de l'homme du 18 juin : « Nous rendons hommage à celui qui, pendant des heures angoissantes, a soutenu l'effort de ce pays valeureux et dont chacun doit reconnaître qu'il est une des figures dominantes de notre temps[3]. »

---

2. Archives de la Fondation Charles-de-Gaulle, Paris.
3. Archives de l'Université de Montréal, fonds du Secrétariat général.

Assis, seul, derrière une grande table rectangulaire en bois, un micro posé devant lui, une caméra de la télévision plantée à quelques mètres sur sa gauche, de Gaulle prend la parole durant huit minutes. Évoquant les « jeunes valeurs nombreuses et diversifiées que requièrent à la fois son désir et son avenir », le général salue l'établissement dans sa mission de former les élites francophones de demain en cette terre canadienne-française. « Dans ce pays si vaste et si neuf, enchaîne-t-il, rempli de moyens en pleine action et de ressources encore inconnues, voisin d'un État colossal et dont les dimensions mêmes mettent en cause votre propre identité, se lève et grossit la vague d'un développement moderne dont vous voulez qu'il soit le vôtre. »

« État colossal ». De Gaulle revient à son cher thème du voisin américain à la silhouette menaçante. Il revient aussi sur l'idée selon laquelle les Canadiens français veulent plus que jamais prendre les commandes de leur développement économique. Quant à ceux qui espéraient une main tendue vers le Canada, ils sont déçus. Le « pays si vaste et si neuf » est ouvert à toutes les interprétations. Aux yeux de la très grande majorité des observateurs, de Gaulle est resté campé sur ses positions.

Son allocution terminée, le président se lève et, accompagné de Roger Gaudry, se rend dans le hall d'honneur, où le recteur lui montre la maquette de l'université. Tout le monde ressort dans la cour d'honneur devant le pavillon principal (aujourd'hui pavillon Roger-Gaudry). La foule des curieux s'est encore resserrée sur l'escalier central, laissant à peine l'espace qu'il faut à de Gaulle pour se faufiler. Ce dernier remonte dans sa voiture en compagnie du cardinal Léger. Le maire de Montréal, Jean Drapeau, grimpe dans celle du recteur. Le cortège se met en branle pour une petite tournée du campus. La visite se termine en face du centre sportif (le CEPSUM n'existe pas encore) sis à l'intersection de l'avenue Maplewood et du chemin Bellingham.

Le cortège présidentiel prend ensuite la direction du belvédère du mont Royal. Impossible de ne pas faire voir au général le plus beau point de vue sur Montréal. Ce bref passage est agrémenté d'un court spectacle de la Compagnie franche de la Marine, avec costumes d'époque, tambours et mousquets. La cavalerie de la police de Montréal est là en force. De Gaulle est ravi. « Le général y prit goût et je le revois mimant avec ses mains le maniement complexe des fusils de cette époque[4] », écrit Xavier de la Chevalerie. Des photos montrent de Gaulle et Drapeau, côte à côte, tout sourire et applaudissant les numéros. Il faut croire que la poussière du VLQL est en train de retomber. Mais dans le sourire de Jean Drapeau, il y a autre chose. Car le maire de Montréal, qui, dans quelques minutes, présidera un repas en l'honneur de son digne invité, s'apprête à livrer un des plus importants discours de sa vie.

---

4. Xavier de la Chevalerie, « Le voyage du général de Gaulle au Québec en 1967 – Témoignage », p. 13.

CHAPITRE 27

Le héros du Canada

Si Jean Drapeau avait eu l'ambition de devenir premier ministre du Canada en cet été 1967, il aurait sans doute facilement été l'élu du peuple. Du moins, dans les heures qui ont suivi son discours du 26 juillet à l'hôtel de ville. Là où, moins de quarante-huit heures plus tôt, de Gaulle a provoqué le raz-de-marée politique et diplomatique que l'on sait, le maire de Montréal va lui envoyer une réplique qui retentira d'un océan à l'autre et lui permettra de redevenir le maître incontesté de « son » hôtel de ville.

Selon le programme original, ce déjeuner devait être la dernière activité importante du président français dans la métropole avant qu'il ne prenne le train pour Ottawa en après-midi. Mais en raison de la crise, ce repas devient son banquet d'adieu.

Parti du belvédère du mont Royal, le cortège sillonne plusieurs rues du centre-ville, dont Sainte-Catherine sur une bonne distance, avant d'arriver à l'hôtel de ville. Une quinzaine de motos de la police forment un grand V devant la voiture de tête. Les gens, moins nombreux que le 24 juillet, se rassemblent néanmoins à plusieurs endroits pour regarder le spectacle. Devant l'hôtel de ville, la foule est moins dense et moins bruyante que deux jours plus tôt, note Jean-V. Dufresne. N'empêche, elle est là et hurle son approbation : « On veut de Gaulle ! », « Merci, de Gaulle ! »

Le reporter du *Devoir* emploie le terme *anti-climax* pour décrire l'atmosphère régnant non seulement à l'hôtel de ville mais aussi partout depuis le début de la journée. Et si le général ne manifeste aucun chagrin face à la tempête qu'il a déclenchée, certains signes sont révélateurs, ajoute-t-il. Un exemple ? « Une limousine fermée avait remplacé la décapotable du président, et un dispositif de sécurité considérablement renforcé, partout où il allait[1]. » Il est vrai qu'après le fameux soir du 24, des médias ont rapporté qu'une balle perdue avait été retrouvée dans une pièce de l'hôtel de ville. Certains évoquent déjà un attentat raté sur la personne du président. La police reconnaît qu'on a découvert une balle dans la pièce 414 de l'édifice. Mais elle se garde de parler d'attentat, notamment parce qu'une des hypothèses est que le tir est survenu des heures après le discours ; aussi demeure-t-elle très prudente dans ses commentaires. L'histoire n'ira pas très loin. À ce jour, elle demeure une note marginale dans les annales de la visite.

Autre cause d'« anti-climax », la nouvelle lancée par Gilles Loiselle et compagnie selon laquelle de Gaulle n'ira pas à Ottawa a maintenant fait le tour du monde. Et le cabinet Pearson a publié son communiqué de presse laconique sur les derniers développements : « La décision du général de Gaulle d'abréger sa visite au Canada est facile à comprendre dans les circonstances. Toutefois, ces circonstances, qui ne sont pas le fait du gouvernement, sont fort regrettables[2]. » Quant au traditionnel communiqué de presse publié à la suite d'une rencontre entre deux chefs d'État, l'ébauche en a évidemment été mise à la poubelle[3].

Cette fois, de Gaulle et sa suite n'entrent pas par la grande porte. Ils passent par celle donnant à l'ouest, place Vauquelin. « Ce n'est pas une entrée aussi fracassante qu'il y a deux jours », euphémise un commentateur à la télévision de Radio-Canada[4]. Le banquet orches-

---

1. Jean-V. Dufresne, « Les dernières heures du président dans le Québec », *Le Devoir*, 27 juillet 1967.

2. Jacques Pigeon, « Inquiétudes à Ottawa », *La Presse*, 27 juillet 1967.

3. Un projet de communiqué de presse conjoint a été retrouvé dans les archives de la Fondation Charles-de-Gaulle à Paris. Voir l'annexe 2.

4. Émission télévisuelle spéciale sur la visite du général de Gaulle à Montréal, Radio-Canada, 26 juillet 1967.

tré par le maire Drapeau a lieu dans la salle du conseil municipal. La longue table d'honneur fait face à plusieurs autres tables perpendiculaires. Le président est assis entre Lucien Saulnier, président du comité exécutif de la Ville, à sa gauche, et le maire Drapeau à sa droite. Juste derrière lui, on aperçoit une sculpture, *La Femme au seau* d'Alfred Laliberté[5].

L'allocution de Jean Drapeau est longue et parfois décousue mais truffée de phrases coup-de-poing. Le maire sait reconnaître le grand homme qu'est de Gaulle, qui, à la table, semble un peu absent. Drapeau lui dit qu'il a « sauvé et renouvelé la France ». Mais ailleurs, il laisse entendre que le digne invité est allé trop loin. Que ce soudain intérêt de la France pour le Québec arrive trop tard. Que le destin, comme l'essor de la province, est tributaire de son attachement à l'ensemble nord-américain et non à la mère patrie. Il dit aussi à son hôte que l'explosion de joie suscitée par son passage au Québec au cours des soixante-douze dernières heures ne peut pas être de la nostalgie, avant d'ajouter : « On n'est pas nostalgique après plus de quatre siècles. » Et, plus loin : « Nous savons bien que si nous sommes heureux d'aller en Europe, d'aller en France, nous ne sommes pas moins très heureux de revenir, parce que c'est ici que nous avons pris racine, et que ces racines plongent plus profondément dans le sol canadien [...][6]. » Et toc !

L'accueil enthousiaste des Montréalais et des Québécois n'est pas non plus un geste de gratitude envers la France, soutient Drapeau. Parce qu'à la suite de la Conquête, la France a littéralement abandonné le Québec. Et re-toc ! Depuis le traité de Paris, de 1763 à 1967, ça fait bien deux cents ans d'abandon. « Nous avons appris à survivre seuls pendant deux siècles », lance le maire. Et pour être bien sûr que le message passe, il ajoute : « L'existence du Canada français comme

---

5.   La reproduction en bronze de la sculpture se trouve aujourd'hui du côté gauche de l'entrée donnant sur le grand hall de l'hôtel de ville. Le plâtre original est quant à lui entreposé.

6.   Jean Tainturier (éd.), *De Gaulle au Québec. Le dossier des quatre journées*, p. 84-91. Les passages suivants proviennent de la même source.

tel, le rôle qu'il pouvait jouer en Amérique du Nord, n'a jamais fait, jusqu'à vous, monsieur le président, l'objet d'un intérêt particulier. » Ouf ! Les prédécesseurs du Grand Charles en prennent pour leur rhume. L'accueil réservé à de Gaulle est davantage l'expression d'un espoir dans l'avenir, conclut Drapeau. « Un immense espoir parce que nous ne voudrions pas revivre ce qui a été vécu », dit-il dans une autre allusion au long abandon de la France.

Sachant combien de Gaulle s'enorgueillit d'avoir été à la tête des Forces françaises libres durant la Deuxième Guerre mondiale, Drapeau lui lance : « Nous avons pratiqué la résistance [la résistance !] avant le mot, et si c'était à refaire, nous recommencerions, parce que s'il n'y a pas de sentiment de gratitude à souligner à l'endroit des gouvernements successifs français, il y a tout de même une gratitude naturelle à l'endroit de sa mère, d'avoir hérité des vertus, de la langue, de la culture de la civilisation française. » Bon ! Après la volée de bois vert, enfin quelques bons mots…

Mais ça ne dure pas. Aux allusions répétées faites par de Gaulle durant son voyage à la proximité embarrassante du géant américain, Drapeau répond : « Pour ma part, l'expérience extraordinaire, le phénomène de l'Exposition universelle de Montréal, qui attire chez nous des milliers de voisins américains, me porte à conclure qu'ils découvrent le Canada français, qu'ils découvrent la présence d'un peuple ou d'une nation, on ne se chicanera pas quant au mot, mais qu'ils découvrent ici une présence souhaitable de la France en Amérique du Nord. »

Le Québec ? Il peut prendre sa place à l'intérieur du Canada, continue le maire. « Nous croyons possible de jouer au Canada un rôle, je veux respecter les proportions, mais je dis quand même, analogue en Amérique du Nord à celui que la France joue en Europe et pour l'humanité. » Drapeau enfonce le clou une ou deux phrases plus loin : « La forme importe peu, nous sommes attachés à cet immense pays, et quelle que soit notre façon de le servir, si nous servons mieux notre pays, si nous servons mieux en Canadiens d'origine française, nous servirons mieux la France et nous servirons mieux l'humanité. »

Chez les fédéralistes, on exulte, on plastronne, on lève le poing bien haut. Comme les nationalistes l'ont fait après le VLQL. Le Canada a un nouveau défenseur et il s'appelle Jean Drapeau ! « All Canada Applauding Drapeau », titre en une le *Montreal Star*. « Mayor Drapeau Speaks for National Unity », clame la *Gazette*. « Ottawa, calmée, fait de Drapeau son héros », confirme *Le Devoir*. Paul Martin téléphone à Drapeau pour le féliciter de ce discours axé sur l'unité canadienne. Le maire lui répond qu'il a écrit son discours bien avant le VLQL.

Drapeau demande aussi à Martin pourquoi le gouvernement fédéral ne l'a pas consulté avant que Lester Pearson ne fasse sa déclaration sur les propos inacceptables. « De Gaulle m'a confié avoir été surpris par la sévérité de ceux-ci[7] », dit-il au ministre.

Même l'ambassadeur de Belgique, Guy Daufresne de la Chevalerie, se réjouit de la tournure des événements. Au télégraphiste, il dicte : « Au cours déjeuner d'adieu qu'il a offert au président de Gaulle ce midi le maire de Montréal Jean Drapeau a prononcer [*sic*] discours magnifique et courageux replaçant la renaissance canadienne française dans le cadre du développement du Canada entier et donnant au général l'occasion de rattraper le faux pas d'avant hier – stop[8]. »

De passage, le lendemain, à l'émission *Présent* à la radio de Radio-Canada, Pierre Bourgault ne mâche pas ses mots à l'égard de Jean Drapeau : « Il a été d'une servilité extraordinaire envers le Canada anglais. Avec ça, il vient de se situer. Ça nous en fait un adversaire, bien sûr, mais nous aimons beaucoup mieux connaître nos adversaires que de les savoir se cacher dans les garde-robes, impossibles à atteindre[9]. » C'est un des aspects de la visite du général et de son VLQL que Bourgault aime le plus : cela force chacun à prendre position.

---

7. Paul Martin, *A Very Public Life*, vol. 2 : *So Many Worlds*, p. 596.

8. Télégramme n° 61, 26 juillet 1967, Ambassade de Belgique au Canada, Montréal. Document trouvé aux Archives du SPF Affaires étrangères, à Bruxelles.

9. *Présent* (émission radiophonique), Radio-Canada, 27 juillet 1967.

Il y a d'autres interprétations. Jean Loiselle estime que Drapeau a livré un discours nationaliste mal interprété par le Canada anglais. Son argument repose sur ce passage : « Un homme qui a donné sa vie à la France pour permettre à la France de reprendre la place qui lui revient non seulement en Europe, mais dans le monde, comprend que le Canada français puisse souhaiter aussi pouvoir se placer au rang qui lui revient, et ce n'est prendre la place de personne, comme l'a si bien dit un de nos grands historiens, que d'occuper la sienne[10]. » Dans l'ensemble, ce point de vue de Jean Loiselle constitue l'exception.

Cela dit, ce discours de Drapeau n'empêchera pas ce dernier, moins d'un an plus tard, de faire acheminer, par l'intermédiaire de Daniel Johnson, une requête très spéciale à de Gaulle : faire venir la *Vénus de Milo* à Montréal pour Terre des Hommes, prolongation d'Expo 67. C'est ce que Johnson demande au président français dans une lettre datée du 3 février 1968. De Gaulle lui répond poliment qu'il prend la question au sérieux, mais le projet ne se concrétisera pas. Après un voyage au Japon où elle était arrivée abîmée en 1964, la *Vénus* n'est jamais repartie du Musée du Louvre.

Au fond des choses

À cause d'un petit jeu de mots de De Gaulle que d'aucuns s'amusent encore aujourd'hui à rappeler, le discours musclé de Jean Drapeau ne s'est pas gravé dans les mémoires comme la réponse faite par le président. Se levant à son tour, ce dernier remercie le maire de Montréal en lui assurant que si un événement pouvait à lui seul justifier le voyage qui est sur le point de se terminer, « ce serait l'allocution vraiment émouvante et profonde [qu'il vient] de prononcer[11] ». On croit rêver ! Le général n'a-t-il pas senti qu'il s'est fait remettre à sa

---

10. Jean Loiselle, *Daniel Johnson. Le Québec d'abord*, p. 151-152.
11. Jean Tainturier (éd.), *De Gaulle au Québec*, p. 91-96. Les passages suivants proviennent de la même source.

place ? Salue-t-il le courage de son hôte ? À moins qu'il se félicite intérieurement de s'être fait dire que, contrairement à tous les autres dirigeants de la France, lui, au moins, n'a pas oublié le Québec.

Toujours est-il qu'il s'attarde longuement sur la vitalité de Montréal et sur la montée en puissance économique, sociale et culturelle de la métropole. Maniant la formule avec cette éloquence qui lui est propre, il revient aussi sur les quatre mots, « Vive le Québec libre », qui ont marqué sa visite au fer rouge :

> Pendant mon voyage – du fait d'une sorte de choc, auquel ni vous ni moi-même ne pouvions rien, c'était élémentaire, et nous avons tous été saisis –, au cours de ce voyage, je crois avoir pu aller en ce qui vous concerne au fond des choses, et quand il s'agit du destin et notamment du destin d'un peuple, en particulier du destin du peuple canadien-français ou français canadien, comme vous voudrez, aller au fond des choses, y aller sans arrière-pensée, c'est en réalité non seulement la meilleure politique, mais c'est la seule politique qui vaille en fin de compte.

Plus loin, il salue la conjugaison des œuvres françaises, celles de la France et celles du Québec, et encourage un rapport plus étroit, un resserrement des liens entre les deux entités politiques.

Arrive enfin ce court mais très célèbre passage qui a survécu à l'usure du temps : « Et quant au reste, tout ce qui grouille, grenouille, scribouille n'a pas de conséquence historique dans ces grandes circonstances, pas plus qu'il n'en eut jamais dans d'autres. » Façon polie, pour de Gaulle, de répliquer à la presse parisienne qui l'a cloué au pilori.

Il conclut en faisant un vœu : « Je voudrais que [...] vous ayez gardé l'idée que la présence pour quelques jours du général de Gaulle dans ce Québec en pleine évolution, ce Québec qui se prend, ce Québec qui se décide, ce Québec qui devient maître de lui, mon voyage, dis-je, aura pu contribuer à votre élan. »

De Gaulle prononcera le nom *Canada* une seule fois dans son allocution, lorsque, faisant allusion à Montréal et au Québec, il les situera « dans ce Canada dont [ils sont] le cœur ».

L'ambassadeur belge, qui s'était extasié des propos de Jean Drapeau, met en pièces dans son câble le discours du général : « Plate et sans envergure, la réponse du président a profondément déçu et ne contribuera pas plus que départ sans gloire à rapiécer dignité entamée par sévère réprimande du gouvernement canadien[12]. »

Vers 15 h 30, Charles de Gaulle, son épouse Yvonne et les membres de la délégation française s'apprêtent à partir. Cette fois, ils descendent les marches de l'escalier central de l'hôtel de ville. « Un discours ! Un discours ! » réclament les gens massés dehors. Peine perdue. Le général salue gentiment puis monte dans sa voiture. Le public chante : « Ce n'est qu'un au revoir, de Gaulle… » Et il recommence à crier : « Merci, de Gaulle[13] ! » Le cortège se met en branle et file rapidement vers l'aéroport. À Dorval, les représentants des médias sont déjà rassemblés. Des partisans et des curieux sont agglutinés aux balcons et aux fenêtres des édifices donnant sur la piste. « Ce n'est qu'un au revoir… », entonnent également ces spectateurs.

Comme Pearson le lui a demandé, Lionel Chevrier est là pour représenter le gouvernement canadien. Mais le cœur n'y est pas. La veille, sa fonction lui commandait d'accompagner de Gaulle dans toute sa visite sur le site de l'Exposition universelle, et il a passé une journée désagréable. Le soir, il s'est désisté, comme plusieurs autres, du dîner offert au pavillon de la France. Et il ne s'est pas non plus présenté au déjeuner du maire Drapeau. « Plus tard, écrit son fils, il avouera que s'il avait su que le maire allait prononcer un si vibrant plaidoyer de loyauté envers le Canada en réponse aux propos tenus la veille par le général, il se serait empressé d'accepter[14]. » Chevrier craint que le général refuse de lui serrer la main. Après tout, c'est soudainement lui qui représente le Canada à cette cérémonie de

---

12. Télégramme n° 61, 26 juillet 1967, Ambassade de Belgique au Canada, Montréal. Document trouvé aux Archives du SPF Affaires étrangères, à Bruxelles.

13. Émission télévisuelle spéciale sur la visite du général de Gaulle à Montréal, Radio-Canada, 26 juillet 1967.

14. Bernard Chevrier, *Lionel Chevrier. Un homme de combat*, p. 232-233.

départ. Fausse alerte. De Gaulle s'exécute mais reste d'une politesse figée en lui adressant la parole.

Jean-Claude Labrecque, informé par un ami du départ imminent du général, est lui aussi présent. « À l'aéroport, tout le monde était un peu sur les dents[15] », se souvient-il. Et comment ! Dans ses mémoires, Jean Mauriac raconte que Gilbert Pérol, celui-là même qui lui a donné le *scoop* du métro, l'informe de « menaces précises d'attentat » contre de Gaulle ; l'avion présidentiel a été fouillé de fond en comble et, par conséquent, Mauriac doit rentrer à Paris par un vol commercial[16].

Sur le tarmac, où se massent beaucoup de monde, le quadri-réacteur DC-8 attend. De Gaulle serre des mains, fait un brin de jasette à gauche et à droite. Il reçoit le salut des troupes mais ne fait pas la revue du 22e Régiment, dit un annonceur de Radio-Canada. Pierre Marc Johnson assiste à ce moment historique. Un membre du cercle rapproché du président s'approche de lui… « On m'a remis, comme à quelques autres qui étaient là, un briquet S. T. Dupont que j'ai encore et sur lequel sont gravées les lettres R.F. pour République française. C'était le cadeau que l'entourage du président avait décidé de donner à ceux qui avaient contribué [au voyage][17] », dit-il. Jean O'Keefe, son collègue du protocole québécois, serre, ému, la main du général : « Cet homme monumental dégageait un immense magnétisme[18] », dit-il. François Flohic lui remet un médaillon. D'un côté, le visage du président. De l'autre, la croix de Lorraine. Et sur la tranche, la devise de la France : Liberté, Égalité, Fraternité.

Des policiers de la GRC, en tuniques rouges, sont au garde-à-vous. De Gaulle gravit la rampe mobile conduisant à la porte avant de l'appareil. Arrivé au sommet, il se retourne et salue une dernière fois en compagnie de son épouse Yvonne, à sa droite. François Flohic

---

15. Entrevue avec l'auteur.

16. Jean Mauriac, *Le Général et le Journaliste. Conversations avec Jean-Luc Barré*, p. 151-152.

17. Entrevue avec l'auteur.

18. Entrevue avec l'auteur.

se tient quelques marches plus bas. Dans le brouhaha du départ, Jean-Daniel Jurgensen, directeur du bureau d'Amérique au Quai d'Orsay, dit à de Gaulle : « Mon général, vous avez payé la dette de Louis XV[19]. » L'observation restera dans les annales. Un orchestre joue *Vive la Canadienne* alors que de Gaulle est maintenant à l'intérieur de l'appareil. La garde d'honneur se retire. Les dignitaires, les motocyclettes et les voitures se dispersent. Contre toute attente, une porte de l'avion est rouverte. De Gaulle a-t-il changé d'idée ? Reste-t-il au Canada ? Ira-t-il à Ottawa ? Mais non, c'est qu'on embarque des bagages oubliés au centre-ville.

Enfin, l'avion présidentiel se met lentement en mouvement. Des curieux, rassemblés sur la rampe d'accès au bâtiment principal de l'aéroport, envoient la main en signe d'adieu. L'appareil roule vers la piste et s'envole. Il est 16 h 22. Comme le veut la tradition, Charles de Gaulle envoie un dernier message à son hôte lorsque son avion quitte l'espace aérien du pays visité. Dans le cas présent, ce télégramme est envoyé à Daniel Johnson et non à Lester B. Pearson :

> Je vous remercie, monsieur le premier ministre, pour la magnifique réception que vous m'avez réservée, et, à travers vous, j'exprime ma gratitude à la population pour son inoubliable accueil. Ma femme se joint à moi pour vous prier de partager avec madame Johnson notre amical souvenir. Croyez, monsieur le premier ministre, en ma haute et cordiale considération.
>
> Charles de Gaulle[20]

Au terme de ce quatrième voyage en sol canadien, Charles de Gaulle vient de quitter le pays de Cartier, de Champlain, de Jeanne Mance et de Maisonneuve pour la dernière fois de sa vie.

---

19. Xavier de la Chevalerie, « Le voyage du général de Gaulle au Québec en 1967 – Témoignage », p. 13. Nombreux sont les mémorialistes à avoir évoqué cet épisode. Si tous attribuent cette phrase à Jean-Daniel Jurgensen, ils ne s'entendent pas sur le moment où il l'a prononcée.

20. Nombreuses sources, dont Jean-V. Dufresne, « Les dernières heures du président dans le Québec », *Le Devoir*, 27 juillet 1967.

CHAPITRE 28

Tout le monde en parle

L a visite partie, le temps est venu de faire les comptes. Les Québécois, toutes origines et positions politiques confondues, vont
se parler. Fort. Jusqu'à la fin du mois de juillet, la discussion est
vive. Au point où l'accueil, le 27 juillet, du 25ᵉ millionième visiteur
d'Expo 67 passe presque inaperçu.

C'est d'abord par l'intermédiaire des médias, ainsi qu'au moyen
du bon vieux courrier, que l'essentiel du débat va se dérouler. Claude
Ryan, du *Devoir*, soutient que la visite de De Gaulle devait viser deux
buts importants : raffermir les liens entre la France et le Québec et
favoriser les rapports amicaux entre l'Hexagone et le Canada. Si le
premier objectif est largement atteint, on a lamentablement manqué le second. Pour lui, le général doit en porter le poids. Mais il n'est
pas le seul : « Sur le plan des rapports entre la France et le Canada, la
visite de De Gaulle se solde évidemment par un échec immédiat,
écrit-il en page éditoriale. Le président de la France a commis ici des
impairs regrettables qu'il n'a pas jugé devoir corriger. Le gouvernement canadien a fait montre en retour d'une intransigeance qui
n'apparaît que plus manifeste quand on relit pour une troisième fois
le texte de la déclaration de M. Pearson[1]. »

Bon prince et « par souci de loyauté envers [ses] lecteurs », Ryan
laisse aussi s'exprimer l'éditorialiste Jean-Marc Léger, dont le point

---

1. Claude Ryan, « Bilan d'une visite », *Le Devoir*, 27 juillet 1967.

de vue est fort différent. En effet, l'affaire a suscité des réactions opposées… jusque dans la salle de rédaction du *Devoir*. Dans son texte intitulé « Des paroles de vérité, un message d'espoir », Léger affirme que toute l'action politique du président français repose sur la souveraineté nationale et la coopération internationale. Conséquemment, il n'y avait pas lieu de crier au loup parce qu'il a associé le mot *libre* au nom *Québec*. Et de Gaulle s'adressait au peuple, avec des mots du cœur, et non dans un discours aseptisé destiné à plaire à ses hôtes. « Pourquoi voudrait-on qu'il ait fait mine d'ignorer la situation particulière, les difficultés, les aspirations nouvelles du Québec ? Pourquoi, au total, aurait-on voulu qu'il se fît complice du pieux mensonge qui entoure toujours les visites officielles, alors que les chefs d'État et de gouvernement parlent pour les dirigeants du pays visité et pour les chancelleries, plutôt que pour le peuple[2] ? »

Très civilisées, ces divergences de vues entre Ryan et Léger annoncent néanmoins une rupture imminente. En octobre de la même année, Léger quittera l'équipe éditoriale du *Devoir*. Pour avoir laissé Léger s'exprimer, Ryan reçoit les félicitations de Neil M. Morrison, secrétaire conjoint de la Commission royale d'enquête sur le bilinguisme et le biculturalisme : « C'est une contribution de valeur au dialogue enchaîné [*sic*] par la visite du président de Gaulle[3]. » Ce à quoi Ryan répond : « De très rares lecteurs ont vu qu'entre un point de vue comme celui de Jean-Marc Léger et le mien, il pouvait y avoir non seulement opposition mais surtout peut-être une invisible et nécessaire complémentarité[4]. » Le futur chef du Parti libéral du Québec souhaite sincèrement « beaucoup de compréhension et d'honnêteté intellectuelle » dans le débat d'idées faisant suite à la visite historique des derniers jours.

Malheureusement pour lui, ce n'est pas exactement comme ça

---

2. Jean-Marc Léger, « Des paroles de vérité, un message d'espoir », *Le Devoir*, 27 juillet 1967.

3. Fonds Claude Ryan, Bibliothèque et Archives nationales du Québec, Montréal.

4. *Ibid.*

que les choses se passent. Dans l'abondant courrier qui lui est adressé en réaction à ses éditoriaux, la majorité des lettres lui sont défavorables quand elles ne sont pas carrément hostiles.

Parmi les lettres des détracteurs, nous en avons retenu deux, particulièrement virulentes et à notre connaissance inédites, signées par des prêtres catholiques. L'auteur de la première missive, datée du 27 juillet, écrit ceci : « Il faudrait demander à MM. les Anglais si le QUÉBEC est libre de continuer à parler français, ou non ? de s'occuper de l'Éducation, ou non ? de garder et de cultiver sa culture qui est française, ou non ? Etc. etc. etc. (questions de juridiction provinciale). Si oui... VIVE LE QUÉBEC LIBRE, comme a voulu l'entendre le président de la France. Si non... soyons les esclaves, les nègres que les Anglais voudraient que nous soyons[5]. » L'auteur termine en suppliant Ryan de défendre de Gaulle.

La seconde lettre vise directement Ryan :

> Vous continuez, en dépit de l'unanimité de la presse anglo-canadienne, à croire en la bonne foi de ces gens-là et à ne voir là que la manifestation d'un certain Canada anglais. Vous vous leurrez volontairement pour n'avoir pas à constater la fausseté de votre position fédéraliste. Et puis, vous êtes toujours étonné des réactions de fond les plus authentiques du peuple canadien-français. Cela prouve que vous ne sentez pas vraiment nos problèmes. Mais alors, qu'est-ce que vous attendez pour quitter *Le Devoir,* qui n'a pas été fait pour être la chose d'un homme tel que vous, trop détaché des vrais sentiments du peuple canadien-français, soucieux surtout de plaire à quelques amis canadiens-anglais et pour cela et à cause de cela distribuant avec une suffisance ridicule et une hypocrisie tout anglo-saxonne les bonnes et les mauvaises notes à partir d'une fausse position de juge au-dessus de tous, même des plus grands : parfaitement ridicule[6] !

---

5. *Ibid.*
6. *Ibid.*

Allant jusqu'à traiter Ryan de lâche, l'auteur conclut par cette phrase assassine : « Croyez-moi, M. Ryan, quittez *Le Devoir* : il retrouvera son âme, et notre peuple, son défenseur[7]. »

L'ancien co-chef du Ralliement national, éphémère parti souverainiste né de la dissidence de certains membres du RIN, le Dr René Jutras, emploie en écrivant à Ryan des mots plus élégants mais favorables au général : « Le passage parmi nous de ce grand homme d'État dont nous sommes fiers aura, pour le Canada français, des conséquences heureuses incalculables, dont la première est d'avoir troublé la tranquillité des endormis et la deuxième d'avoir ébranlé la sécurité de ceux qui, à Ottawa et ailleurs, se transforment en "Quisling[8]" du Canada français. Nommons-en quelques-uns : Jean Marchand, Maurice Sauvé, Réal Caouette, Jean Chrétien et [Louis] Robichaud [premier ministre] du N.-B.[9] »

Ryan reçoit aussi de nombreuses lettres chaleureuses ou antigaullistes. On le félicite notamment pour sa recherche de nuances – ce que d'autres ont qualifié de positions ambiguës, de tentatives pour ménager la chèvre et le chou. Mais Ryan sait que la majorité des lettres lui sont défavorables. Il ne s'en cache pas en répondant à quelques correspondants : « Il nous fut très difficile de naviguer à travers le concert vraiment contradictoire d'opinions que nous avons reçues à ce sujet, écrit-il par exemple à un dirigeant du Canadien National. Les lecteurs qui approuvaient sans aucune réserve les propos et les attitudes du général furent, entre parenthèses, très nombreux[10]. » À un autre correspondant, le directeur du quotidien de la rue Saint-Sacrement dit craindre les pires divisions : « Cette visite laissera dans notre milieu des traces profondes. J'espère que ce ne seront pas des traces de haine et de division. Malheureusement,

---

7. *Ibid.*

8. Vidkun Quisling, politicien norvégien qui collabora avec les nazis pendant la Deuxième Guerre mondiale.

9. Fonds Claude Ryan, Bibliothèque et Archives nationales du Québec, Montréal.

10. *Ibid.*

certains éléments cherchent ostensiblement à exploiter le voyage du général à des fins partisanes et étroitement nationalistes[11]. »

Pour sa part, le *Dimanche-Matin* prend position le 30 juillet par l'intermédiaire de son éditorialiste et chef de l'information, Claude La Vergne. Coiffé du titre « Le cauchemar », son texte rejette toute influence extérieure, si prestigieuse soit-elle. Reprenant l'allusion du général de Gaulle à la Libération, il lance : « Une atmosphère de libération doit nous envelopper, mais que cette libération en soit une qui nous délivre de toute influence extérieure, de tout paternalisme, héritage qui vient de nous être suggéré[12]. »

Un feu d'espoir

Du côté des nationalistes, on a l'esprit en feu. Un feu d'espoir à la suite du VLQL mais aussi de rage à cause de la réaction courroucée du Canada anglais.

Au RIN, Pierre Bourgault soutient que la visite du général a propulsé la cause de la souveraineté à l'avant-scène. Le 27 juillet, à l'émission *Présent*, il qualifie cette visite « d'importance capitale ». À l'animateur Bernard Derome, Bourgault déclare : « Hier, au secrétariat, nous avons reçu des centaines et des centaines d'appels de gens qui voulaient s'inscrire au RIN. […] Il y avait beaucoup de gens qui étaient sur le bord de l'indépendance mais qui avaient besoin d'un étranger pour les convaincre. Plusieurs m'ont appelé pour me dire que ça les avait décidés […][13]. » Bourgault se laisse un brin emporter par l'enthousiasme. Le RIN ne semble pas avoir fait le plein de membres dans la foulée du VLQL. Selon les recherches effectuées par Claude Cardinal pour son ouvrage *Une histoire du RIN*, on dénombre 80 adhésions dans les jours suivant la déclaration et une

---

11. *Ibid.*
12. Claude La Vergne, « Le cauchemar », *Dimanche-Matin*, 30 juillet 1967.
13. *Présent* (émission radiophonique), Radio-Canada, 27 juillet 1967.

trentaine de plus lors d'un rassemblement de 3 000 personnes tenu le 2 août à Montréal.

Comme Ryan avec les nationalistes, Bourgault récolte sa part de reproches. Plusieurs lettres lui sont acheminées au journal *L'Indépendance* que publie son parti. La visite du général coïncide par exemple avec une campagne de publicité du RIN. Cela fait bondir une citoyenne de Laval selon qui Bourgault n'atteindra jamais la cheville de Jean Drapeau. « Vous dites dans votre publicité que "le RIN a besoin de votre appui…", eh bien vous n'avez pas fini d'en avoir besoin, tant que vous serez entouré d'une bande de morveux et de ratés qui semblent former la majorité de vos rangs[14]. »

Militant très actif du parti, Marcel Chaput s'empresse de faire publier, dès le 25 juillet, un communiqué de presse au titre sans équivoque : « Les deux pays que deviendra bientôt le Canada doivent un immense merci au général de Gaulle ». Selon lui, la simple évocation de la liberté, à travers le VLQL, a démontré que le « Canada est un pays de confusion et de colonialisme » puisque le « Canada anglais se trouve en proie à une hystérie pharisaïque », alors qu'au Québec, on « pleure d'une réconfortante émotion, génératrice de fierté et de courage[15] ».

Mais M. Chaput doit aussi composer avec des menaces. Dans une lettre anonyme, un individu écrit en gros caractères : « Mr. Marcel Chauput [*sic*] Seperatiste [*sic*] Think of *Kennedy*. We are going to get you in Due Time. You never Know when or where (Vive le Canada)[16]. » Chaput peut se consoler en lisant une autre lettre arrivée de Bruxelles dans laquelle une Wallonne se réjouit du VLQL qui, à ses yeux, ne peut qu'aider la cause des francophones de la Belgique qui souhaitent s'émanciper : « Le voyage du général de Gaulle m'a réchauffé le cœur. C'est un peu notre pensée à nous Belges de langue

---

14. Archives du Rassemblement pour l'indépendance nationale, Bibliothèque et Archives nationales du Québec, Montréal.

15. Fonds Marcel Chaput, Bibliothèque et Archives nationales du Québec, Montréal.

16. *Ibid.*

française qu'il a portée au Québec. Chacun était attentif à ses paroles, car votre problème est le nôtre. Vive les Québécois libres. Comme cela fait du bien de voir que les ethnies françaises se regroupent[17]. »

Un groupe de quarante-deux hommes et femmes nationalistes jouissant d'une certaine notoriété expriment quant à eux leur indignation dans un document intitulé « Lettre ouverte aux membres du Parlement du Québec », publié entre autres dans *Montréal-Matin* le 29 juillet. Parmi les signataires, on trouve Marcel Barbeau, Jacques Ferron, Gérald Godin, Jacques Hurtubise, Pauline Julien, Jean-Marc Léger, Hubert Loiselle, Gaston Miron, Dyne Mousso et Kim Yaroshevskaya :

> Nous soussignés, universitaires, journalistes, syndicalistes, artistes, étudiants, travailleurs et autres citoyens du Québec, entendons condamner publiquement et sans réserve les insultes proférées par le gouvernement fédéral pan-canadien d'Ottawa à l'endroit de notre invité le général de Gaulle alors qu'il séjournait chez nous sur le sol québécois.
>
> De Gaulle a été insulté par les autorités d'Ottawa en tant que parent et ami du Québec, en tant que président de la République française, en tant que décolonisateur et en tant que chef « de fait » de la francophonie mondiale. Les Québécois ont été insultés en tant qu'hôtes du président, en tant que descendants de Français, en tant que colonisés et en tant que francophones qui se perçoivent comme tels et comme nation dans l'histoire. À l'heure où le peuple du Québec est lancé irréversiblement sur la voie de la décolonisation, il n'est pas étonnant que les propos généreux et progressistes d'un président-décolonisateur aient provoqué la colère des anglophones fanatiques du Canada anglais, héritiers du pouvoir colonial britannique sur le Québec[18].

En conclusion, les signataires demandent aux parlementaires québécois d'adopter unanimement sept mesures, dont la transmis-

---

17. *Ibid.*
18. *Ibid.*

sion de chaleureuses félicitations à de Gaulle, l'approfondissement de la coopération avec la France et l'obtention d'excuses d'Ottawa. Ils demandent aussi aux députés québécois de « réclamer la démission des ministres fédéraux béni-oui-oui Jean Marchand, Pierre-Elliot [*sic*] Trudeau, Maurice Sauvé et Jean Chrétien, qui se sont faits les complices de l'acte injustifiable des impérialistes d'Ottawa[19] ».

D'autres sympathisants indépendantistes écrivent directement au président français. Un militant du RIN de Montréal-Nord est de ce nombre. Il écrit : « Veuillez, enfin, ne pas attacher grande importance aux propos fielleux de ceux de mes compatriotes, colonisés jusqu'à la moelle, qui vous lancent de la boue afin de se bien faire voir de leurs maîtres anglo-saxons[20]. »

La Fédération des SSJB n'est pas en reste. Comment le pourrait-elle après avoir encouragé sans relâche le peuple québécois à acclamer le général ? Dans un communiqué, le directeur général, Léo Gagné, remercie la population pour l'« accueil chaleureux » fait à de Gaulle :

> La visite du président de la France, en dépit des incidents diplomatiques auxquels elle a donné lieu, aura pour avantage immédiat de porter le problème québécois à l'attention de l'opinion publique mondiale et de briser la froide réserve de l'opinion publique anglo-canadienne qui préfère ignorer systématiquement les difficultés engendrées par la coexistence de deux nations distinctes au Canada. À longue portée, lorsqu'aura pris fin la polémique alimentée par les passions anti-gaullistes tant au Canada qu'à l'étranger, la visite aura pour conséquence de susciter une discussion intelligente du problème juridique et politique canadien et des relations entre le pouvoir central et le Québec, patrie de la très grande majorité des Canadiens français[21].

---

19. *Ibid.*

20. *Ibid.*

21. Fonds Mouvement national des Québécoises et Québécois, Bibliothèque et Archives nationales du Québec, Montréal.

Pour Léo Gagné, la participation enthousiaste de la population lors de la visite présidentielle constitue la preuve de son appui aux initiatives des gouvernements québécois qui cherchent à faire reconnaître le Québec sur la scène internationale.

Toujours au nom de la Fédération des SSJB, Gagné expédie des télégrammes de félicitations à Charles de Gaulle et à Daniel Johnson. La Fédération remercie le premier de son appui à la signature d'accords France-Québec et exprime le souhait de relations toujours plus étroites entre les deux nations. Le dernier paragraphe est plus politique : « La Fédération désire exprimer à votre Excellence ainsi qu'à Madame de Gaulle ses regrets pour l'incompréhension du gouvernement canadien. Par la voix de la Fédération et de leurs associations nationales, les Québécois vous disent leur profonde admiration pour votre courage et ils vous souhaitent de servir encore longtemps la France et la communauté francophone et de continuer votre action en faveur de la liberté, pierre d'assise du progrès des peuples et du développement harmonieux des rapports entre les nations[22]. »

À Daniel Johnson, Gagné offre ses « félicitations chaleureuses » pour le succès de la visite :

[La Fédération des SSJB] a été très heureuse de participer à l'organisation de ce voyage et elle est convaincue que ce dernier aura des résultats très positifs si la population du Québec, son gouvernement et ses hommes politiques savent tenir une position ferme devant l'orage suscité par les passions anti-gaullistes de la presse anglo-saxonne. [...] La Fédération apprécie l'attitude calme et sereine du gouvernement québécois en dépit des pressions exercées par l'opinion anglophone et elle se réjouit de constater que le premier ministre du Québec a été l'hôte officiel du général de Gaulle tout au long de sa visite au Québec[23].

---

22. Fonds Mouvement national des Québécoises et Québécois et fonds Société Saint-Jean-Baptiste de Montréal, Bibliothèque et Archives nationales du Québec, Montréal.

23. *Ibid.*

Chez les fédéralistes

Une des expressions les plus originales du mécontentement des fédéralistes québécois vient d'un Montréalais anglophone et ancien
militaire dans une lettre à Claude Ryan. Reprenant des vers de *La
Marseillaise*, il écrit *La Bourgaudaise*, chant antiquébécois inspiré du
nom du chef du RIN. En voici les paroles où, pas plus que « Mar-
seille » ne figure dans *La Marseillaise*, le nom de Bourgault n'y est
mentionné :

> *Allons, gamins séparatistes,*
> *Le Dieu de Gaulle est arrivé,*
> *Contre ses anciens camarades*
> *Sa croix lorraine encore levée,*
> *Ses discours frénétiques dirigés.*
> *Qu'il nous serve d'excellent modèle*
> *De la trahison des amis,*
> *Du mépris des Canadiens anglais.*
> *Suivons l'exemple de De Gaulle !*
> *Léchons ses gros pieds !*
> *Baisons son joli nez !*
> *Rampons ! Mentons !*
> *Suivons Johnson !*
> *À bas le Canada*[24] *!*

À l'époque comme aujourd'hui existe une classe de commentateurs à la langue bien pendue, en verve et dont les propos incendiaires soulèvent approbation, colère et passion. C'est entre autres le
cas d'un certain Pat Burns. Il ne s'agit pas du futur entraîneur du
Canadien de Montréal, mais d'un des premiers animateurs montréalais d'émissions d'affaires publiques. À la station de radio anglophone CKGM, Burns salue le passage de De Gaulle à Montréal par

---

24. Fonds Claude Ryan, Bibliothèque et Archives nationales du Québec,
Montréal.

une flopée de propos hargneux. L'affaire soulève un tollé, par exemple dans *La Patrie,* où paraît un texte d'opinion intitulé « Pat Burns méprise les Canadiens français ». L'auteur défend le droit des Canadiens français d'acclamer de Gaulle. Il reprend un passage où Burns traite Pierre Bourgault de cinglé *(nut)* et réplique : « Pierre Bourgault, "a nut" ! Vas-y, Burns ! Crache ! Bourgault, un fou, parce qu'il prône l'indépendance du Québec ? George Washington aussi, devait être un "nut" avant que les États-Unis d'Amérique deviennent indépendants. De même pour Bolivar, Garibaldi, Lénine, Nehru. Tous des fous, hein[25] ? »

Dans les jours suivants, plusieurs quotidiens de Montréal traiteront de l'affaire Pat Burns. *Le Devoir,* entre autres, rapportera qu'une soixantaine d'indépendantistes ont défilé devant les locaux de la *Gazette* et de CKGM pour dénoncer l'animateur controversé.

Le Devoir publie également, le 28 juillet, la lettre d'un lecteur dénonçant « la dangereuse exaltation à la radio de Pat Burns qui peut un jour prochain incendier tout le pays ». En septembre, Pierre Bourgault s'en mêlera. Il écrira à Pierre Juneau, directeur du Bureau des gouverneurs de la radio et de la télévision, pour lui demander officiellement qu'une enquête soit ouverte « concernant la propagande haineuse faite par Pat Burns » sur les ondes de CKGM.

Les esprits sont donc très échauffés à Montréal, au Québec et dans le reste du Canada dans les jours suivant le départ du président français. Pendant ce temps-là, dans plusieurs autres pays, on regarde et commente avec attention ce qui se passe dans ce coin du monde normalement si tranquille. Parmi les intéressés, les États-Unis, où la lecture que l'on fait des événements est bien différente de celles faites à l'intérieur des frontières canadiennes.

---

25. Ivan Rioux-Sabourin, « Pat Burns méprise les Canadiens français », *La Patrie,* 30 juillet 1967.

Après un voyage de plusieurs heures le long de la rive nord du Saint-Laurent, Charles de Gaulle arrive à Montréal. Le voilà sur les marches de l'escalier de l'hôtel de ville avec son hôte, le maire Jean Drapeau, à sa droite. Dans quelques minutes, le général fera l'histoire.

« *Vive le Québec libre !* » s'exclame Charles de Gaulle depuis le balcon de l'hôtel de ville de Montréal. Cette petite phrase va résonner aux quatre coins du monde et provoquer une tempête politique au Québec et au Canada.

Sur le balcon de l'hôtel de ville, Charles de Gaulle s'adresse, contre toute attente, à une foule estimée à 15 000 personnes. Le maire Jean Drapeau, Yvonne de Gaulle et Marie-Claire Boucher, épouse de M. Drapeau, sont à quelques pas de lui.

Quelques centaines de notables montréalais et québécois accueillent le président français sur la terrasse située à l'arrière de l'hôtel de ville. Après son discours retentissant, de Gaulle s'en tient à quelques formules d'usage, serre des mains et signe le livre d'or.

Le Colbert, à quai, dans le port de Montréal. On aperçoit, en arrière-plan, les habitations en blocs de béton d'Habitat 67. Le Colbert restera à Montréal jusqu'au 30 juillet avant de rentrer en France.

Le matin du 25 juillet, Charles de Gaulle est accueilli à la place des Nations de l'Exposition universelle de Montréal. Sous le regard de milliers de curieux, il passe en revue les troupes militaires canadiennes. Au cours de la journée, il visitera neuf pavillons.

Charles de Gaulle sous le minirail, près du pavillon américain. La foule, nombreuse, suivra le président dans tous ses déplacements au cours de la journée.

Mercredi 26 juillet, entouré du maire Jean Drapeau et de Lucien L'Allier (à droite), administrateur et ingénieur qui a supervisé le chantier du métro de Montréal avant de devenir président de la Commission de transport de Montréal, le président de la France visite les installations du métro.

L'arrivée du général de Gaulle à l'Université de Montréal se fait devant une foule nombreuse. Ici comme partout ailleurs où il est passé au Québec, des militants du RIN se rendent bien visibles avec des pancartes.

Après avoir visité le métro de Montréal, la Place des Arts, l'Université de Montréal et le belvédère du mont Royal, de Gaulle est reçu à l'hôtel de ville de Montréal pour un dîner en son honneur. Derrière lui, la sculpture La Femme au seau *d'Alfred Laliberté.*

Charles de Gaulle et Jean Drapeau à l'hôtel de ville. « L'existence
du Canada français comme tel, le rôle qu'il pouvait jouer en Amérique du Nord,
n'a jamais fait, jusqu'à vous, monsieur le président, l'objet d'un intérêt
particulier », lance le maire Drapeau à propos du désintérêt de la France
depuis la signature du traité de Paris de 1763.

Le cortège conduisant le président français à l'aéroport de Montréal arrive sur
le tarmac. De Gaulle salue les notables une dernière fois. Le voyage québécois
s'achève.

Yvonne de Gaulle regarde son mari monter la rampe mobile menant à son avion présidentiel, un DC-8, qui les ramènera à Paris. En raison de menaces d'attentat, l'avion a été minutieusement fouillé au préalable.

Et voilà le dernier salut du général au Québec avant de retourner à Paris. Lorsque son appareil aura quitté les limites territoriales du Canada, le président enverra un télégramme de remerciements à… Daniel Johnson.

CHAPITRE 29

Une analyse de la CIA

À Washington, on n'est pas indifférent à la situation. Même la célèbre Central Intelligence Agency (CIA), vouée à l'acquisition de renseignements au bénéfice des intérêts américains, a les oreilles tournées vers la Belle Province.

Parmi ses innombrables activités, la CIA publie quotidiennement un rapport, le *Central Intelligence Bulletin*, truffé de renseignements classés top secret. Il est distribué au président et à une poignée de hauts dirigeants américains, ainsi tenus au courant de façon permanente de l'évolution d'événements jugés d'intérêt stratégique dans tous les points chauds de la planète. Conflit au Vietnam, agitations en Indonésie, mouvements populaires inquiétants en Afrique, révolte en Tchécoslovaquie, tout y passe. Dans son édition du 26 juillet 1967, le bulletin revient sur les événements des deux derniers jours au Québec. Or, surprise, on ne grimpe pas aux rideaux. Le ton des commentaires est étonnamment posé.

Avant de passer en revue le contenu de ce document, un petit retour en arrière s'impose. Quelque seize mois plus tôt, le 7 mars 1966, Charles de Gaulle avait annoncé au président Lyndon Johnson que la France entendait se retirer du commandement intégré de l'OTAN. La CIA scrute alors la réaction dans les autres pays de l'Alliance atlantique. Le 9 mars 1966, le *Central Intelligence Bulletin* en vient à une conclusion rassurante. Non seulement l'OTAN reste forte, mais les autres pays membres sont également prêts à faire la démonstration de leur unité au moment jugé opportun. Il y a

cependant quelques couacs, ajoute-t-on. Par exemple au Canada :
« Les Canadiens ont signalé que d'aucune façon ils ne pouvaient
affaiblir les liens entre Ottawa et Paris si cela avait pour résultat de
renforcer l'association qu'entretiennent les séparatistes du Québec
avec la France[1]. » Ces quelques lignes démontrent que dès le printemps 1966, tout le monde sait que la France et le Québec souhaitent
se rapprocher et que cette situation préoccupe le gouvernement central du Canada.

Que dit, dans ces circonstances, le rapport de la CIA daté
du 26 juillet 1967 ? Au lieu d'être vu purement et simplement comme
un appel à l'indépendance des Québécois, le VLQL de Charles de
Gaulle est considéré davantage comme une autre façon d'exprimer
son éternelle méfiance à l'égard du géant américain :

> De Gaulle est allé trop loin en utilisant le Québec pour marteler son
> argumentaire voulant que les États-Unis menacent l'indépendance
> de toutes les puissances occidentales, peut-on lire dans cette analyse
> de cinq paragraphes. Ses premières exhortations invitant les Cana-
> diens français à prendre le contrôle de leur province n'étaient pas
> alarmantes pour la majorité des Canadiens parce que le gouverne-
> ment à la tête de la « Révolution tranquille » a développé les mêmes
> thèmes. D'ailleurs, son appel à une résistance contre le contrôle éco-
> nomique américain obtient aussi un écho très favorable dans le
> Canada anglophone[2].

Mais en prononçant le VLQL, de Gaulle a montré son incompréhension de la situation intérieure du pays, car son slogan est iden-
tique à celui des séparatistes, groupement minoritaire au Québec.

Le bulletin de la CIA conclut que les nombreux désaveux expri-
més dans la foulée de son exclamation et le rappel à l'ordre de Les-

---

1.   *Central Intelligence Bulletin,* 9 mars 1966, *Freedom of Information Act Elec-
    tronic Reading Room* [www.cia.gov/library/readingroom/document/cia-
    rdp79t00975a008800240001-8]. Traduction de l'auteur.
2.   *Ibid.,* 26 juillet 1967. Traduction de l'auteur.

ter B. Pearson vont probablement permettre de passer assez rapidement à autre chose. On se félicite d'ailleurs de la réaction qualifiée de modérée de Pearson, qui permettra aux leaders québécois aux opinions modérées de réitérer leur attachement au pays. « Les leaders québécois vont (sans doute) exploiter la visite de De Gaulle pour réclamer plus de pouvoirs d'Ottawa. Mais ils ne sont pas, par ailleurs, prêts à aller jusqu'à l'indépendance, du moins à court terme. À très court terme, la visite de De Gaulle pourrait donc rapprocher le Canada anglais et le Québec[3]. » « Rapprocher le Canada anglais et le Québec » ! Voilà qui détonne par rapport aux opinions extrêmement polarisées entendues au cours des derniers jours. On ne pourra pas accuser la CIA – ou du moins l'auteur du rapport – d'être alarmiste !

Les sentiments antiaméricains du président français sont aussi soulignés dans les commentaires de Charles E. Bohlen, ambassadeur des États-Unis à Paris. Dans son câble du 27 juillet, le diplomate de carrière ne fait pas dans la dentelle. Contrairement à la CIA, il pète carrément les plombs :

> Il est maintenant apparent que de Gaulle a perdu son sens de l'à-propos, son flair du bon moment et du bon endroit, et que ses déclarations publiques et d'ailleurs ses actions ont pris de plus en plus un caractère personnel et têtu. Selon nos informations, de Gaulle gère la politique étrangère française presque en solo et néglige de manière croissante les autres aspects des activités du gouvernement.
>
> Ses récentes déclarations sur le Vietnam, qui ont graduellement dépassé les bornes généralement admises, son comportement à l'intérieur du Marché commun et finalement, le dernier et plus incroyable écart de tous, son initiative au Canada reflètent cette tendance. Il semble que de Gaulle souffre de deux maux liés à son âge avancé : 1) une ossification de ses préjugés – et il en a beaucoup ; 2) une indifférence croissante, voire une insouciance quant à l'effet de ses paroles sur l'opinion publique internationale et française. La

---

3. *Ibid.* Traduction de l'auteur.

fixation qu'il a toujours eue à l'égard du pouvoir et de la taille des États-Unis a empiré jusqu'à devenir une obsession maladive…

Nous avons noté que tout au long de sa vigoureuse intrusion dans les affaires intérieures du Canada en faveur des Canadiens français, de Gaulle a trouvé deux occasions d'exprimer des critiques relativement tempérées au sujet des États-Unis et de leur taille. J'ai le sentiment, cependant, que nous devons reconnaître une bonne fois pour toutes que l'une des forces qui motivent la conduite de De Gaulle en politique étrangère est son obsession anti-américaine. Je crois que nous pouvons nous attendre à ce qu'il inclue des remarques désobligeantes envers les États-Unis dans presque tout ce qu'il dira à l'avenir…

Il est peut-être trop tôt pour dire que de Gaulle « devient sénile », mais la réserve qui accompagnait jusqu'à maintenant ses actions et modulait ses paroles semble certainement lui faire énormément, et de plus en plus, défaut […][4]. »

On ne trouvera pas non plus beaucoup de sympathie pour de Gaulle dans les grands médias américains. Un éditorial du *New York Times* qualifie la fin de son voyage de « fiasco ». Le journal estime que le président français n'a fait qu'enthousiasmer la « minorité d'extrémistes » et « embarrasser » le gouvernement canadien en encourageant les Canadiens français à devenir maîtres de leur destinée et à conserver leur caractère distinct face au géant américain. Quant à sa réflexion associant son accueil à l'ambiance de la Libération et son cri sur le Québec libre, le *Times* les qualifie d'« attaque délibérée et malicieuse envers l'unité canadienne ». Le grand quotidien exprime aussi un certain agacement quant au fait que de Gaulle n'a pas d'abord visité Ottawa « comme l'exige le protocole[5] ». Le *Times* omet de dire que deux mois auparavant, le président Johnson a fait exactement la même chose, passant d'abord par Montréal et

---

4.   Jean-François Lisée, *Dans l'œil de l'aigle. Washington face au Québec*, p. 87-88.

5.   « Adieu, Not Au Revoir », *The New York Times*, 27 juillet 1967.

Expo 67 avant d'aller rencontrer Lester Pearson à Ottawa. Bien sûr, le contexte est différent, mais cet oubli reste étonnant.

Ambassadeur de France à Washington, Charles Lucet rapporte à son patron, Maurice Couve de Murville, tout ce qui se dit chez l'oncle Sam. Son analyse est sombre. Le départ précipité de De Gaulle fait la une des quotidiens « sous les titres les plus incisifs », dit-il. « L'occasion est jugée bonne par la plupart des journalistes pour blâmer la conduite du général de Gaulle et se libérer au fond de rancœurs profondément enracinées contre lui. Plus que l'affront qu'il aurait infligé aux Canadiens, ce sont les sentiments anti-américains prêtés au chef de l'État qui piquent au vif l'opinion, naturellement influencée par les commentaires de la radio et de la télévision. » Lucet ne signale rien sur le front politique ou diplomatique américain, mais il fait part du courrier reçu au cours des derniers jours : « Une abondante correspondance parvient à cette ambassade sur le ton outragé et malveillant que l'on devine[6]. »

Autres propos d'ambassadeurs

Bien d'autres pays suivent de près ce qui se passe, parce qu'ils sont voisins de la France, parce qu'ils font partie de la francophonie ou encore parce qu'ils ont chez eux des regroupements nationalistes minoritaires revendiquant, à l'instar des Canadiens français, plus d'autonomie. Prenons les cas de la Suisse et de la Belgique, dont les archives diplomatiques sont éloquentes.

Chez les Suisses, l'ambassadeur au Canada Hans Wilhelm Gasser envoie, le 27 juillet, un rapport de six pages à Willy Spühler, conseiller et chef du Département politique fédéral à Berne, l'équivalent du ministre des Affaires étrangères. Gasser fait un bilan imagé et assez dur des déclarations de De Gaulle. Évoquant une « guerre des nerfs » entre Ottawa et Québec et le fait que le président français a eu droit

---

6. Document n° 52, dans Ministère des Affaires étrangères, *Documents diplomatiques français. 1967*, t. 2 : *1er juillet-29 décembre*.

à un « traitement privilégié », Gasser dit que de Gaulle a été reçu « avec des marques d'adulation qui ont stupéfié les journalistes français » qui l'accompagnaient. Plus loin, il qualifie les militants indépendantistes d'« essaim peu nombreux, mais remuant et vociférant, de jeunes séparatistes québécois[7] ». Sur le VLQL, Gasser fait, comme bien d'autres, le rapprochement avec la méfiance du général envers les États-Unis et son désir de jouer un rôle dans l'émancipation du Québec francophone.

> Essayant pour ma part de me figurer quels objectifs le président de Gaulle pouvait chercher à atteindre lors de cette visite, je conclus que son principal souci ne devait pas être autre que de contrecarrer autant que possible l'influence prépondérante des États-Unis au Canada, et ceci en s'efforçant de constituer un contre-courant vers la France.
>
> Comment a-t-il pu ne pas voir qu'il ne pouvait le faire qu'en ménageant le fédéral et même en lui faisant des avances et qu'un Canada divisé ou fractionné est condamné à être absorbé par son puissant voisin du Sud ? On peut répondre que le général, obsédé par l'idée de la grandeur de la France et de ce qui peut la grandir encore, s'est laissé emporter par une sorte de rêve, que l'irréalité de l'accueil qu'il a reçu explique en partie, et a négligé des contingences politiques immédiates. Si c'est bien ainsi que les choses ont été, il a obtenu le résultat exactement contraire de celui qu'il cherchait : la presse canadienne dans son ensemble estime que les relations franco-canadiennes n'ont jamais été aussi mauvaises depuis 200 ans. Du côté canadien cependant, il ne fait aucun doute que l'on ne fera rien pour envenimer les choses et que l'on s'efforcera au contraire dès que possible de normaliser la situation[8].

---

7.   Hans Wilhelm Gasser, Rapport politique n° 6, 27 juillet 1967, Ambassade de Suisse au Canada.

8.   *Ibid.*

De son côté, Guy Daufresne de la Chevalerie, ambassadeur de Belgique au Canada, revient d'abord sur le ton de la déclaration que Lester Pearson a prononcée le 25 juillet. « Ce texte est le résultat d'un compromis mais il se rapproche de la ligne dure, écrit-il. En fait, le secret désir de M. Pearson était d'amener le visiteur à prendre lui-même la responsabilité d'annuler sa visite et c'est bien ce qui s'est passé[9]. » Pour le diplomate, il ne faisait aucun doute que tout en maintenant l'invitation à de Gaulle de se rendre à Ottawa, on serait néanmoins revenu à un cérémonial minimaliste, pour des raisons tant de sécurité que de fermeté. « D'abord, le risque d'un attentat n'était nullement négligeable vu l'excitation des esprits et, ensuite, la pompe officielle aurait paru nettement déplacée dans les présentes circonstances. Ce qu'on envisageait, c'était de le recevoir en catimini dans une enceinte privée, en présence d'un très petit nombre de personnes officielles. »

Quant à l'emportement excessif de De Gaulle au balcon de l'hôtel de ville de Montréal, l'ambassadeur l'impute en partie à une espèce de cinquième colonne agissant de l'intérieur du gouvernement de Daniel Johnson. Son analyse, appuyée sur ses sources personnelles et celles du consulat belge à Montréal, est singulière :

Le scénario de l'enthousiasme populaire tout au long du parcours avec les haltes successives, les discours et les tournées de poignées de mains du général avait été arrangé entre le premier ministre Johnson et son invité afin de renforcer le prestige du chef du gouvernement québécois et de lui permettre de négocier une révision constitutionnelle avec Ottawa à partir d'une position de force.

Toutefois, des collaborateurs de M. Johnson, aux vues les plus extrémistes, avaient pris soin, sans doute à l'insu de leur chef, d'installer dans la foule, aux endroits stratégiques, de petits groupes de militants

---

9. Télégramme n° 556, 27 juillet 1967, Ambassade de Belgique au Canada, Montréal. Document trouvé aux Archives du SPF Affaires étrangères, à Bruxelles..

des organisations séparatistes avec mission de donner le ton, ce qui ne leur a pas été difficile dans l'atmosphère de surexcitation populaire[10].

Encore une fois, on constate que les pancartes du RIN font parler bien davantage que le travail de la Fédération des SSJB et de ses organisations affiliées… Mais poursuivons :

> Il se peut que, de ce fait, le général ait été abusé sur l'ampleur des sentiments séparatistes et que, d'autre part, éprouvé par une fatigue incontestable dont on voyait les signes sur son visage, il ait donné au balcon fatidique une version tronquée de sa pensée sans y introduire les nuances voulues touchant la place du Québec dans la Confédération[11].

L'ambassadeur belge ne voit rien là qui soit de bon augure. « Ainsi se trouve ruinée d'un seul coup la relative détente qui s'était installée entre les deux groupes canadiens », croit-il. Sa conclusion est sans appel : « Les relations entre la France et le Canada vont certainement se refroidir, ce qui risque d'être amèrement ressenti au Québec[12]. »

Qu'en dit son homologue François Leduc ? En envoyant au Quai d'Orsay un résumé des opinions des éditorialistes canadiens, l'ambassadeur français retient que celles-ci « varient évidemment du tout au tout selon la langue dans laquelle elles se trouvent exprimées ». S'il observe que la presse anglophone réagit sévèrement, il note néanmoins que celle de l'est du pays trouve davantage matière à réfléchir sur les événements que celle de l'Ouest, sans doute en raison de sa proximité des francophones.

Au-delà de son cri du balcon, ce que les commentateurs anglophones n'acceptent pas, c'est d'avoir vu de Gaulle mettre son nez

---

10. *Ibid.*

11. *Ibid.*

12. *Ibid.*

dans les affaires intérieures canadiennes. « Sensibles à tout ce qui peut apparaître comme une ingérence – y compris britannique ou américaine – dans les problèmes du Canada, ils ont été "choqués" au sens anglais du terme par ce qui leur est apparu comme un manquement à cette règle et aux usages du protocole. Certes, nous avons des problèmes, mais c'est à nous et à nous seuls de les régler, tel est le sentiment général[13]. »

Cette analyse tombe dans l'oreille d'un sourd car de Gaulle, quelques jours après être revenu à Paris, allait en rajouter. Mais avant cette nouvelle polémique, les Québécois allaient attentivement écouter d'autres réflexions. Celles de leurs leaders politiques, Daniel Johnson et Jean Lesage, qui, depuis le VLQL, s'étaient jusque-là murés dans le silence.

---

13. Document n° 53, dans Ministère des Affaires étrangères, *Documents diplomatiques français*.

CHAPITRE 30

Enfin les chefs réagissent

L e premier ministre québécois, Daniel Johnson, et le chef de
l'opposition, Jean Lesage, réagissent officiellement, le vendredi 28 juillet, aux événements des derniers jours. L'atmosphère est encore chargée d'électricité. Les deux chefs politiques
marchent sur des œufs. Mais ils ne peuvent pas se taire plus longtemps. À Ottawa, tout le monde a réagi, à commencer par Pearson.
Leur tour est venu.

Au terme d'une réunion du conseil des ministres, Daniel Johnson rencontre les médias et manifeste sa satisfaction. Il salue et rend
hommage à son illustre visiteur :

> Percevant comme peu l'ont fait avant lui l'esprit qui anime notre
> renouvellement, [de Gaulle] a parlé d'affranchissement, de prise en
> main par le Québec de ses destinées, de Québec libre. Il reprenait
> ainsi en des termes qui lui sont propres des idées maintes fois expri-
> mées par les récents gouvernements du Québec. [...]
> Il a salué cette conviction, qui est de plus en plus celle du peuple
> québécois, qu'il est libre de choisir sa destinée et que, comme tous les
> peuples du monde, il possède le droit incontestable de disposer de
> lui-même en déterminant librement son statut politique et en assu-
> rant librement son développement économique, social et culturel[1].

---

1. « Johnson et Lesage prennent position – Texte du premier ministre », *La Presse*, 29 juillet 1967.

Les « récents gouvernements » dont parle Johnson incluent évidemment celui de son prédécesseur, Jean Lesage. Ce dernier, en son temps, n'avait-il pas scandé « Maîtres chez nous » ? Par ailleurs, le premier ministre reprend pratiquement mot pour mot les propos de De Gaulle en affirmant qu'il est « allé au fond des choses » et que le Québec n'en a été nullement choqué. Il s'en prend même au gouvernement canadien – sans nommer Pearson – qui, « sous la pression d'éléments extrémistes », a publié une déclaration « qui forçait notre invité à rentrer en France sans passer par Ottawa ». Il est pour le moins amusant d'entendre Johnson parler d'« éléments extrémistes » chez les fédéralistes, alors que ces derniers réservent le terme aux séparatistes.

Cette intervention de Johnson a été rédigée par Claude Morin, selon ce qu'en dit l'intéressé dans ses ouvrages *L'Art de l'impossible* et *Mes premiers ministres*. M. Morin raconte que les ministres du gouvernement unioniste avaient des avis partagés sur la façon de réagir et que Johnson lui-même hésitait. Le contenu de sa déclaration avait pour but de soutenir sans cautionner : « Il fallait en même temps, et sans donner trop de prise à la critique, ne pas désavouer de Gaulle, ne pas approuver son "Vive le Québec libre" (slogan du Rassemblement pour l'indépendance nationale), souligner combien utile était l'ensemble de ses messages pour un Québec minoritaire en Amérique du Nord et désireux de manifester sa spécificité, et annoncer que les rapports franco-québécois seraient dorénavant encore plus étroits[2]. »

Les propos du premier ministre font les manchettes des grands quotidiens le lendemain, samedi 29 juillet, et les jours suivants. « D'accord avec de Gaulle », titre *La Presse*. L'auteur de l'article, Claude Turcotte, affirme que Johnson a « endossé [*sic*] les propos éclatants » du général. « Dans ce texte, qui prend l'allure d'un mani-

---

2. Claude Morin, *L'Art de l'impossible. La diplomatie québécoise depuis 1960*, p. 81. Voir aussi, du même auteur, *Mes premiers ministres. Lesage, Johnson, Bertrand, Bourassa et Lévesque*, p. 284-285.

feste et que M. Johnson s'est refusé à traduire en anglais "à cause des nuances qu'il contient", la porte de l'indépendance du Québec demeure entrouverte. » Mais il faut y voir, selon Turcotte, « surtout un appel au dialogue » dans l'optique d'une Constitution renouvelée[3].

Dans *Le Devoir* du 31 juillet, Claude Ryan met en doute l'analyse que fait Johnson des déclarations du général : « Le premier ministre n'a que des éloges pour de Gaulle. Il interprète de la manière la plus généreuse possible certains propos ambigus du président de la France[4]. »

À Ottawa, l'ambassadeur François Leduc remarque que Daniel Johnson a repris, dans sa conférence de presse de la veille, toutes les expressions de Charles de Gaulle, à l'exception de l'allusion à la libération de Paris.

Lesage blâme Johnson

Et du côté de Jean Lesage, qu'en est-il ? Plusieurs partisans libéraux et autres citoyens lui ont écrit afin de le presser d'intervenir dans le débat, d'exprimer sa position et celle de son parti, ou simplement pour lui demander ce qu'il pense de tout ce qui se passe.

Lesage traverse une mauvaise passe. Depuis des mois, les nuages s'accumulent au-dessus de son parti, soumis à de nombreuses tensions. Réformistes et conservateurs s'affrontent sur divers sujets : les réformes sociales, le fonctionnement de la caisse électorale et, bien sûr, la question constitutionnelle. Ce dernier dossier est si explosif qu'il suscite des divergences à l'intérieur même du clan des réformistes regroupés autour de René Lévesque.

Le phénomène existe aussi au sein de l'Union nationale de Daniel Johnson. Claude Morin, on vient de le voir, en a fait le constat.

---

3. Claude Turcotte, « D'accord avec de Gaulle », *La Presse*, 29 juillet 1967.

4. Claude Ryan, « Johnson et Lesage : désaccord sur les événements récents, accords sur les grands objectifs de l'avenir », *Le Devoir*, 31 juillet 1967.

Exemple encore plus frappant, ce *Ô Canada* entamé par Maurice Bellemare à Louiseville. Il est facile de deviner dans quel camp se trouve ce ministre de Johnson. Mais globalement, au sein du parti au pouvoir, on rue moins dans les brancards. Du moins, publiquement...

C'est donc dans un climat agité que les libéraux se réunissent eux aussi le vendredi 28 juillet. Durant six longues heures, de 11 heures à 17 heures, ils débattent d'une position commune dans une salle de l'Assemblée nationale. Au terme de cette réunion, Jean Lesage se porte à la rencontre des médias, flanqué de plusieurs députés de son caucus, dont Pierre Laporte, Paul Gérin-Lajoie, Jean-Paul Lefebvre, Yves Michaud, Robert Bourassa, Bona Arsenault et Marie-Claire Kirkland-Casgrain. Sa déclaration est une charge à fond de train contre Daniel Johnson et l'Union nationale.

Lesage y divise le monde en deux : d'un côté, les unionistes, responsables de tous les malheurs ; de l'autre, les libéraux, véritables agents d'émancipation des Canadiens français et des sains rapprochements France-Québec. Il affirme que le Québec devra longtemps vivre avec « les problèmes très aigus que l'incompétence incroyable de M. Daniel Johnson et sa soif de publicité auront laissés sur la route du général de Gaulle ». Il croit que les événements des derniers jours se sont traduits par « la naissance d'un regrettable sentiment antiquébécois dans le reste du Canada ». Se félicitant d'avoir établi, lorsqu'il était au pouvoir, plusieurs ponts avec la France gaulliste (ouverture de la délégation générale à Paris, établissement de relations bilatérales entre les deux chefs de gouvernement, signature d'accords, etc.), Lesage affirme que si de Gaulle était venu au Québec avec les libéraux au pouvoir, il « n'aurait jamais été induit en erreur sur les véritables objectifs du Québec, c'est-à-dire un statut particulier à l'intérieur du Canada ».

> Avec le premier ministre actuel, M. de Gaulle ne pouvait savoir à quoi s'en tenir et il a été presque obligé, pour suivre celui qui le recevait, de jouer sur toutes les notes, depuis notre présence dynamique dans un Canada renouvelé jusqu'au séparatisme.
> Le premier ministre Johnson et son gouvernement portent une ter-

rible responsabilité envers le Québec. Non seulement ont-ils mal conseillé l'illustre visiteur, mais à la suite de ses déclarations les plus discutées, ils n'ont rien fait, rien dit pour rétablir la situation.

Plus loin, le chef de l'opposition s'étend sur la position constitutionnelle de son parti et trace une ligne claire : « Pour ma part, à la suite de notre caucus, je me fais le porte-parole de la députation libérale pour vous dire que notre parti n'est pas un parti séparatiste et qu'il continuera de consolider le statut particulier que nous avons commencé à bâtir. Le Québec doit jouir du plus grand degré d'autonomie compatible avec son existence et l'existence du Canada[5]. »

Que dit Jean Lesage sur la position d'Ottawa ? Sur le terme *inacceptables* employé par Pearson dans sa réplique du 25 juillet ? Rien. Pas un mot. Les journalistes insistent :

« Que pensez-vous de l'attitude du gouvernement fédéral ?

— Lester B. Pearson a agi dans une optique canadienne[6] », concède-t-il.

Lorsque Lesage a déclaré être le porte-parole de la députation libérale, il a évité de dire « toute » la députation. Et pour cause ! Le chef de l'opposition cède maintenant le micro à François Aquin. Ce dernier veut s'adresser aux médias. Autour de lui, les mines sont sombres. Car Aquin, député libéral de Dorion élu aux élections générales de 1966, n'a pas signé la déclaration libérale. Il est le seul à ne pas l'avoir fait. Pire encore, il annonce son départ du PLQ. « Le voyage du général de Gaulle a été précédé et accompagné au Canada d'une réaction pleine de hargne, qui en a faussé l'atmosphère, déclare-t-il. Par-delà les querelles de mots, d'interprétation, de protocole, je veux voir dans les propos du général un appel à la dignité

5. « Johnson et Lesage prennent position – Texte du chef de l'opposition », *La Presse*, 29 juillet 1967.

6. Claude Turcotte, « Lesage : de Gaulle a été induit en erreur par M. Daniel Johnson », *La Presse*, 29 juillet 1967. Adaptation de l'auteur.

du peuple québécois et au droit qui est le sien de s'autodéterminer[7]. » Les appels de ses collègues, même ceux de la frange nationaliste, n'ont pas réussi à le convaincre de rester.

Le 31 juillet, à l'émission *Présent* de Radio-Canada, Aquin déclare : « Je ne pouvais pas approuver ni signer cette prise de position du Parti libéral du Québec dans une semaine où nous avons vécu des événements aussi importants et, je crois, historiques[8]. » Le même jour, dans une entrevue au *Devoir*, Yves Michaud déplore cette démission : « François Aquin vient de rompre quinze années de fidélité avec un parti politique au sein duquel il fut une des figures intelligentes et dynamiques. Son départ est une perte pour la tendance que certains cherchent à exprimer et à affirmer dans ce groupement politique[9]. » Lui-même dit vouloir continuer à exprimer ses idées à l'intérieur du parti, à lutter, à tenir, « jusqu'à l'épuisement de toutes les ressources du possible ».

Bourgault contre Lévesque

Puisqu'on parle de la frange nationaliste du Parti libéral du Québec, où est René Lévesque durant ces jours tumultueux ? Il a pourtant appuyé la déclaration de Jean Lesage et déploré le départ de François Aquin. « Il a filé à l'anglaise après la fin de la réunion[10] », affirme Pierre Godin dans *Les Frères divorcés*. Il est aux côtés de Johnson, assurent certains journaux de l'époque et, plus tard, Richard Daignault dans sa biographie de Jean Lesage. Entendons-nous pour dire que le député de Laurier se fait très discret. Il va dans son coin et

---

7. Claude Turcotte, « François Aquin quitte l'équipe libérale », *La Presse*, 29 juillet 1967.

8. *Présent* (émission radiophonique), Radio-Canada, 31 juillet 1967.

9. Jean-V. Dufresne, « La démission de Aquin / "Il fallait épuiser toutes les ressources", estime son collègue de Gouin, le député Yves Michaud », *Le Devoir*, 31 juillet 1967.

10. Pierre Godin, *Les Frères divorcés*, p. 230.

attend que l'orage passe. Le cri de De Gaulle a bousculé ses propres projets. Lui qui voulait profiter du congrès du parti en octobre pour mettre cartes sur table (il le fera) s'est fait déborder sur son aile souverainiste.

Lévesque n'est certes pas d'accord avec la manière de Gaulle. On se rappelle son « Baptême qu'y va vite ! » adressé à Michaud sur la terrasse de l'hôtel de ville. Mais il n'apprécie pas non plus le ton de la déclaration de Lesage ; il s'en ouvrira à son chef dans une lettre datée du 2 août 1967, demeurée inédite pendant près de quarante ans[11]. Lévesque y reconnaît que « dans la forme », la déclaration de De Gaulle a « franchi les bornes des bonnes manières ». Mais la réaction de Lesage tout autant. Cette déclaration, il la considère « intempestive », sans objet, en plus de « cautionner les excès de réactions haineuses » survenus dans la foulée du VLQL.

Entre le point de presse de Lesage du 28 juillet et la lettre de Lévesque datée du 2 août, celui-ci a quand même l'occasion de s'exprimer dans sa chronique dominicale « Point de mire », publiée le 30 juillet dans *Dimanche-Matin*. Mais à propos du VLQL, il se fait plutôt discret. Lui qui, une semaine plus tôt dans le même journal, a consacré pratiquement toute sa chronique à la venue du général[12] s'intéresse davantage aux émeutes raciales de Detroit, reléguant le cri du balcon dans un encadré de quelques paragraphes. Il trouve néanmoins le temps de décocher quelques flèches. Il qualifie d'« un peu court » le commentaire (l'espoir ?) de Jean Chrétien, ministre fédéral, selon lequel tout le monde aura oublié l'affaire dans une semaine. Quant à ceux qui « ont sauté sur quatre mots comme une meute enragée », ils traversent une « solide crise de francophobie assortie d'injures jusqu'aux plus basses[13] ».

De Gaulle « méritait pourtant ce triomphe », écrit-il, et il a droit « à notre reconnaissance comme à notre admiration » : « Penser autrement, conclut Lévesque, ce serait en quelque sorte commencer

---

11. Voir le site Internet de la Fondation René-Lévesque.
12. Voir l'annexe 3.
13. René Lévesque, « Et puis après… », *Dimanche-Matin,* 30 juillet 1967.

à nous haïr nous-mêmes, comme les Noirs dont parlait Malcolm X [sujet principal de sa chronique du jour]. C'est-à-dire à donner des indications d'émasculation collective. Il y en a trop – même hélas, parmi nous – qui n'attendent que ça. C'est pourquoi je ne vois, quant à moi, aucune raison de ne pas terminer à peu près comme dimanche dernier : vive de Gaulle – et d'abord pour nous-mêmes[14]. »

À remarquer que dans sa chronique, Lévesque ne revient pas sur la déclaration de Lesage. Il n'affirme pas non plus que de Gaulle est allé trop vite. Il l'a pourtant dit à Yves Michaud. Il le dira l'année suivante au *David Susskind Show*, une émission de télévision américaine. Et il le dira vingt ans plus tard dans son autobiographie, *Attendez que je me rappelle…* : « Cette exubérance m'inspirait en fait un vague malaise, car rien ne me semblait moins indiqué qu'un tel recours à la caution extérieure, si prestigieuse fût-elle. » Le « Québec libre » ne devait pas selon lui être « un produit d'importation ». « Dans ce pays dominé par une majorité anglophone, l'émancipation de notre peuple minoritaire serait le fruit d'un mouvement purement autochtone, ou bien elle ne serait pas[15]. »

Pierre Bourgault ne partage pas du tout le point de vue donné à chaud par un Lévesque visiblement assis entre deux chaises. En fait, Bourgault est outré. Certes, le chef du RIN avait mis les Québécois en garde contre l'idée de remettre leur sort entre les mains d'un chef étranger de passage. En cela, sa position avoisine celle de Lévesque. Mais pour lui, le cri du général est un cri d'encouragement et non un appel pur et simple à la séparation. Dans le documentaire *Le RIN* de Jean-Claude Labrecque, Bourgault déclare :

Comment René Lévesque a réagi à ça ? Il a dit : « C't'un vieux fou ! Y a pas d'affaire à nous dire ça, on est capables tout seuls. » Maudit épais ! J'étais tellement en maudit contre Lévesque à ce moment-là, qui n'a aucun sens historique. Incapable d'analyser quoi que ce soit.

---

14. *Ibid.*
15. René Lévesque, *Attendez que je me rappelle…*, p. 280-281.

Comme si le général de Gaulle venait nous dire quoi faire. C'était un discours extraordinaire. Ce n'était pas impérialiste du tout. Il a simplement dit : si vous y allez, nous vous accompagnerons[16].

Une déclaration très mal accueillie

Mais revenons à la conférence de presse de Jean Lesage. Avec ou sans la caution de René Lévesque et des autres députés de sa formation, elle ne passe pas bien. Des médias, de simples citoyens et même des militants libéraux s'en prennent vertement au chef du PLQ. Une bonne centaine de lettres conservées dans ses archives en font foi.

D'aucuns lui reprochent non seulement de ne pas faire corps avec l'élite politique québécoise, de faire de la petite politique au regard d'un événement plus grand que nature, mais surtout de tourner le dos à son slogan « Maîtres chez nous » qui, durant la campagne électorale de 1962, avait été une formule rassembleuse, audacieuse et pas si éloignée de certains propos gaulliens.

Certains correspondants sont extrêmement durs envers Lesage. « Au lieu de dénigrer le premier ministre M. Johnson, vous auriez mieux fait de l'appuyer », commence un résident de Sainte-Foy. Comparant la déclaration du chef libéral et son « Maîtres chez nous », il lui lance : « Je vous trouve mesquin, hypocrite et menteur. Vous êtes un être ignoble. En un mot, vous n'êtes pas qualifié pour un chef de parti québécois[17]. » « Votre prise de position abjecte, injustifiée et indigne me comble de dégoût, lui écrit par télégramme un résident du comté de Mercier (Montréal). Alors que les forces d'intimidation anglo-saxonnes du monde entier se déchaînent, c'est donc à cela, cet abaissement, qu'aboutit la politique de grandeur du Maîtres chez nous, c'est totalement intolérable. Vive François

---

16. Jean-Claude Labrecque, *Le RIN*.

17. Fonds Jean Lesage, Bibliothèque et Archives nationales du Québec, Québec.

Aquin[18]. » Une femme d'Outremont annonce au chef de l'opposition que le PLQ vient de perdre une électrice. Un ancien combattant assurant avoir voté libéral toute sa vie croit pour sa part que le commentaire de Lesage ne fait que diviser le Canada. Pour cet homme, l'Union nationale semble être le seul parti à défendre le patriotisme et les droits des Québécois.

Même à l'interne, la grogne s'exprime. « Je crois que comme Canadiens français, notre devoir est de nous aider et de combattre ensemble pour le bonheur et le bien-être de la population du Québec. Nous avons été si souvent trahis par nos élites dans le passé, aujourd'hui nous ne l'acceptons plus[19] », écrit à Lesage un membre du Parti libéral qui, par la même occasion, annonce sa démission et son passage à un autre parti. Plus grave, l'avocat Rosaire Beaulé, président régional de la Fédération libérale du Québec pour six circonscriptions montréalaises, publie un communiqué de presse dénonçant la position de Lesage, qu'il juge « non démocratique » et « incompatible avec les intérêts du peuple québécois » ; elle constitue « un recul qu'il ne faut pas hésiter à condamner[20] ». D'autres présidents régionaux s'empresseront de se porter à la défense de Lesage. Quelques mois plus tard, Beaulé sera l'un des signataires de l'avant-propos de l'essai indépendantiste *Option Québec,* de René Lévesque...

Dans *Le Devoir* du 31 juillet, Claude Ryan écrit :

> On doit reprocher à M. Lesage de s'être laissé emporter, dans sa déclaration, par un électoralisme rendu encore plus désagréable par un certain sentiment de frustration personnelle qui perce à travers plusieurs lignes de son communiqué. On attendait de lui, s'il devait parler maintenant, une déclaration d'homme d'État ; il a parlé comme un politicien. Mais sur le fond, le chef de l'opposition exprime une

---

18. *Ibid.*
19. *Ibid.*
20. *Ibid.*

dimension importante de la conscience québécoise quand il critique certains aspects de la visite de De Gaulle au Québec[21].

En éditorial dans *L'Action* de Québec, Roger Bruneau conclut que « M. Lesage et son parti s'enferment dans une position rigide[22] », dont la première conséquence est la démission d'Aquin.

Lesage reçoit aussi des lettres d'appui. « Le gouvernement de l'Union nationale devra porter une responsabilité immense pour l'apparence négative que cette affirmation [le VLQL] a semblé prendre », lui dit un partisan. « Depuis trop longtemps, certains séparatistes, camouflés dans le Parti libéral, sabotent vos efforts pour consolider les forces de notre parti, déclare un autre fidèle. Leur départ va nécessairement renforcir l'opposition libérale et votre autorité. » « Ces séparatistes ne servent que de cochons d'Inde dans une lutte que se livrent la France et les États-Unis, soutient un troisième sympathisant. Il ne faudrait pas que les Canadiens français versent leur sang sous de faux prétextes, au profit de visées belliqueuses d'une autre nation[23]. »

Deux brouillons

Contestée, la déclaration de Lesage demeure toutefois modérée si on la compare aux deux brouillons découverts dans ses archives. Leur contenu, comme leur ton, est très différent de ce qu'il a déclaré publiquement. Un premier brouillon de deux pages, intitulé « Projet de conférence de presse », résume les idées de Lesage en cinq grands points et une conclusion. Le second, sans titre, est un document de dix pages dans lequel le chef libéral va parfois très loin.

---

21. Claude Ryan, « Johnson et Lesage : désaccord sur les événements récents, accords sur les grands objectifs de l'avenir », *Le Devoir,* 31 juillet 1967.

22. Roger Bruneau, « Peu de lumière sur l'incident », *L'Action,* 29 juillet 1967.

23. Fonds Jean Lesage, Bibliothèque et Archives nationales du Québec, Québec. Les citations suivantes sont également issues de ce fonds.

Commençons par le « Projet de conférence de presse ». Lesage y déplore « l'équivoque créée par certains propos du général » et le malaise qu'ils suscitent. Et il s'en prend à Daniel Johnson : « J'accuse le gouvernement de "mon ami Johnson" d'avoir délibérément donné à la visite de De Gaulle l'allure d'une mise en place des effectifs de combat avant la grande bataille tant souhaitée avec le fédéral. » On ne sait lequel est le plus incendiaire, du « J'accuse » repris à Zola ou de l'« ami Johnson », qui semble moquer la façon dont le général désigne à l'occasion le premier ministre québécois. Quant à la « bataille tant souhaitée » avec Ottawa, Jean Lesage en voit les signes dans différents incidents : une déclaration de Johnson la veille de l'arrivée de De Gaulle selon laquelle sa visite devait avoir « un impact politique considérable », la mise sur pied du réseau de radiodiffusion de l'OIPQ, l'« enlèvement » de Couve de Murville sous le nez des fédéraux, etc.

Mais la preuve la plus irréfutable de ce qu'il considère comme un « plan machiavélique » est que ni Johnson ni son entourage n'ont dit à de Gaulle de prendre garde à « l'escalade dans les mots » à chacun de ses discours :

> Tout ceci m'amène logiquement à conclure que le gouvernement Johnson n'est pas étranger à la situation pénible qui est venue assombrir un événement pourtant si grandiose, écrit Lesage. Plus encore, j'en conclus que cet aboutissement regrettable et périlleux, il l'a tramé, ourdi, prémédité et voulu. […] On ne place pas un grand homme comme le général de Gaulle dans une position où il doive pratiquer la haute voltige sans l'avoir prévenu du danger qui le guette. On ne laisse pas un ami s'aventurer sur la corde raide sans être prêt à lui éviter un faux pas. Car autrement, on manque aux notions les plus élémentaires du respect, de l'intelligence et de l'amitié.

Lesage ajoute que, dans les circonstances, « le gouvernement fédéral pouvait difficilement agir autrement qu'il ne l'a fait ». Et il félicite Jean Drapeau pour son intervention du 26 juillet. Le maire de Montréal, « nationaliste sincère » et « patriote éclairé », a rétabli dans son discours « un juste équilibre de réalité et de raison ».

Dans le second brouillon, Lesage ne voit plus de Gaulle manipulé par Johnson ; le président français devient lui-même vecteur de malveillance : « Sous le regard complaisant et irresponsable d'un premier ministre ambivalent, imprécis et indécis, le Québec vient de servir de marchepied aux visées internationales d'un chef d'État qu'il n'a pas élu, d'un chef d'État qui n'est pas le sien. » Plus loin, l'auteur pointe des membres de la garde rapprochée de Johnson :

> Et voici maintenant que le premier ministre, se servant de son chef du protocole, M. André Patry, se servant du directeur de l'Office d'information et de publicité, M. Roger Cyr, commet une erreur grave pour la sécurité de l'État du Québec. Il fournit à un chef d'État étranger des renseignements de nature à lui suggérer des déclarations contraires aux intérêts supérieurs de notre collectivité. J'irai plus loin, et j'accuse le gouvernement de l'Union nationale de s'être servi des deniers québécois, de s'être servi d'une partie de l'augmentation à 8 % de la taxe de vente pour payer à son chef un triomphe organisé de toute pièce par des amis de l'Union nationale.

Il faut reconnaître que Québec vient de dépenser beaucoup d'argent pour accueillir le président français. Mais le document va beaucoup plus loin en faisant des rapprochements entre ce qui se passe au Québec et les émeutes raciales de Detroit : « Nous sommes témoins actuellement de troubles raciaux qui sévissent dans des villes à proximité du Québec et du Canada. Allons-nous nous placer dans une situation telle que nous pourrons lire dans les journaux que des excès de nationalisme auront coûté la vie à plusieurs citoyens de différentes villes du Québec ? »Secret oblige, on n'a jamais su si M. Lesage a soumis aux députés de son caucus toutes les versions rédigées en vue de son allocution aux médias et, le cas échéant, s'ils en ont débattu.

Chose certaine, une dernière réaction à la déclaration du chef de l'opposition officielle est venue de l'ambassadeur de France à Ottawa. François Leduc estime que le discours de Lesage (celui qu'il a effectivement livré) est « beaucoup plus polémique et plus nettement anti-séparatiste » que celui de Johnson. En revanche, sa demande d'un « statut particulier » pour le Québec se rapproche des demandes unionistes « tout en étant aussi vague ». Leduc en conclut à « une similitude de leur approche [UN et PLQ] du problème québécois[24] ». Ces notes de Leduc sont expédiées dans la journée du 29 juillet à Paris où, dans l'entourage immédiat du président, on s'apprête à tirer de nouveaux coups de canon.

---

24. Document n° 59, dans Ministère des Affaires étrangères, *Documents diplomatiques français. 1967*, t. 2 : *1er juillet-29 décembre.*

CHAPITRE 31

Dernières salves

Dans les minutes qui suivent son arrivée en France, la nuit du 27 juillet, Charles de Gaulle s'adresse aux membres de son conseil des ministres. Suivant la directive du premier ministre, Georges Pompidou, ceux-ci ont attendu le général sur le tarmac de l'aéroport d'Orly au milieu de la nuit. Feignant la surprise en les voyant rassemblés, de Gaulle les réunit quelques minutes dans l'isba, le salon d'honneur des lieux, et leur parle de ses interventions :

> Je me suis rendu au Québec pour aider les Québécois à échapper à leur situation subordonnée. Le Québec s'est réveillé, la France s'est redressée. Il fallait bien que les Français s'éveillent à leur tour à la question québécoise. [...] L'essentiel, c'était d'aller au fond des choses ; nous y sommes allés. On ne pouvait pas se contenter de périphrases. Il ne fallait pas tourner autour du pot. Nous avons dissipé les arrière-pensées. Il fallait répondre à l'appel de ce peuple. Je n'aurais pas été moi-même si je ne l'avais pas fait[1].

Le fait d'être là pour saluer le retour du président envoie un signal de solidarité. Il n'empêche que plusieurs ministres maugréent sous cape. Couve de Murville, on l'a vu, n'est pas à l'aise avec ce qui s'est passé. On murmure que Georges Pompidou a évoqué « une

---

1. Alain Peyrefitte, *C'était de Gaulle*, t. 3, p. 339.

folie ». Quant à Edgar Faure, ministre de l'Agriculture, il est resté chez lui en signe de protestation.

Les médias français continuent durant plusieurs jours à désapprouver de Gaulle. Le 28 juillet, André-François Poncet évoque dans *Le Figaro* « l'extraordinaire et humiliante mésaventure survenue, par sa faute, au chef de l'État français ». Déchaîné, il écrit :

> Dans les discours et les toasts prononcés par le général, on trouve, il est vrai, l'affirmation d'une volonté de respecter l'unité canadienne. Mais plus insistante, plus véhémente, plus pressante est l'exhortation à s'émanciper, à s'affranchir, à se libérer adressée aux habitants du Québec, aux Français du Canada. Ces passages ont incontestablement l'accent, l'élan d'une incitation de caractère révolutionnaire. [...]
> L'opinion publique, elle, ne s'y trompera pas. Elle est unanime dans son regret et dans sa gêne. La politique extérieure, je l'ai souvent écrit, est la partie la plus contestable du régime actuel. N'en déplaise à notre « Cavalier seul », c'est la pierre à laquelle il achoppera[2].

Jacques Foccart se désole de la position de la presse française. « Je constate, comme toujours, un grand divorce entre l'opinion du général – ravi de ce qui avait été fait, n'en rajoutant pas, mais convaincu que c'était le seul comportement envisageable – et l'opinion de la presse, disons l'opinion française moyenne, qui est un peu ennuyée, pas très fière de ce qui a été fait », écrit ce fidèle du général[3].

Le matin du 27, après quelques heures de repos, le président est déjà de retour à l'Élysée. Les affaires courantes reprennent. Plusieurs dossiers l'attendent sur son bureau. Par la suite, c'est le silence radio durant trois jours. Officiellement, il est passé à autre chose. En privé, il fait part de ses réflexions à Foccart. Pour lui, il était impératif que

---

2. André-François Poncet, « Un faux pas », *Le Figaro*, 28 juillet 1967.

3. Jacques Foccart, *Journal de l'Élysée*, t. 1 : *Tous les soirs avec de Gaulle (1965-1967)*, p. 683.

la France prenne une position stratégique dans un Québec engagé sur la voie de l'autonomie politique :

> Le fait est qu'un jour le Canada français deviendra une grande puissance et que nous y aurons aidé et que la France en tirera un bénéfice. Bien sûr, pas moi. Ce n'est pas pour tout de suite, bien que, du fait de notre attitude, nous ayons considérablement accéléré le processus. C'est une affaire dont l'avenir est inscrit d'avance, et de manière certaine depuis notre action, et le développement, croyez-moi, sera beaucoup plus rapide qu'on ne le croit. Et ce sera très important pour la France d'avoir un pied là-bas[4].

Fuite autorisée et réaction officielle

Une réunion du conseil des ministres est inscrite à l'agenda du lundi 31 juillet, une semaine après le VLQL. En coulisse, on s'attend à ce que de Gaulle revienne sur l'affaire. Mais en attendant, l'Élysée a laissé fuiter une première réaction dite autorisée, le 28 juillet, par l'entremise de l'Agence France-Presse. Preuve que le gouvernement est au courant de cette dépêche, Maurice Couve de Murville en envoie une copie à l'ambassadeur Charles Lucet à Washington, indiquant que celle-ci « sera diffusée par l'AFP ». L'usage du futur « sera » est éloquent... En substance, la dépêche fait un constat : tout ça, c'est la faute... du Canada.

> Il n'y a pas de problème de Gaulle, mais un problème du Canada. Tout le monde savait que, le général de Gaulle allant au Canada, il se passerait quelque chose, car on assiste depuis quelques années à un réveil extraordinaire des Canadiens français, et on s'attendait aussi à ce que ce voyage fût l'occasion de révéler ce réveil. Telles sont les indications que l'on recueille dans les milieux autorisés à la suite des remous provoqués par la visite que le général de Gaulle a faite

---

4. *Ibid.*, p. 685. Jacques Foccart affirme avoir eu cette conversation le 27 juillet 1967.

au Canada, remous qui indiquent bien qu'il y a eu un problème indéniable.

Les autorités canadiennes étaient d'ailleurs au courant de ce fait. Elles ont néanmoins insisté pour que le général de Gaulle se rende au Canada. Le président de la République s'est laissé convaincre et dès lors le problème était posé[5].

C'est le Canada qui aurait insisté pour la venue du général ? Et celui-ci se serait laissé convaincre ? En réalité, si de Gaulle s'est laissé convaincre d'une chose, c'est de venir en bateau, comme le lui avait suggéré Jean Chapdelaine, afin de débarquer non pas à Ottawa mais au Québec, le cœur de son voyage. Et on se rappellera aussi en relisant la correspondance entre Jean Chapdelaine et Claude Morin que c'est d'abord l'invitation du Québec qu'il a acceptée.

La dépêche de l'AFP ajoute qu'il y a au Canada deux communautés au statut inégal et que de Gaulle, faisant le constat de la lutte des Canadiens français pour être égaux aux anglophones, a cherché « délibérément » à leur venir en aide. « Les propos qu'il a tenus étaient conformes à cette évidence. Ils n'ont rien de surprenant ; on a toujours le droit de parler de liberté, ajoute-t-on dans les mêmes milieux[6]. »

Ce même jour, François Leduc envoie un câble au Quai d'Orsay. Faisant le résumé des dernières nouvelles canadiennes, l'ambassadeur écrit qu'à Ottawa l'attitude du gouvernement est teintée par deux consignes : « la discrétion et le désir d'apaisement ». « Derrière cette attitude qui est bien plus dans la manière du premier ministre [Pearson] et de M. Martin que son communiqué tranchant, il n'en existe pas moins une profonde blessure et il restera à savoir combien de temps elle mettra à se cicatriser[7]. » Le câble arrive sur le bureau

---

5. Document n° 55, dans Ministère des Affaires étrangères, *Documents diplomatiques français. 1967*, t. 2 : *1ᵉʳ juillet-29 décembre.*

6. *Ibid.*

7. Charles de Gaulle, *Lettres, notes et carnets,* vol. 3 : *Juin 1958-novembre 1970,* p. 908.

de De Gaulle qui, après l'avoir lu, prend la plume et, cinglant, écrit dans la marge : « La question n'est pas que la blessure de M. Lester Pearson soit cicatrisée. La question est que le peuple français du Canada ait la pleine disposition de lui-même[8]. »

Arrive le 31 juillet. Le conseil des ministres se réunit à 15 heures. L'Élysée fait savoir qu'après la réunion, une déclaration officielle sera rendue publique au sujet du voyage présidentiel au Québec. La rencontre s'étire durant quatre heures et demie. De Gaulle s'attarde longuement sur le Québec. Selon son fidèle ministre Alain Peyrefitte, il défend la position qu'il a prise. « Je n'ai pas dit : "Révoltez-vous", proteste le président. Il faudra qu'ils fassent des arrangements avec les Anglais. Il y a la proximité des Américains. Ils doivent faire partie d'un ensemble, et qui s'entende avec ses voisins. Mais sur la base de la liberté, de l'indépendance. Ils vont vers la constitution d'un État. Après quoi il y aura des arrangements, confédéraux ou autres[9]. » Si ce que rapporte Peyrefitte est vrai, ces réflexions font contrepoids au VLQL, que plusieurs ont considéré comme un appel pur et simple à l'indépendance du Québec. Elles replacent le Québec dans un contexte nord-américain.

Et pourtant, lorsque les portes de la salle de réunion s'ouvrent et que le ministre de l'Information, Georges Gorse, s'avance au micro, certains passages de la déclaration officielle allument une autre controverse :

> Le général de Gaulle a constaté l'immense ferveur française manifestée partout à son passage. Il a noté chez les Français canadiens la conviction unanime qu'après le siècle d'oppression qui suivit pour eux la conquête anglaise, un second siècle écoulé sous le système défini par l'« Acte de l'Amérique du Nord britannique » de 1867 ne leur avait pas assuré, dans leur propre pays, la liberté, l'égalité et la fraternité. Il a été amené à mesurer leur volonté de parvenir, grâce si possible à l'évolution qu'accomplirait éventuellement l'ensemble canadien,

---

8. *Ibid.*
9. Alain Peyrefitte, *C'était de Gaulle*, t. 3, p. 347.

à disposer d'eux-mêmes à tous égards et, en particulier, à devenir maîtres de leur propre progrès. [...]

Il va de soi, a conclu le président de la République, que la France n'a aucune visée de direction, ni *a fortiori* de souveraineté, sur tout ou partie du Canada d'aujourd'hui. Mais, étant donné qu'elle a fondé le Canada, qu'elle l'a, seule, pendant deux siècles et demi, administré, peuplé, mis en valeur, qu'elle y constate l'existence et l'ardente personnalité d'une communauté française comprenant 6 millions et demi d'habitants, dont 4 millions et demi dans le Québec, elle ne saurait, à coup sûr, ni se désintéresser du sort présent et futur d'une population venue de son propre peuple et admirablement fidèle à sa patrie d'origine, ni considérer le Canada comme un pays qui lui serait étranger au même titre que tout autre[10].

Une fois la rencontre du conseil des ministres terminée, de Gaulle va passer quelques jours de vacances dans sa maison de Colombey-les-Deux-Églises. Il reviendra à Paris le 9 août pour présider une autre rencontre du cabinet, le lendemain, et faire une importante intervention sur les affaires intérieures françaises à la télévision. Il préparera également son prochain voyage, en Pologne, du 6 au 12 septembre.

Pendant ce temps à Ottawa, la déclaration de Paris, dans laquelle on affirme que la France n'a « aucune visée de direction » sur l'évolution politique du Canada et de ses provinces, ne passe pas. Le gouvernement de Lester B. Pearson y répond par un communiqué laconique : « Le gouvernement du Canada a pris note de la déclaration du président de la République française concernant son récent voyage au Canada. Le gouvernement canadien a déjà clairement établi qu'il ne saurait accepter aucune intervention étrangère dans les affaires intérieures du pays. Aucun commentaire additionnel ne semble nécessaire dans les circonstances actuelles[11]. »

---

10. « Le général de Gaulle au conseil des ministres », *Le Devoir*, 1er août 1967.

11. Pierre-C. O'Neil « Pearson : nous avons déjà dit que toute ingérence est inacceptable », *Le Devoir*, 2 août 1967.

Pour le ministre Paul Martin, de Gaulle vient de se peinturer dans un coin. « Je ne crois pas que sa déclaration de Montréal était préméditée mais, comme il s'était engagé personnellement, son orgueil a fait en sorte qu'il s'est campé sur ses positions », écrira-t-il dans ses mémoires[12].

Des deux côtés de l'Atlantique, les médias réagissent en masse. « La France aidera le Canada français à atteindre ses buts "libérateurs" », déclare *L'Action* de Québec sur toute la largeur de sa une. « De Gaulle : la France renouvelle son appui aux Canadiens français et au gouvernement du Québec », titre *Le Devoir*. En surtitre, on annonce que le président maintient ses positions. Dans son éditorial, Claude Ryan trouve cependant matière à se réjouir. Il qualifie de positifs les propos du président qui, selon lui, « épouse à fond la position constitutionnelle du gouvernement québécois », peu importe qu'il soit rouge ou bleu. De fait, ajoute le directeur du *Devoir,* le président s'éloigne de l'impression laissée à Montréal qu'il cautionnait les mouvements séparatistes[13].

Télévision de Québec, un organisme de la Vieille Capitale regroupant les stations francophone CFCM et anglophone CKMI, formule un avis diamétralement opposé. Dans un communiqué (bilingue) virulent, ses dirigeants dénoncent cette nouvelle salve gaulliste : « Le communiqué émis lundi [31 juillet] par le gouvernement français a confirmé que le général de Gaulle s'est ingéré dans nos propres affaires et fait l'impossible pour exacerber le nationalisme canadien-français pour des motifs sur lesquels l'histoire fera toute la lumière. » S'appuyant sur les fondements de la réussite d'Expo 67, les auteurs du texte en appellent aux Canadiens, quel que soit leur héritage culturel, à travailler ensemble : « Si la visite du général de Gaulle fait réfléchir davantage les Canadiens sur leurs problèmes internes et stimule suffisamment leur imagination pour

---

12. Paul Martin, *A Very Public Life,* vol. 2 : *So Many Worlds,* p. 597. Traduction de l'auteur.

13. Claude Ryan, « La relation du général de Gaulle », *Le Devoir,* 1er août 1967.

qu'ils les solutionnent, vraiment, cet événement aura tout de même servi le Canada[14]. »

Si, dans leur *Central Intelligence Bulletin* du 26 juillet, les analystes de la CIA avaient tempéré la portée du VLQL, ils sont beaucoup plus durs à l'égard de la déclaration de l'Élysée du 31 juillet, qu'ils qualifient de « geste délibéré ». « De Gaulle semble résolu à exploiter le Canada pour dramatiser la campagne qu'il a lancée contre l'"hégémonie" américaine dans le monde[15] », lit-on en tête du bulletin daté du 1er août 1967. Les analystes confrontent le contenu du communiqué du 31 juillet aux affirmations faites quelques jours plus tôt par des membres de la garde rapprochée du président selon lesquelles ce dernier n'était pas au fait de la signification précise de son exclamation au balcon. « La déclaration du 31 juillet du gouvernement français démontre que de Gaulle a choisi délibérément son slogan [du 24 juillet] pour utiliser le Canada français comme moyen de résistance au pouvoir dominant anglo-saxon[16]. »

Plus loin, les auteurs s'attardent aux propos de De Gaulle saluant la multiplication d'accords avec le Québec dans différents domaines (sciences, culture, économie). Ce faisant, le général place les pions de la France advenant que les rêves d'indépendance du Québec se réalisent. « En louant la détermination du Canada français à gérer ses propres affaires, si possible à l'intérieur du Canada, il a fait un geste définitif en faveur des séparatistes québécois », affirme-t-on. L'analyse se termine avec un coup d'œil sur les deux principaux partis politiques du Québec, maintenant bien campés sur leurs positions. « Le régime de Daniel Johnson a soutenu la déclaration publique de De Gaulle, rejetant seulement le passage voulant que la

---

14. Document trouvé dans le fonds du Mouvement national des Québécoises et Québécois, Bibliothèque et Archives nationales du Québec, Montréal.

15. *Central Intelligence Bulletin*, 1er août 1967, *Freedom of Information Act Electronic Reading Room* [www.cia.gov/library/readingroom/docs/CIA-RDP79T00975A010200010001-6.pdf]. Traduction de l'auteur.

16. *Ibid.*

liberté implique nécessairement l'indépendance, alors que le Parti libéral a pris une position forte contre les implications séparatistes des propos du président[17]. »

Dans l'arène

D'autres acteurs et témoins des événements sautent dans l'arène. C'est le cas notamment de Jacques-Yvan Morin. En vertu de son titre de président des États généraux du Canada français, celui qui sera plus tard ministre dans le gouvernement de René Lévesque se sent évidemment interpellé.

Le 31 juillet, M. Morin rédige une déclaration manuscrite à remettre à la « Radiodiffusion française » (l'ORTF) par l'intermédiaire de Pierre-Louis Mallen. L'auteur rappelle d'abord que le « problème canadien » existait avant la visite de Charles de Gaulle. Et problème il y a, insiste Morin, qui allègue que les Canadiens français se font « exproprier peu à peu » leur patrimoine[18]. À ses yeux, les déclarations de De Gaulle affirmant que les Québécois ont le droit de disposer d'eux-mêmes sont secondaires, car « ils le savaient ».

> Mais noyés par une propagande intense et insidieuse, pour laquelle l'État fédéral dépense des millions de dollars, beaucoup hésitaient à croire qu'il fût possible à un peuple de 5 millions d'habitants, perdu dans l'océan américain, de reprendre en mains les rênes de [son] destin, sans nécessairement rompre tous les liens avec le Canada. [...] Les Canadiens français savent désormais que leur volonté d'affirmation et d'épanouissement ne constitue pas un recul, comme on tente sans cesse de [le] leur faire croire, mais au contraire un élan naturel de leur être et une revanche nécessaire du vital sur l'immense mécanique qui les entoure. Cela ne signifie pas qu'ils veulent s'isoler – cela

---

17. *Ibid.*

18. Fonds Jacques-Yvan Morin, Bibliothèque et Archives nationales du Québec, Montréal.

est impossible aujourd'hui – mais qu'ils entendent participer à la vie du Canada, de la France, de l'Amérique et du monde dans des conditions nouvelles, choisies par eux-mêmes, compte tenu de toutes les réalités qui les entourent[19].

Près de cinquante ans plus tard, M. Morin nous a confié qu'à son souvenir, ce texte était le fruit d'une réflexion collective. « Nous étions cinq ou six personnes, je crois, à nous pencher sur la question. Moi, j'ai pris des notes et rédigé le texte. » Pour lui, il était alors primordial de comprendre le sens du mot *libre* dans le fameux appel du balcon. « De Gaulle n'a pas dit : "Vive le Québec libéré !" Il a dit : "Vive le Québec libre de choisir !"[20] » argue l'ancien ministre péquiste.

À l'époque, Morin est invité à exprimer son opinion à l'émission *Viewpoint* présentée sur les ondes de la CBC, ce qu'il fait le soir du 1er août 1967. Il y affirme que les événements de la dernière semaine constituent un choc pour les Canadiens, tant francophones qu'anglophones, parce que ceux-ci n'aiment pas admettre qu'ils ont des problèmes à régler à l'intérieur de leurs frontières. Au contraire, dit-il, les Canadiens aiment être perçus comme des gens qui aident les autres peuples à régler leurs différends (probablement une allusion aux Casques bleus de l'ONU, que Pearson a contribué à mettre sur pied). Dans un Canada où le français a de plus en plus de difficulté à conserver une place, le Québec est perçu comme le dernier bastion de culture francophone. Résultat : cette survie culturelle passe par une prise en charge par les francophones du Québec des leviers politiques et économiques de leur province. M. Morin conclut en affirmant qu'une des leçons à tirer des événements est la nécessité pour les Canadiens anglais et français de s'attaquer à leurs problèmes. Et cela doit se faire rapidement, dit-il, car les deux peuples ont peu de temps à leur disposition pour en venir à se comprendre.

---

19. *Ibid.*
20. Entrevue avec l'auteur.

Cette intervention obtient des échos favorables dans le reste du Canada. Dans les archives de M. Morin, nous avons en effet trouvé quelques lettres de Canadiens anglais qui lui ont écrit pour le remercier de son analyse. « Ce ne sont que quelques lettres », a dit avec modestie ce dernier en entrevue. N'empêche, le ton employé vaut la peine qu'on s'y arrête. Le meilleur exemple nous vient d'une anglophone qui lui écrit le soir même de son passage à la télévision nationale : « Votre déclaration, modérée, a permis de mettre en contexte les remarques du général », dit la dame, qui ne cache pas son admiration pour de Gaulle. Elle qualifie d'« emportement violent[21] » la réaction de ses pairs anglophones.

Pendant ce temps, à Québec, André Patry écrit à Lester B. Pearson pour lui exprimer son mécontentement. S'adressant au premier ministre canadien en tant que professeur de droit et de science politique à l'Université Laval et non comme commissaire du gouvernement du Québec pour les visites d'État, Patry n'est pas tendre envers son interlocuteur :

> Il y a une semaine[22], après un voyage à travers le Québec qui souleva un enthousiasme indescriptible, le général de Gaulle tint à l'hôtel de ville de Montréal des propos qui furent immédiatement interprétés dans un sens contraire aux intérêts du Canada et condamnés par vous de la façon la plus cavalière. Vous avez poussé le mauvais goût jusqu'à rappeler que des Canadiens étaient morts pour la France, alors que, lors des deux guerres mondiales, l'intervention canadienne fut essentiellement déterminée par l'attitude de la Grande-Bretagne.

---

21. *Ibid.* Traduction de l'auteur.

22. La lettre est datée du 31 août 1967, mais ce début de paragraphe laisse plutôt croire que l'auteur l'a écrite à chaud, le 31 juillet, une semaine après le « Vive le Québec libre ! ». Fonds André Patry, Bibliothèque et Archives nationales du Québec, Québec.

Plus loin, Patry s'insurge, comme d'autres l'ont fait, contre la couverture médiatique anglophone : « Dans leur grande majorité, les organes d'information de langue anglaise ont fait éclater leurs sentiments à l'égard de tout ce qui est français ; et ces sentiments ont trouvé leur expression suprême dans les cris de haine raciale qu'un commentateur de la radio montréalaise, nommé Pat Burns – étrangement toléré par le B.G.R. [le Bureau des gouverneurs de la radiodiffusion] – ne cesse de lancer depuis quelque temps à l'endroit de ses compatriotes francophones[23]. » Bien qu'il dise avoir encore de l'admiration pour Pearson, M. Patry affirme que, dans toute cette histoire, le premier ministre canadien s'est transformé en « héraut courroucé des Anglo-Canadiens » et que peu de Canadiens français pourraient « reconnaître en [lui] le chef de leur gouvernement fédéral ». Une copie de la lettre est envoyée à Daniel Johnson, Maurice Sauvé, Jean-Luc Pépin, Jean Marchand, Jean Drapeau et Claude Ryan.

Le jeudi 3 août, l'Assemblée législative du Québec reprend ses travaux. Peu après l'ouverture de la séance, à 15 heures, François Aquin, député de Dorion (Montréal), demande la parole au président de la Chambre, Rémi Paul, pour soulever une « question de privilège ». Aquin explique sa démission du Parti libéral en se disant incapable d'approuver la position de son ancienne formation à la suite des événements de juillet. « Le voyage du président, les propos qu'il a tenus, la franchise avec laquelle il est allé au fond des choses constituent un événement historique et un pas en avant dans l'accomplissement de notre destin[24] », déclare-t-il. Estimant que de Gaulle n'est pas venu dire aux Québécois quoi faire ou penser mais simplement leur tendre la main, il se dit du camp de ceux qui acceptent cet appui. « Charles de Gaulle a compris les aspirations profondes du peuple québécois désireux de libération et d'affranchissement. Il a saisi le tréfonds du drame vécu par nos compatriotes

---

23. *Ibid.*
24. *Journal des débats de l'Assemblée législative*, vol. 5, n° 98, 3 août 1967.

qui sont pauvres dans un pays riche, citoyens de seconde classe dans leur propre cité, forcés de travailler dans la langue des maîtres, étrangers sur le sol même de leur patrie, déchirés entre ce qu'ils sont et ce qu'ils voudraient être[25]. »

Aquin revient sur la déclaration du « parti de l'opposition » – il évite ainsi de nommer le PLQ et son chef, Jean Lesage : « Reproche voilé mais direct au président de la République française, attaque partisane contre le chef de l'État du Québec, surenchère électorale, la déclaration dont je me suis dissocié avait de plus l'effet de cautionner le geste du gouvernement fédéral et de rassurer par le gel antidémocratique des options constitutionnelles du parti, de rassurer la réaction américaine et canadienne[26]. » Sa déclaration faite, Aquin, maintenant député indépendant et indépendantiste, change de place avec son collègue libéral et député d'Ahuntsic Jean-Paul Lefebvre, celui-là même dont un des organisateurs a branché le micro utilisé par le général au balcon de l'hôtel de ville de Montréal.

Après cette sortie, la pression des derniers jours va peu à peu commencer à retomber. Certes, il y aura d'autres déclarations, rebondissements et coups de gueule. Au Québec, les répercussions provoquées par la déclaration du 24 juillet vont lentement s'atténuer et migreront vers une nouvelle crise : la démission de René Lévesque du PLQ, le 14 octobre 1967, et la fondation, quatre jours plus tard, du Mouvement souveraineté-association. En revanche, les salves en provenance de Paris cessent, du moins jusqu'à une célèbre conférence de presse tenue par de Gaulle le 27 novembre, au cours de laquelle il ne laissera place à aucune équivoque quant au sens de son « Vive le Québec libre ! »[27]. Ailleurs dans le monde, l'actualité internationale reprend ses droits, chassant l'affaire du balcon de la une des journaux et de l'ouverture des bulletins de nouvelles. En somme, le reste de l'été 1967 sera moins agité. Sans doute soulagés de pouvoir passer à autre chose après cette tempête, les dirigeants de l'Exposi-

---

25. *Ibid.*
26. *Ibid.*
27. Voir l'annexe 4.

tion universelle de Montréal ainsi que ceux d'Ottawa, de Québec et de Montréal accueilleront de nouveaux chefs d'État beaucoup plus discrets que le président français.

Selon nos recherches, jamais personne ne s'était adressé à une foule depuis le balcon de l'hôtel de ville de Montréal avant le passage de Charles de Gaulle à Montréal. Et personne, du moins personne de son envergure, ne l'a fait depuis. Ce qui laisse de Gaulle seul face à l'histoire. Et c'est très bien ainsi. Dans le contexte où il a été prononcé, dans ce Québec qui voulait tellement vivre au lieu d'exister, son « Vive le Québec libre ! » fut, reste et sera toujours un immense appel rassembleur et un vecteur de fierté nationale.

Que cet appel résonne encore aussi fort dans la mémoire collective cinquante ans après avoir été lancé constitue la meilleure preuve qu'il a eu une influence, peu importe sa nature ou la définition qu'on voudra lui donner, tant dans l'histoire du Québec que dans nos vies.

Épilogue

L e dimanche 30 juillet 1967, à 12 h 50, le croiseur *Colbert* de la marine française appareille depuis le port de Montréal. Il entreprend une longue descente du fleuve Saint-Laurent et amorce son voyage de retour vers la France.

À bord, durant cette traversée, le « Vive le Québec libre ! » prononcé par Charles de Gaulle est au cœur de toutes les conversations. De la proue à la poupe, les marins sont encore éberlués. « On ne parlait que de cela[1] », confie Alain Malardé, alors jeune quartier-maître.

Le voyage se fait sans incident notoire. En vue des côtes de la France, le *Colbert* prend la route du sud et de la Méditerranée alors que ses trois navires d'escorte voguent vers Brest. Le mardi 8 août 1967, le croiseur arrive, seul et sans faire de vagues, à sa base de Toulon.

Périple historique ? Sans aucun doute. Dans tous les livres d'histoire, dans tous les articles portant sur le *Colbert*, sur tous les sites Internet associés aujourd'hui à ce navire, on est unanime : durant les quelque trente-cinq années de son histoire au service de la marine française, le *Colbert* a fait au Québec son voyage le plus marquant. Après son retour à Toulon, le navire demeure à peine quelques jours au port. Bientôt, il reprend la mer, cette fois-ci en direction de l'Afrique pour des visites et des manœuvres. Lorsque le général de Gaulle meurt, le 9 novembre 1970, alors que le Québec est plongé

---

1. Entrevue avec l'auteur.

dans la crise d'Octobre, le *Colbert* est, depuis six mois, engagé dans un long processus de transformation. De croiseur antiaérien, il s'apprête à devenir croiseur lance-missiles, histoire de pouvoir répondre adéquatement à la menace d'avions-chasseurs équipés d'armement de plus en plus sophistiqué. Sa remise en service a lieu à la fin de 1972. Les années passent ; les missions s'accumulent aux quatre coins du monde. Sa toute dernière aura lieu durant la première guerre du Golfe, où il servira d'escorte au porte-avions *Clemenceau* durant l'opération Salamandre. Rentré à Toulon à la fin de cette mission, il est retiré du service actif et désarmé le 24 mai 1991.

En principe, il aurait dû aller à la casse. Mais des protestations s'élèvent dans l'espoir de préserver ce joyau de la marine française. C'est ainsi que le *Colbert* obtient une seconde vie, une seconde chance. Remorqué à Bordeaux, il y est transformé en musée maritime flottant. L'inauguration a lieu le 12 juin 1993. Durant quelques années, tout est au beau fixe. Soutenu par de bonnes critiques, le *Colbert* devenu musée est apprécié du public.

Mais, encore là, le temps fait son œuvre. Les revenus diminuent peu à peu alors que les coûts pour maintenir le grand navire en bon état augmentent chaque année. Malgré les protestations d'anciens marins ayant vécu à bord et de défenseurs de la mémoire navale, le bateau-musée ferme ses portes le 2 octobre 2006. De Bordeaux, il est alors remorqué au cimetière des navires de Landévennec, près de Brest, où il passe plusieurs années à rouiller en silence.

Le vendredi 3 juin 2016, en vertu d'un contrat accordé à l'entreprise Veolia, le *Colbert*, devenu officiellement le *Q 683* (Q pour coque), est tracté pour une dernière fois, par un remorqueur civil, de Brest à Bordeaux, pour y être démantelé. À l'heure où nous écrivons les dernières lignes de cet ouvrage, il repose à Bassens, sur les rives de la Garonne, pour y être désamianté. Une fois cette opération terminée, sa carcasse sera découpée en morceaux et l'acier en sera recyclé. Toutes ces opérations devraient se terminer à la fin de 2017 ou au début de 2018, soit plus d'un demi-siècle après son voyage historique au Québec.

Le *Colbert* aura alors vécu.

ANNEXE 1

« Vive le Québec libre ! »

Voici le discours intégral du président français Charles de Gaulle prononcé le soir du lundi 24 juillet 1967 au balcon de l'hôtel de ville de Montréal. La transcription présentée ici est celle du discours entendu sur les enregistrements de l'époque.

C'est une immense émotion qui remplit mon cœur en voyant devant moi la ville de Montréal française. Au nom… au nom du vieux pays, au nom de la France, je vous salue. Je vous salue de tout mon cœur.

Je vais vous confier un secret que vous ne répéterez pas. Ce soir, ici, et tout le long de ma route, je me trouvais dans une atmosphère du même genre que celle de la Libération.

Et tout le long… et tout le long de ma route, outre cela, j'ai constaté quel immense effort de progrès, de développement et par conséquent d'affranchissement vous accomplissiez… vous accomplissez ici. Et c'est à Montréal qu'il faut que je le dise, parce que… parce que s'il y a au monde une ville exemplaire par ses réussites modernes, c'est la vôtre !

Je dis… je dis : c'est la vôtre, et je me permets d'ajouter : c'est la nôtre !

Si vous saviez quelle confiance la France, réveillée après d'immenses épreuves, porte maintenant vers vous. Si vous saviez… si vous saviez quelle affection elle recommence à ressentir pour les Français du Canada. Et si vous saviez à quel point elle se sent obligée de concourir à votre marche en avant, à votre progrès !

C'est pourquoi elle a conclu avec le gouvernement du Québec, avec celui de mon ami Johnson, des accords… des accords pour que les Français, de part et d'autre de l'Atlantique, travaillent ensemble à une même œuvre française. Et, d'ailleurs, le concours que la France va, tous les jours un peu plus, prêter ici, elle sait bien que vous le lui rendrez, parce que vous êtes en train de vous constituer des élites, des usines, des entreprises, des laboratoires qui feront l'étonnement de tous et qui, un jour, j'en suis sûr, vous permettront d'aider la France.

Voilà ce que je suis venu vous dire ce soir en ajoutant que j'emporte de cette réunion inouïe de Montréal un souvenir inoubliable. La France entière sait, voit, entend ce qui se passe ici et je puis vous dire qu'elle en vaudra mieux.

Vive Montréal ! Vive le Québec ! Vive le Québec libre !

Vive… vive… vive le Canada français, et vive la France !

ANNEXE 2

Projet de communiqué franco-canadien

À la suite de l'annulation du voyage du général de Gaulle à Ottawa, aucun communiqué commun n'a été publié. Un projet de communiqué, non daté, a toutefois été rédigé. Ce document provient du ministère des Affaires étrangères de la France, Direction des affaires politiques (Amérique), et se trouve aujourd'hui à la Fondation Charles-de-Gaulle, à Paris.

Le président de la République française et madame de Gaulle ont été, le 26 et le 27 juillet 1967 à Ottawa, les hôtes du Canada.

Le général de Gaulle et M. Lester Pearson, premier ministre du Canada, assistés de leurs ministres des Affaires étrangères, M. Couve de Murville et M. Paul Martin, se sont entretenus de la situation internationale et des problèmes qui se posent entre l'Europe et l'Amérique, ainsi que, plus particulièrement, des relations entre la France et le Canada.

Ils ont reconnu la communauté de leurs vues sur les grands problèmes de l'heure, en même temps que la nécessité de resserrer les liens qui unissent deux nations animées d'un même idéal démocratique et profondément attachées à la cause de la paix. Ils ont exprimé leur commune volonté de contribuer à sa préservation dans le cadre de l'équilibre mondial actuel, ainsi qu'à la diminution des diverses sources de tension internationale et au respect de l'indépendance et de l'intégrité territoriale des nations. Ils ont affirmé leur souci de conjuguer leurs efforts en vue de promouvoir des solutions négociées pour les grands problèmes internationaux et d'éviter tout recours à la force.

Les deux hommes d'État ont exprimé des points de vue concordants sur la nécessité d'une meilleure coopération entre pays industrialisés et nations en voie de développement afin d'établir de nouvelles conditions des échanges internationaux qui permettent à ces dernières d'être assurées d'une stabilité aussi grande que possible de leurs revenus ainsi que d'une pleine participation au commerce international.

Les contacts personnels établis entre le président de la République française et ses interlocuteurs ont efficacement contribué au resserrement des rapports franco-canadiens. Ces rapports ont été examinés dans le plus large esprit de collaboration et d'amitié. Il a été affirmé que rien ne devait être négligé pour en assurer le renforcement sur tous les plans. Il a été jugé souhaitable, de part et d'autre, de soutenir le mieux possible la tendance des échanges commerciaux franco-canadiens à progresser de façon régulière et satisfaisante. En matière culturelle, les deux parties se sont félicitées de l'Accord franco-canadien conclu en 1965. Il a été pris note avec satisfaction des progrès accomplis dans le domaine des relations culturelles, techniques et scientifiques entre la France, le gouvernement fédéral et les diverses provinces du Canada. Il a été convenu que des représentants des deux gouvernements se réuniraient pour organiser des échanges de jeunes gens, sous la direction de moniteurs spécialisés.

En ce qui concerne le problème des télécommunications, le président de la République française a enregistré avec satisfaction le désir du gouvernement canadien de faire un effort pour relayer à travers l'ensemble du Canada les programmes radiophoniques ou télévisés français transmis par satellites. D'autre part, les deux gouvernements se félicitent de la coopération qui a commencé entre eux dans le domaine des réacteurs nucléaires à eau lourde.

Un échange de vues approfondi a eu lieu sur l'ensemble des problèmes relatifs à la francophonie.

La très grande cordialité des entretiens a fait ressortir la communauté d'objectifs qui existe entre la France et le Canada. Le général de Gaulle et M. Lester Pearson ont réaffirmé leur ferme intention de permettre à la France et au Canada de développer leur amitié et leur collaboration, dont les conséquences dépassent les rapports franco-canadiens proprement dits et ne pourront que bénéficier à l'ensemble des nations qui participent à la civilisation occidentale.

De Gaulle, l'homme qui fait l'histoire

Chaque semaine dans le journal Dimanche-Matin, *le député libéral René Lévesque signe une chronique intitulée « Point de mire », comme son ancienne émission à Radio-Canada, consacrée aux événements faisant l'actualité. Le 23 juillet 1967, son texte sur l'arrivée de Charles de Gaulle occupe presque toute la page 10 de l'hebdomadaire. Nous le reproduisons avec l'aimable autorisation de la Fondation René-Lévesque.*

Ce vieil homme va s'infliger, d'ici quatre jours, un épuisant programme. Sauf erreur, aucun autre des chefs d'État qui déferlent chez nous cette année n'aura tant vu ni fait de choses en si peu de temps.

Pensons surtout à l'écrasant parcours québécois d'aujourd'hui et demain. Dès ce matin, Québec et Sainte-Anne-de-Beaupré. Puis, lentement, à travers six arrêts et un interminable « bain de foule », la randonnée Québec-Montréal par la route 2, demain.

Il aurait pu s'en passer

On aura beau le dire en grande forme, c'est un homme qui n'a pas loin de 80 ans qui accepte de s'exténuer ainsi tout le long de la vieille rive nord du Saint-Laurent. Il accepte, dis-je, mais on le soupçonne fort d'y avoir pensé le premier, d'avoir tenu à voir de près ce berceau qui demeure l'habitat essentiel de notre peuple.

Quoi que disent ou insinuent des esprits mesquins, ce n'est certes pas pour lui-même qu'il le fait. Qu'a-t-il à gagner ici ? Rien dont il ne puisse admirablement se passer.

La France n'a pas besoin de nous. Lui non plus. Un personnage qui a vécu au cœur des hauts et des bas les plus dramatiques de ce siècle, qui a déjà sa place assurée dans tous les récits qu'on en fera, n'y ajoute rien d'indispensable en s'arrêtant à Donnaconna [*sic*] ou en déjeunant à Trois-Rivières… ´

De Gaulle ne le dira pas

C'est nous qui avons besoin de la France. N'ayons pas peur de le dire. De Gaulle ne le dira pas, mais il le sait. Il y a longtemps qu'il le sait et qu'il le prouve avec une discrète efficacité.

Tous ceux qui ont fait partie du gouvernement québécois, ces dernières années, ont pu s'en rendre compte. Depuis l'ouverture de la Maison du Québec à Paris, en 61, en passant par l'entente avec l'ASTEF (l'Association pour l'organisation des stages en France), puis les accords de 65 sur l'éducation et la culture, sans oublier les laborieux débuts de coopération économique et technique (métro, liens avec l'Hydro, projet de sidérurgie), toujours on a vu ou senti très nettement s'exercer à notre profit l'influence du président et de ses proches.

Ce qu'il nous faut absolument, c'est que la France garde et amplifie cet intérêt que, sous de Gaulle, elle a commencé pour de bon à nous manifester.

Le temps de la vénération est révolu

Dans son récent ouvrage, *Le Canada français après deux siècles de patience,* M. Gérard Bergeron évoque ainsi ce qui est pour nous nécessité, en même temps que l'avantage que la France aussi peut en retirer :

« […] La nouvelle Nouvelle-France a besoin de la France et de sa présence ; elle ne se satisfait plus des seules valeurs folkloriques et autres souvenirs historiques : une vénération n'est pas une politique. Il faut "passer aux affaires". À condition que, de part et d'autre, on les considère avantageuses.

« Pour le Canada français et son "foyer national" du Québec, c'est vital. Son seul point d'appui extérieur, sa raison d'être (et d'avoir été et de persister dans son être) devant l'histoire, c'est la France… Il aura besoin d'un "supplément d'âme" pour annuler la diminution relative de sa taille démographique.

« Il ne serait peut-être pas déraisonnable, poursuit M. Bergeron, pour la "politique de grandeur" de la France de pouvoir compter sur la revitalisation d'une "France" qui, par-delà l'Atlantique, a dérivé si longtemps dans un océan anglo-saxon. Cela, comme on ne le démontre pas. On ne peut en convaincre l'autre partie intéressée. On doit le sentir. »

Or, on peut être sûr que de Gaulle est de ceux qui le sentent très bien. Il s'arrange aujourd'hui pour que tous les Français en soient, également plus que jamais conscients en suivant son voyage. Par cette présence insistante, il va faire parler de nous, là-bas, comme les diverses excursions de nos propres dirigeants n'ont pas réussi à le faire.

Ce que signifie l'événement

Mais ce qui importe plus encore, c'est qu'il vienne, sans se préoccuper des féroces enfantillages protocolaires de nos deux fourmilières politiques, nous dire qu'il croit au Québec.

Voilà bien ce qu'il nous apporte avant tout : un témoignage sans précédent et une exhortation à être pleinement, fièrement, ce peuple français que nous prétendons être.

S'il a voulu s'attarder chez nous au point que ce séjour devienne un événement, c'est aussi pour nous persuader que nous en valons la peine. Que si nous le voulons, nous pouvons non seulement durer, mais compter vraiment pour quelque chose. Et personne au monde n'est mieux qualifié que lui pour nous le faire entendre.

Il y a, en effet, deux sortes d'hommes qu'on peut voir à la tête des affaires : les velléitaires et les volontaires.

Les administrateurs du fait accompli

Les premiers, « agis » par l'histoire, se contentent de la subir. Tels sont la plupart des soi-disant « dirigeants » que, par facilité, se donnent les peuples.

C'est assez tragiquement notre lot à nous, en ce moment, au fédéral comme au provincial. Des hommes foncièrement impuissants, qui n'ont pas la force ni même le goût d'orienter si peu que ce soit, de canaliser convenablement les grands courants qui nous emportent toujours plus vite. Ils parlent de fatalité et démissionnent. Démission qu'ils déguisent en prudence et en sagesse, ces vertus-prétextes de tous les régimes désossés.

Nous sommes entre les mains de ces administrateurs de faits accomplis. Incapables d'agir sur le fond. Ils s'agitent bruyamment à la surface des problèmes.

Le Canada est un pantin politique des USA ? Bien sûr, mais vous comprendrez, un nain à côté d'un géant, l'OTAN, les colères possibles de Goliath… Rien à faire.

L'économie n'est qu'une succursale rampante de la maison-mère américaine ? Sans doute, mais il serait dangereux même de songer à réagir, nous qui sommes, n'est-ce pas, trop lâches pour investir, pour oser bâtir… Laissons faire.

Quant au Québec… Où va-t-il ? On verra en temps et lieu… Qu'il se gaspille dans une véritable schizophrénie fédérale-provinciale, c'est bien malheureux, mais attention ! La moindre clarté ferait tellement peur… Attendons.

Et l'on attend, baignant dans une peur entretenue par des peureux, bercés par les refrains électoraux, le prêchi-prêcha de la résignation et l'appel incessant à la médiocrité sous toutes ses formes.

Quand on veut, on peut

Et puis, si rares, il y a ceux qui font l'histoire au lieu de la subir. Ou qui, du moins, tâchent obstinément de l'infléchir dans un sens plus acceptable, plus civilisé. Ceux qui voient en l'homme le maître possible et non le valet servile de l'évolution des sociétés.

De Gaulle est de ceux-là. Toute sa vie nous apparaît comme une démonstration des ressources presque infinies de la volonté humaine face à ce que d'autres appelleraient l'impossible.

Jeune officier de 14-18, c'est le blessé qui remonte au front avec ses pansements, le prisonnier qu'après cinq tentatives d'évasion les Allemands doivent conduire au camp des irréductibles.

Entre les deux guerres, c'est l'expert en blindés risquant sa carrière pour combattre la stratégie passive des états-majors et qui publie *Vers l'armée de métier* où il parle comme une voix dans le désert d'une « armée propre à créer l'événement ».

Franchir l'océan à la nage

En pleine débâcle de 40, tout seul avec des inconnus, soigneusement tenu à l'écart par les notables de l'exil, condamné à mort par Vichy, en péril quotidien d'être « annexé » par Churchill, bêtement ignoré ou combattu par les Américains, c'est celui qui s'apparaît à lui-même : « démuni de tout, comme un homme au bord d'un océan qu'il prétendrait franchir à la nage… »

Puis en 58, après le désastre indo-chinois et au beau milieu de la catastrophe algérienne, alors qu'une fois de plus la France est au plus bas, c'est encore lui qui déclenche la remontée hors de l'abîme : « Je me tiens prêt à assumer les pouvoirs de la République. »

Aujourd'hui, seul au début comme d'habitude, c'est l'homme qui a osé se dresser contre les politiques désuètes et l'étouffante hégémonie des USA, disant tout haut ce qu'une grande partie du monde occidental pensait tout bas, agissant alors que tant d'autres subissent.

Gaullistes pour nous

En cours de route, Charles de Gaulle a sauvé l'honneur de la France au moins deux bonnes fois.

Il a ainsi empêché que le qualificatif de « français » ne devienne un objet de dérision ou de mépris partout dans le monde.

Cela, c'est la très grande dette que nous avions déjà envers lui. Étudiant en 40, journaliste en 58, je me rappelle qu'à ces moments-là notre caractère français ne nous semblait pas exagérément glorieux. C'est à de Gaulle surtout que l'on doit de n'en pas avoir honte du tout maintenant.

Ce qu'il nous indique par sa présence et toute une vie, c'est qu'il est possible de créer l'événement, de faire l'histoire au lieu de la subir. Et que, même à l'ombre de l'Empire américain, c'est encore possible en français.

Bref, il est fort probable qu'en France on ne puisse plus être gaulliste tous les jours… Mais ici, aujourd'hui, demain et après-demain, il serait fou de ne pas l'être d'emblée, en masse, triomphalement.

Bien plus pour nous que pour lui.

Conférence de presse du président Charles de Gaulle, le 27 novembre 1967

Le 27 novembre 1967, au cours d'une conférence de presse à l'Élysée, le président Charles de Gaulle donne une réponse d'une vingtaine de minutes à une question portant sur le sens de sa déclaration « Vive le Québec libre ! ». En voici un extrait.

Que le Québec soit libre, c'est en effet ce dont il s'agit.

Au point où en sont les choses, dans la situation irréversible qui a été démontrée, accélérée par l'esprit public, lors de mon passage, il est évident que le mouvement national des Français canadiens, et aussi l'équilibre et la paix du Canada tout entier, et encore les relations de notre pays avec les autres communautés de ce vaste territoire, et même la conscience mondiale qui a été maintenant éclairée, tout cela exige que la question soit résolue.

Il y faut deux conditions.

La première implique un changement complet quant à la structure canadienne telle qu'elle résulte actuellement de l'acte octroyé il y a cent ans par la reine d'Angleterre et qui créa la fédération.

Cela aboutira, à mon avis, forcément, à l'avènement du Québec au rang d'un État souverain et maître de son existence nationale, comme le sont, de par le monde, tant et tant d'autres peuples, tant et tant d'autres États qui ne sont pas si valables ni même si peuplés que le Québec.

Bien entendu, cet État du Québec aura, librement et en égal, à régler avec le reste du Canada les modalités de leur coopération. Pour maîtriser, pour exploiter une nature très difficile sur d'immenses étendues, et aussi pour faire face à l'envahissement des États-Unis.

Mais on ne voit pas comment les choses pourraient aboutir autrement.

Et du reste, si tel est leur aboutissement, il va de soi aussi que la France est toute prête, avec un Canada qui prendrait cet aspect, qui prendrait ce caractère, d'entretenir avec son ensemble les meilleures relations possibles.

Et la deuxième condition dont dépend la solution de ce grand problème, c'est que la solidarité de la communauté française de part et d'autre de l'Atlantique s'organise. Or, à cet égard, les choses sont en bonne voie.

Et la prochaine arrivée, la prochaine réunion à Paris, nous l'espérons, du gouvernement du Québec et du gouvernement de la République, doit donner une plus forte impulsion encore à cette grande œuvre française essentielle à notre siècle.

À cette œuvre devront d'ailleurs participer, à des conditions qui seront à déterminer, tous les Français du Canada qui ne résident pas au Québec et qui sont un million et demi. Je pense en particulier à ces 250 000 Acadiens qui sont implantés au Nouveau-Brunswick et qui ont gardé eux aussi à la France, à sa langue, à son âme, une très émouvante fidélité.

Remerciements

P arce qu'il y a toujours des risques d'oublis, mon premier remerciement est collectif. À tous ceux et celles qui, au cours des trois dernières années, m'ont entendu prononcer les mots *Colbert, de Gaulle, Johnson, Pearson, Drapeau, balcon, Québec libre, archives, Expo* ou encore *juillet 1967*, merci de votre écoute, de votre patience, de votre aide et de vos encouragements.

Cela dit, je me dois de détailler certains remerciements.

Aux dirigeants et au personnel des Éditions du Boréal, qui ont exprimé leur confiance dans ce projet et m'ont à nouveau appuyé.

À M. Jean-Claude Labrecque, cinéaste, directeur photo et « chauffeur de kodak », comme il aime se décrire. M. Labrecque m'a accordé ma première entrevue pour cet ouvrage, chez lui, un jour froid et enneigé de février 2014. Il m'a aidé, à sa façon, à creuser le premier sillon.

À mon ancien patron, toujours collègue et, avant tout, ami Philippe Cantin pour sa lecture de quelques chapitres et ses précieux commentaires.

À Mme Louise Beaudoin, à MM. Yves Michaud, Claude Morin, Jacques-Yvan Morin, Pierre Mignot, Gilles Loiselle, Paul Martin, Pierre Marc Johnson et Bernard Dorin ainsi qu'à tous ceux et celles qui ont pris le temps de partager souvenirs et conseils.

Un merci spécial à Marc Lalonde qui, en plus de m'avoir accordé une entrevue, a autorisé ma demande d'accès aux archives de Pierre Elliott Trudeau.

À Montréal, Québec, Ottawa, Toulon, Paris et Bruxelles, j'ai pu compter sur l'aide de dizaines de membres du personnel de différents services d'archives. Partout, j'ai ressenti le même feu lorsqu'il est question de fouiller dans une partie de notre mémoire collective.

Parmi ces gens extrêmement inspirants, je tiens à saluer Yves Dugas *(La Presse)*, Suzie Houde (médiathèque de la Société Radio-Canada), Mario Robert et Gilles Lafontaine (Archives de Montréal) ainsi que Frédéric Giuliano et Florian Daveau (Bibliothèque et Archives nationales du Québec).

Journaliste à *La Presse* depuis mars 2000, j'ai toujours trouvé dans ce journal un climat de travail favorable à la création comme à la recherche. Ce fut encore le cas avec ce projet, pour lequel j'ai reçu les encouragements généreux tant de mes patrons que de mes collègues. À tous sans exception, merci.

Je me dois aussi de remercier des collègues et amis qui, tout le long de ma route, auront prêté une oreille attentive à ma démarche. Ce sont Bruno Boulianne, Marie-France Léger (fille de Jean-Marc Léger), André Pratte, François Cardinal (fils de l'ancien ministre Jean-Guy Cardinal), Alexandre Sirois, Karim Benessaieh, Michèle Ouimet et Judith Lachapelle.

À la maison, depuis trois ans, ma conjointe Nathalie et ma fille Sarah m'ont régulièrement entendu dire que je me retirais dans ma « tanière », lieu désigné pour écrire. C'était très (trop) souvent le soir après le repas familial, durant plusieurs heures les fins de semaine ou pendant les jours fériés. Et c'est sans compter le nombre incalculable de fois où je suis parti faire des recherches à la Grande Bibliothèque ou dans des fonds d'archives, à Montréal comme ailleurs.

Malgré tout, Nathalie et Sarah m'ont constamment exprimé leur amour et leurs encouragements tout en manifestant un enthousiasme sincère à l'égard de ce travail. Nathalie a aussi été la première lectrice et correctrice de cet ouvrage. Sans leur appui, ce livre n'aurait jamais existé.

Nathalie, Sarah, merci. Je vous aime de tout mon cœur.

André Duchesne

Sources

1. Collections d'archives

Archives de la Cinémathèque québécoise

Archives de la Fondation Charles-de-Gaulle (Paris)
- Série A – Collection de documents concernant le général de Gaulle
  - AC – Voyages du général de Gaulle en France et à l'étranger 1945-1970
  - AD – Dossiers « Protocole » 1959-1969
  - AE – Correspondance
- Série F – Archives privées
  - F 36 – Fonds Jean Mauriac

Archives de la Société de transport de Montréal (STM)

Archives de l'Université Concordia
- Fonds Bill Stewart (P195)

Archives de l'Université de Montréal
- Fonds du Secrétariat général (D35)
- Fonds du Bureau de l'information (D37)
- Fonds de l'Association des universités partiellement ou entièrement de langue française (P146)

Archives de l'Université du Québec à Montréal
- Fonds Jean-Paul Lefebvre (107P)

Archives de la Ville de Montréal
- Fonds VM 6-D3500.292-4 (coupures de presse)
- Fonds VM 94/Y1, 16, 36 et 37 (photos)

- Fonds P500, SW, D001 (enregistrement sonore)

Archives des Villes de Trois-Rivières, Gaspé et Repentigny

Archives du Service public fédéral (SPF) Affaires étrangères (Bruxelles)
- Archives diplomatiques, dossier n° 14966 – Canada 1966-1967

Archives médiatiques de la Bibliothèque nationale de France (Paris)

Archives nationales de France (Paris)
- Fonds Charles de Gaulle (5 AG 1 – fonds Élysée)

Archives privées de Marie-France Léger

Bibliothèque et Archives Canada (Ottawa)
- *Conclusions du Cabinet* (ressource en ligne)
- Fonds Lionel Chevrier (MG32)
- Fonds Jean Chrétien (R11344)
- Fonds de la Défense nationale (RG24), vol. 5445 (NCSM *Terra Nova*) et vol. 9730 (NCSM *Skeena*)
- Fonds Marc Lalonde (R12590)
- Fonds André Ouellet (R11940)
- Fonds Lester B. Pearson (RG26)
- Fonds H. Basil Robinson (MG31)
- Fonds Maurice Sauvé (MG32)
- Fonds Casimir E. Stanczykowski (MG31)
- Fonds Pierre Elliott Trudeau (MG 26)

Bibliothèque et Archives nationales du Québec
- Fonds Roger Champoux (P278, Montréal)
- Fonds Jean Chapdelaine (P776, Québec)
- Fonds Marcel Chaput (P96, Montréal)
- Fonds René Jutras (P781, Québec)
- Fonds Armour Landry (P97, Montréal)
- Fonds Jean-Marc Léger (P599, Montréal)
- Fonds Jean Lesage (P688, Québec)
- Fonds René Lévesque (P18, Montréal)
- Fonds Marcel Masse (P787, Québec)
- Fonds Ministère des Relations internationales (E42, Québec)
- Fonds Ministère du Conseil exécutif (E5, Québec)
- Fonds Jacques-Yvan Morin (CLG35, Montréal)
- Fonds Mouvement national des Québécoises et Québécois (P161, Montréal)

- Fonds André Patry (P422, Québec)
- Fonds Rassemblement pour l'indépendance nationale (P300, Montréal)
- Fonds Claude Ryan (P558, Montréal)
- Fonds Société Saint-Jean-Baptiste de Montréal (P82, Montréal)
- Fonds Société Saint-Jean-Baptiste de Québec (P412, Québec)

Service historique de la Défense de France (Toulon)
- Journal de bord du CAA *Colbert* (473 C 5)

2. Médias

Cape Breton Post (Sydney)
Dimanche-Matin (Montréal)
France-Soir (Paris)
L'Action (Québec)
L'Avenir de la Bretagne (Quimper)
L'Indépendance (Montréal)
La Presse (Montréal)
Le Devoir (Montréal)
Le Figaro (Paris)
L'Hebdo Journal (Trois-Rivières)
Le Journal de Montréal
Le Journal du dimanche (Paris)
Le Monde (Paris)
Le Nouvelliste (Trois-Rivières)
Le Portage (Repentigny)
Le Soleil (Québec)
Paris Match
Société Radio-Canada (archives radiophoniques et télévisuelles)
The Gazette (Montréal)
The Globe and Mail (Toronto)
The Montreal Star
The New York Times
The Toronto Star

3. Entretiens et correspondances

Beaudoin, Louise, à Outremont, le 13 décembre 2014
Brodeur, ND, vice-amiral, par téléphone, lettres et courriels, janvier, février et
    juin 2015
Charrette, René, par téléphone, le 22 novembre 2015

Dorin, Bernard, par téléphone, le 28 septembre 2016
Fournier, Claude, par téléphone, le 6 décembre 2015
Grégoire, Roger, par téléphone, le 17 mars 2015
Johnson, Pierre Marc, à Montréal, le 16 novembre 2015
Labrecque, Jean-Claude, à Montréal, le 8 février 2014
Lalonde, Marc, à L'Île-Perrot, le 12 juillet 2015
Loiselle, Gilles, à Montréal, le 29 juin 2015
Lussier, Danielle, par téléphone, le 2 mars 2015
Malardé, Alain, par téléphone et courriels, août 2014 et septembre 2016
Martin, Paul (fils), à Montréal, le 24 novembre 2015
Michaud, Yves, à Montréal, le 14 mars 2014
Mignot, Pierre, à Montréal, le 25 novembre 2014
Morin, Claude, par courriels, mai-juin 2015
Morin, Jacques-Yvan, à Outremont, le 20 mai 2015
O'Keefe, Jean, par téléphone, le 6 décembre 2015
Plant, Ann, par téléphone, le 17 juin 2015
Simard, Monique, à Montréal, le 4 décembre 2014

4. Autres sources écrites

Allard, Jean V., en collaboration avec Serge Bernier, *Mémoires du général Jean V. Allard,* Boucherville, Éditions de Mortagne, 1985.

Bail, René et Jean Moulin, *Les Croiseurs De Grasse et Colbert,* Paris, Lavauzelle, 1984.

Baraton, Édouard, *De Gaulle ou l'hypothèque française sur le Canada,* Paris, L'Harmattan, 2013.

Bastien, Frédéric, *La Bataille de Londres. Dessous, secrets et coulisses du rapatriement constitutionnel,* Montréal, Boréal, 2013.

—, (sous la direction éditoriale de l'OFQJ), *Un pont pour la jeunesse. Une histoire de l'Office franco-québécois pour la jeunesse,* Laval/Montréal, Beauchemin/OFQJ, 2003.

—, « De l'alliance sans lendemain au "Vive le Québec libre!". De Gaulle et le Canada, 1945-1967 », *Guerres mondiales et conflits contemporains,* n° 223, mars 2006, p. 5-15.

Bosher, John Francis, *The Gaullist Attack on Canada, 1967-1997,* Montréal/Kingston, McGill-Queen's University Press, 1999.

Brodeur, Nigel D., « Vive le Québec libre remembered – Escorting the President of France : General Charles de Gaulle – 1967 », *Lead and Line* (revue de la Naval Association of Canada – Vancouver Island), vol. 30, n° 3, mars 2015.

Chevrier, Bernard, *Lionel Chevrier. Un homme de combat*, Vanier (Ontario), L'Interligne, 1997.

Collectif, *De Gaulle… au Québec*, Montréal, Éditions Actualité, 1967.

—, *Le Québec 1967-1987. Du général de Gaulle au Lac Meech*, Montréal, Guérin, 1987.

Comeau, Paul-André et Jean-Pierre Fournier, *Le Lobby du Québec à Paris*, Montréal, Québec Amérique, 2002.

Comeau, Robert, Michel Lévesque et Yves Bélanger (dir.), *Daniel Johnson. Rêve d'égalité et projet d'indépendance*, Sillery, Presses de l'Université du Québec, 1991.

Côté, Gaston, « L'idée de décolonisation dans la pensée et l'action de Pierre Bourgault (1960-1970) », mémoire de maîtrise (histoire), Université de Montréal, 2007.

Couve de Murville, Maurice, *Le Monde en face* (entretiens avec Maurice Delarue), Paris, Plon, 1989.

Daignault, Richard, *Lesage*, Montréal, Libre Expression, 1981.

De Gaulle, Charles, *Lettres, notes et carnets*, vol. 3 : *Juin 1958-novembre 1970*, Paris, Robert Laffont, coll. « Bouquins », 2010.

—, *Mémoires de guerre*, vol. 1 : *L'Appel. 1940-1942*, Paris, Plon, 1954.

—, *Mémoires d'espoir*, suivi de *Allocutions et messages*, Paris, Plon, 1994.

De Gaulle, Philippe, *De Gaulle mon père* (entretiens avec Michel Tauriac), Paris, Plon, 2004.

De la Chevalerie, Xavier, « Le voyage du général de Gaulle au Québec en 1967 – Témoignage », *Espoir*, n° 112, 1997, p. 11-14.

Dorin, Bernard, *Appelez-moi Excellence*, Montréal, Stanké, 2001.

Duchesne, Pierre, *Jacques Parizeau*, t. 1 : *Le Croisé*, Montréal, Québec Amérique, 2001.

Duguay, Gilles, *Le Triangle Québec-Ottawa-Paris. Récit d'un ancien ambassadeur canadien*, Québec, Septentrion, 2010.

Dupuy, Pierre, *Expo 67 ou la découverte de la fierté*, Montréal, La Presse, 1972.

English, John, *The Worldly Years : The Life of Lester Pearson, 1949-1972*, Toronto, Alfred A. Knopf, 1992.

—, *Trudeau, citoyen du monde*, t. 1 : *1919-1968*, Montréal, Les Éditions de l'Homme, 2006.

Flohic, François, *De Gaulle intime*, Paris, L'Archipel, 2010.

—, « La marche au Québec libre du général de Gaulle », *Espoir*, n° 112, 1997, p. 17-21.

Foccart, Jacques, *Journal de l'Élysée*, t. 1 : *Tous les soirs avec de Gaulle (1965-1967)*, Paris, Fayard/Jeune Afrique, 1997.

Fournier, Claude, *À force de vivre*, Montréal, Libre Expression, 2009.

Gignac, Benoît, *Le Destin Johnson,* Montréal, Stanké, 2007.

Godin, Pierre, *Daniel Johnson,* t. 2 : *1964-1968, la difficile recherche de l'égalité,* Montréal, Éditions de l'Homme, 1980.

—, *Les Frères divorcés,* Montréal, Les Éditions de l'Homme, 1986.

—, *René Lévesque,* vol. 2 : *Héros malgré lui (1960-1976),* Montréal, Boréal, 1997.

Gros d'Aillon, Paul, *Daniel Johnson. L'égalité avant l'indépendance,* Montréal, Stanké, 1979.

Institut Charles de Gaulle, *De Gaulle en son siècle,* vol. 6 : *Liberté et dignité des peuples,* Paris, La Documentation française/Plon, 1992.

Jasmin, Yves, *De jour en jour à l'Expo 67* (journal de bord), source consultée en ligne mais maintenant inaccessible.

—, *La Petite Histoire d'Expo 67,* Montréal, Québec Amérique, 1997.

Labrecque, Jean-Claude, en collaboration avec Francine Laurendeau, *Souvenirs d'un cinéaste libre,* Montréal, Art global, 2009.

Lanctôt, Jacques, *Yves Michaud. Un diable d'homme,* Montréal, VLB éditeur, 2013.

Légifrance, *Journal officiel de la République française,* 23 juillet 1967, p. 7583 et suivantes [www.legifrance.gouv.fr/].

Le Gal, Alexandre, *Le Chiffreur du général,* Toulon, Presses du Midi, 2005.

Le Canada français d'aujourd'hui, revue du ministère des Affaires culturelles du Québec, octobre 1967, 4e année.

« Le président de Gaulle à l'Expo », *Montréal 67* (revue), vol. 4, n° 9, septembre 1967, p. 4-5.

Lefèvre, Marine, *Charles de Gaulle. Du Canada français au Québec,* Montréal, Leméac, 2007.

Lefort, Bernard, *Souvenirs et secrets des années gaulliennes. 1958-1969,* Paris, Albin Michel, 1999.

Lemieux, Frédéric, *Gilles Lamontagne. Sur tous les fronts,* Outremont, Carte blanche, 2010.

Lescop, Renée, *Le Pari québécois du général de Gaulle,* Montréal, Boréal Express, 1981.

Lévesque, René, *Attendez que je me rappelle…,* Montréal, Québec Amérique, 1986.

Lewis, Jefferson, *Something Hidden : A Biography of Wilder Penfield,* Halifax, Formac Publishing Company, 1983.

Lisée, Jean-François, *Dans l'œil de l'aigle. Washington face au Québec,* Montréal, Boréal, 1990.

Loiselle, Jean, *Daniel Johnson. Le Québec d'abord,* Montréal, VLB éditeur, 1999.

Lownsbrough, John, *The Best Place to Be: Expo 67 and Its Time*, Toronto, Allen Lane, coll. « The History of Canada », 2012.

Malardé, Alain, *Erika. Le naufrage de complaisance*, Chatou (France), Carnot, 2001.

Mallen, Pierre-Louis, *Vivre le Québec libre*, Montréal/Paris, Presses de la Cité/ Plon, 1978.

—, « Souvenirs sur la visite du général », *Espoir*, n° 12, 1975. Reproduit à : www.charles-de-gaulle.org/pages/l-homme/dossiers-thematiques/de-gaulle-et-le-monde/de-gaulle-et-le-quebec/temoignages/pierre-louis-mallen-la-visite-du-general-au-canada-1967.php.

Martin, Paul, *A Very Public Life*, vol. 2 : *So Many Worlds*, Toronto, Deneau, 1985.

Mauriac, Jean, *Le Général et le Journaliste. Conversations avec Jean-Luc Barré*, Fayard, Paris, 2008.

Monière, Denis, Jean-François Simard et Robert Comeau (dir.), *Quatre saisons dans la vie de Marcel Masse. Regard sur l'évolution du Québec contempo-rain*, Québec, Septentrion, 2015.

Morin, Claude, *L'Art de l'impossible. La diplomatie québécoise depuis 1960*, Montréal, Boréal, 1987.

—, *Mes premiers ministres. Lesage, Johnson, Bertrand, Bourassa et Lévesque*, Montréal, Boréal, 1991.

Nadeau, Jean-François, *Bourgault*, Montréal, Lux, 2007.

Nienaymé, Alain et Raymond Krakovitch, *Edgar Faure. Un homme d'État. 1908-1988*, Paris, Economica, 2007.

Panneton, Jean-Charles, *Le Gouvernement Lévesque*, t. 1 : *De la genèse du PQ au 15 novembre 1976*, Québec, Septentrion, 2016.

—, *Pierre Laporte*, Québec, Septentrion, 2012.

Paquin, Stéphane (dir.), en collaboration avec Louise Beaudoin, *Histoire des relations internationales du Québec*, Montréal, VLB éditeur, 2006.

Patry, André, *Le Québec dans le monde. 1960-1980*, Montréal, Typo, 2006.

Pearson, Lester B., *Words and Occasions*, Toronto, University of Toronto Press, 1970.

Peyrefitte, Alain, *C'était de Gaulle*, t. 3, Paris, Éditions de Fallois/Fayard, 2000.

—, *De Gaulle et le Québec*, Montréal, Stanké, 2000.

Promenade, revue de la Commission de transport de Montréal, septembre-octobre 1967.

Purcell, Susan et Brian McKenna, *Jean Drapeau*, Montréal, Stanké, 1981.

Robert, Mario, « Le général de Gaulle à Montréal, 1967 – Le balcon », *Archives de Montréal*, 24 juillet 2007 [archivesdemontreal.com/2007/07/24/le-general-de-gaulle-a-montreal-1967-le-balcon/].

Roizès, Philippe et Anne-Claire Préfol, *Mesrine*, Paris, Flammarion, 2009.

Rouanet, Anne et Pierre, *Les Trois Derniers Chagrins du général de Gaulle*, Paris, Grasset, 1980.

Roussel, Éric, *De Gaulle*, t. 2 : *1946-1970*, Paris, Perrin, 2006.

Roy, Lyse, en collaboration avec Michel Hébert, « La triomphale entrée de Charles de Gaulle dans la bonne province du Québec, tenue en juillet 1967 », *Cahiers du Groupe de recherche sur les entrées solennelles*, sous la direction de Louise Frappier et Claire Latraverse, 2003, p. 99-112.

Speaight, Robert, *Georges P. Vanier. Soldat, diplomate, gouverneur général*, Montréal, Fides, 1972.

Spinazzola, Alessia, *Le Voyage du général de Gaulle en 1967 et ses conséquences sur la politique intérieure et extérieure du Québec*, Québec, Association internationale des études québécoises, 2007.

Taillibert, Roger, *Notre cher Stade olympique. Lettres posthumes à mon ami Drapeau*, Montréal, Stanké, 2000.

Tainturier, Jean (éd.), *De Gaulle au Québec. Le dossier des quatre journées*, Montréal, Éditions du Jour, 1967.

Thompson, Dale C., *De Gaulle et le Québec*, Montréal, Trécarré, 1990.

Vaïsse, Maurice, *La Grandeur. Politique étrangère du général de Gaulle (1958-1969)*, Paris, Fayard, 1998.

5. Sources audiovisuelles

Labrecque, Jean-Claude, *La Visite du général de Gaulle au Québec*, 1967.

—, *Le RIN*, 2002.

Lachaise, Bernard, « De Gaulle et le Québec libre en 1967 », conférence plénière de la Western Society for French History, Québec, 8 novembre 2008.

Leblanc, Carl et Luc Cyr, *Le Chemin du Roy*, Québec, Ad Hoc Films (en collaboration avec Télé-Québec), série « 24 heures pour l'histoire », 2005.

« Visite du général de Gaulle au Québec : 45 ans plus tard », conférence de Bernard Dorin à la Délégation générale du Québec à Paris, 3 décembre 2013.

Liste des sigles

AFP	Agence France-Presse
FFL	Forces françaises libres
MNQ	Mouvement national des Québécois
NCSM	Navire canadien de Sa Majesté
OIPQ	Office de l'information et de la publicité du Québec
ORTF	Office de radiodiffusion-télévision française
PLQ	Parti libéral du Québec
RIN	Rassemblement pour l'indépendance nationale
SSJB	Société Saint-Jean-Baptiste
VLQL	« Vive le Québec libre ! »

Index

Crédits des illustrations

Premier cahier

Le drapeau du Québec et une publicité de Coca-Cola. © Paul-Henri Talbot, archives *La Presse*.

Bannières sur le chemin du Roy. © Paul-Henri Talbot, archives *La Presse*.

L'arc de triomphe. © Paul-Henri Talbot, archives *La Presse*.

Le *Colbert* à l'anse au Foulon. © Archives *La Presse*.

De Gaulle et François Flohic dans la foule. © Michel Gravel, archives *La Presse*.

Dans la basilique Sainte-Anne-de-Beaupré. © Michel Gravel, archives *La Presse*.

De Gaulle, avec des policiers en arrière-plan. © Michel Gravel, archives *La Presse*.

La voiture du président. © Denis Courville, archives *La Presse*.

De Gaulle à Donnacona. © Bibliothèque et Archives nationales du Québec, P322, S3, D14-5, P1, fonds Paul-Émile Duplain, le général Charles de Gaulle/Paul-Émile Duplain, juillet 1967.

De Gaulle et Daniel Johnson. © Michel Gravel, archives *La Presse*.

Des curieux sur un toit. © Réal St-Jean, archives *La Presse*.

Second cahier

De Gaulle sur les marches de l'escalier de l'hôtel de ville de Montréal. © Archives de la Ville de Montréal, VM94-Ed037-016.

De Gaulle lançant son « Vive le Québec libre ! ». © Archives de la Ville de Montréal, VM94-Ed037-018.

De Gaulle au balcon. © Archives de la Ville de Montréal, VM94-Ed037-021.

Sur la terrasse à l'arrière de l'hôtel de ville. © Archives de la Ville de Montréal, VM94-Ed037-027.

Le *Colbert* dans le port de Montréal. © Archives *La Presse*.

De Gaulle à la place des Nations. © Archives *La Presse*.

De Gaulle devant le pavillon américain. © Archives *La Presse*.

La visite du métro. © Archives de la Société de transport de Montréal.

Des militants du RIN. © Pierre McCann, archives *La Presse*.

De Gaulle devant la sculpture *La Femme au seau*. © Archives de la Ville de Montréal, VM94-Ed037-054.

Charles de Gaulle et Jean Drapeau. © Archives de la Ville de Montréal, VM94-Ed037-051.

Le cortège arrive à l'aéroport de Montréal. © Archives de la Ville de Montréal, VM94-Ed037-069.

Charles et Yvonne de Gaulle montent la rampe mobile les menant à leur avion. © Archives *La Presse*.

Dernier salut du président avant son départ. © Archives de la Ville de Montréal, VM94-Ed037-074.

Table des matières

Crédits et remerciements

Les Éditions du Boréal remercient le Conseil des arts du Canada
pour son soutien financier ainsi que le Fonds du livre du Canada (FLC).
Canadä

Les Éditions du Boréal sont inscrites au Programme d'aide aux entreprises
du livre et de l'édition spécialisée de la SODEC et bénéficient du Programme
de crédit d'impôt pour l'édition de livres du gouvernement du Québec.
Québec ⬛⬛

Couverture : Archives de la Ville de Montréal, VM94-Ed37-13.

Ce livre a été imprimé sur du papier 100 %
postconsommation, traité sans chlore, certifié ÉcoLogo
et fabriqué dans une usine fonctionnant au biogaz.

MISE EN PAGES ET TYPOGRAPHIE :
LES ÉDITIONS DU BORÉAL

ACHEVÉ D'IMPRIMER EN MAI 2017
SUR LES PRESSES DE MARQUIS IMPRIMEUR
À MONTMAGNY (QUÉBEC).